_____ 님의 소중한 미래를 위해

이 책을 드립니다.

7일
만에
끝내는
환율
지식

정선영 지음

7일 만에 끝내는

환율 지식

환율의 기초부터 실전까지,
이보다 쉬울 수 없다

메이트북스

메이트북스 우리는 책이 독자를 위한 것임을 잊지 않는다.
우리는 독자의 꿈을 사랑하고,
그 꿈이 실현될 수 있는 도구를 세상에 내놓는다.

7일 만에 끝내는 환율지식

초판 1쇄 발행 2017년 8월 14일 | **2판 2쇄 발행** 2023년 10월 1일 | **지은이** 정선영
펴낸곳 (주)원앤원콘텐츠그룹 | **펴낸이** 강현규·정영훈
책임편집 안정연 | **편집** 박은지·남수정 | **디자인** 최선희
마케팅 김형진·이선미·정재훈 | **경영지원** 최향숙
등록번호 제301-2006-001호 | **등록일자** 2013년 5월 24일
주소 06132 서울시 강남구 논현로 507 성지하이츠빌 3차 1307호 | **전화** (02)2234-7117
팩스 (02)2234-1086 | **홈페이지** www.matebooks.co.kr | **이메일** khg0109@hanmail.net
값 15,000원 | **ISBN** 979-11-6002-112-7 03320

투자는 이성적이어야 한다.
이해할 수 없으면 투자하지 말아라.

• 워렌 버핏(미국의 전설적인 투자가) •

11년 차 외환기자의
환율노트

환율이 어렵다고 말하는 사람들을 많이 만난다. 그럴 때마다 나도 말한다.

"저도 어려워요."

매일 그날의 환율을 전망하는 외환분석을 쓰고, 외환시장에 대한 기사를 쓰지만 솔직히 환율은 어렵다.

환율은 지난 10년간 내게 참으로 많은 좌절과 고뇌를 안겨주었다. 외환기자로 오랜 기간 근무했지만 시장은 매일 다르고, 계속 공부할 것이 생겨난다. 나는 외환시장에 대한 관찰자임을 잊지 않는다. 환율이 폭등하거나, 폭락하면 그것을 좀더 상세히 설명해주기 위해 노력한다. 물론 직접 달러를 사고팔지 않기에 완전히 알기는 어렵다. 가급적 설명이 한쪽으로 과도하게 치우치지 않도록 노력할 뿐이다. 하지만 그 역시 인간적 한계로 한쪽으로 기울어진 전망이나 분석·취재가 이루어졌을지도 모르겠다. 변하지 않는 게 있다면 항상 신중한 관찰자의 입장에서 외환시장을 대하려고 노력하고 있다는 점이다.

책을 쓰면서 수없이 초심으로 돌아갔다. 처음 환율을 배우던 때로 돌아가 하나하나 다시 공부한다는 생각이었다. '그때의 나는 참으로 절박했구나.' 하는 생각이 꼬리를 물곤 했다.

2007년 1년 차 기자였을 당시, 이동중에 서울역 앞에서 오후 3시 마감이 되었다(그때는 서울외환시장의 마감시간이 오후 3시였다). 서울역 계단 구석에 노트북을 펴고 달러-원 환율이 몇 원 오르내렸고 얼마에 끝났는지 한 줄 기사를 올렸다. 그 한 줄짜리 기사가 왜 그리도 마음의 짐이었는지. 지금 생각해보면 누구한테 부탁해도 되고, 하루 정도 몇 분 늦는다고 천지개벽할 일도 아니다. 하지만 그때의 환율마감 한 줄의 무게는 어떤 장문의 기사와도 비교되지 않을 정도로 무거운 것이었다.

　시중은행 딜링룸을 돌아다니던 시절, 따뜻하게 맞아준 소수의 외환딜러들을 잊지 못한다. 외환시장 기사를 쓰려고 취재차 전화를 하면 딜러들은 바쁘다고 전화를 끊거나, 질문을 듣기도 전에 전화를 끊기 일쑤였다. 그 와중에도 의기소침해 있는 내게 이것저것 가르쳐주고, 딜러들을 소개해준 사람들이 있었다. 일일이 이름을 적는 일을 기뻐할지 알 수 없어 적지 못하지만 그 몇 사람의 따뜻한 딜러들 덕분에 오늘의 내가 있다는 것을 잊지 않고 있다. 그 중에는 은행 주니어 딜러 때 만나 주포가 된 사람도 있고, 일부는 실력을 인정받아 승진했고, 일부는 외환시장에서 한걸음 물러서 다른 자리로 가거나 은퇴한 딜러도 있다. 모두가 소중한 인연이다.

　환율에 대해 책을 쓰는 일은 개인적으로 참 고민되는 부분이었다. 출판사에서 환율을 다루자고 제안하지 않았다면 어쩌면 평생 그럴 일은 없었을지도 모른다. 하지만 책 덕분에 환율에 대해 새롭게 공부할 수 있었다. 그러니 이 글은 누군가의 환율공부 노트를 엿보는 일 정도로 생각해주면 좋겠다. 사실 7일 만에 환율을 다 아는 것은 불가능하다고 미리 말해두고 싶다. 20년 가까이 외환시장에서 일한 베테랑 딜러들조차 외환시장에 오래 있을수록 환율은 알 수 없다고 토로한다.

  책 내용 중 부족한 부분은 개인적인 한계이자 무지의 소치다. 백지상태에서 처음 환율을 배우던 때로 돌아가 최대한 쉽고, 간결하게 담으려고 노력했다. 이 노력이 읽는 사람에게 얼마나 와닿을지는 가늠할 길이 없다. 주변의 환율전문가들이 보기에는 너무 쉬운 내용만 담아서 그저 송구스럽다. 아무쪼록 이 책이 처음 환율을 배우며 어려움을 겪는 누군가에게 조금이라도 도움이 된다면 크게 기쁠 것 같다.

  개인적으로도 환율을 처음부터 돌아보는 일은 가슴 설레는 작업이었다. 쓸데없이 불안한 마음에 밤을 지새웠지만 매너리즘에 빠지지 않고, 느슨해지려는 마음가짐을 차곡차곡 다질 수 있었다.

  외환시장을 둘러싼 환경은 시시각각 바뀌고 있다. 외환딜러들도 바뀌고, 규정도 바뀐다. 앞으로는 '제4차 산업혁명시대'에 맞는 새로운 형태의 외환딜링룸이 생겨날지도 모르겠다. 미국 중심의 글로벌 외환시장에도 어떤 변화의 물결이 올 것이다. 그 큰 파도 앞에서 환율은 또 어떤 역할을 할지, 새로운 외환시장의 패러다임은 어떻게 바뀌어갈지 기대된다.

오랫동안 외환시장에서 함께 일하고 있는 사람들에게 글을 빌려 다시 한번 감사한다. 그들 한 사람 한 사람이 외환시장의 역사를 만들어가고 있다. 그 역사의 일부를 같이 겪고, 기록할 수 있어 다행이다. 취재하면서 이들이 가진 글로벌 금융시장에 대한 전문성과 혜안에 번번이 감탄한다.

책을 쓰는 동안 부족함과 무지함을 고민하는 나의 짐을 덜어준 분들이 있다. 기꺼이 시간을 내어 감수를 해준 이성희 JP모간체이스 서울지점장님과 홍승모 부국증권 이사님께 감사를 표한다. 조언을 아끼지 않은 여러 외환시장참가자들과 당국자들께도 감사한다. 그리고 환율에 대한 책을 쓸 수 있도록 찾아와준 원앤원북스 분들께도 인사를 하고 싶다. 내게 크고 작은 감동과 가르침을 주는 연합인포맥스 선후배님들과 동료들께도 깊이 감사드린다.

마지막으로 나의 수많은 고뇌와 하소연을 들어주고, 용기를 북
돋워주는 김민수 님과 의젓하게 엄마를 기다려 준 뿌까요정 님에
게 큰 감사와 사랑의 마음을 전한다.

정선영

2일차　외환시장을 본격적으로 배워보자

3일차　환율을 움직이는 것들은 무엇인가?

환율에 대한
기본지식부터 챙기자

• • •

글로벌 외환시장에서는 각국의 돈이 돌고돈다. 그 규모가 하루 평균 약 5조 달러 이상이다. 이런 외화는 무역이나 해외투자뿐 아니라 트레이딩 목적으로도 거래된다. 우리 삶과 크게 관련이 없어보이는 낯선 시장이지만 가만히 들여다보면 그렇지 않다.

지금 이 책을 읽고 있는 당신은 어쩌면 낯선 곳으로 떠나는 여행자일 수도 있고, 자녀의 유학비를 송금해야 하는 기러기아빠일 수도 있다. 아니면 환율이라는 말만 들어도 "어휴. 어려워."라고 말하며 슬그머니 사라지는 유형일지도 모르겠다.

환율은 당신이 여행자이거나 기러기아빠일 경우에만 해당되는 것이 아니다. 환율은 일상생활 곳곳에 영향을 미친다. 해외직구를 하는 등 외국제품을 살 때는 기본적으로 환율이 적용된다. 해외 주식형펀드에 가입할 때도 각국의 환율 차이는 고스란히 가격에 반영된다. 여기서 끝이 아니다. 수출입기업의 수출물가를 바꾸고, 수출경쟁력은 물론 우리나라의 경상수지 흑자폭을 좌우한다. 또한 해외 수입품의 수입물가를 바꾸고, 국내 물가지표에도 영향을 준다.

연간 우리나라 국민이 해외여행, 유학을 가서 쓰는 돈과 외국인 여행객, 학생이 들어와서 쓰는 돈만 해도 수백억 달러에 달하는데, 이 모든 금액에 환율이 적용된다. 이처럼 환율은 개인의 생활은 물론이고 한 나라 경제를 뒤흔드는 중요한 지표다. 우리 생활이 글로벌해질수록 환율을 이해할 필요가 있다. 앞으로 7일 동안 환율에 대해 한번 알아보자.

• • •

$€£¥

환율이 만드는 차이를
정확히 파악하자

우리의 생활이 글로벌해질수록 환율은 더욱 가까워진다.
환율에 무감각해도 살 수 있지만 환율을 알면 더 편하게 살 수 있다.

우리는 언제 환율에 가장 관심을 가질까? 아마 대부분의 사람들이
"해외여행을 갈 때"라고 답할 것이다. 이때 환전을 어떻게 하느냐
에 따라 여행자금이 달라진다.

달러-원 환율의 개념을 이해하기 위해 여행지는 미국으로 정해
보겠다. 미국여행을 하려면 일단 원화를 달러로 바꿔야 한다. 1달
러짜리 한 장이 원화로 얼마인가? 즉 달러당 몇 원인가? 이것이 바
로 달러-원 환율이다. 쉽게 말해 '달러값'이라고 보면 된다.

기막힌 환전타이밍, 절약 노하우

달러-원 환율이 1,100원이라고 가정할 때, 원화로 100만 원은 달러로 얼마일까? '1,000,000원 / 1,100원'으로 계산하면 약 909달러다. 하지만 달러값(환율)이 1,140원이라면 우리가 100만 원을 내고 받을 수 있는 달러는 약 877달러로 조금 달라진다.

　달러값(환율)이 조금 달라졌을 뿐인데 약 32달러의 차이가 난다. 원화로 계산하면 약 3만 원이 넘는다. 적다고 하면 적은 돈이다. 하지만 여행지에서 3만 원은 그리 적은 돈이 아니다. 스타벅스 커피를 5달러라고 계산하면 약 6잔을 마시고도 잔돈이 남을 것이다.

- 1,000,000원 / 1,100원 = 약 909달러
- 1,000,000원 / 1,140원 = 약 877달러
  → 32달러(스타벅스 1잔당 5달러라고 가정하면 6잔 이상 이용 가능)

　돈의 액수를 키워보자. 이번에는 자녀가 해외 유학을 간다고 가정하고, 약 2천만 원의 유학비를 송금하려고 한다. 달러-원 환율이 1,100원이라면 얼마인가? 반올림해서 약 1만 8,182달러다. 만약 달러값(환율)이 40원 오른 1,140원이라면 금액은 약 1만 7,544달러다. 약 638달러, 원화로 약 70여만 원이다. 결코 적지 않은 돈이다.

- 20,000,000원 / 1,100원 = 약 1만 8,182달러
- 20,000,000원 / 1,140원 = 약 1만 7,544달러
  → 638달러

환율은 시시각각 바뀐다

환전 시간만 바뀌도 금액은 달라진다. 만약 100만 원을 달러로 환전한다고 가정해보자. 은행은 오전 9시부터 오후 4시까지 영업을 한다. 언제 바꿔야 할까? 아침에 1,150원이던 환율이 오후에 1,138원이 되었다면, 말할 것도 없이 오후에 바꾸는 것이 유리할 것이다. 이유는 간단하다. 달러값이 내렸기 때문이다. 환율이 시시각각 바뀌는 것을 확인하고, 어느 정도 하락했을 때 달러를 살 것인가 판단을 하려면 환율을 먼저 공부해야 한다. 같은 100만 원이지만 869달러를 받는 것과 878달러를 받는 것은 다르다. 단순히 아침에 은행에 가서 환전을 했다는 이유로 약 1만 원의 차이가 난다.

한창 열풍이 불었던 브라질 국채의 사례를 들어보자. 연 10%대의 금리수익은 브라질 국채의 가장 큰 매력포인트였다. 그러나 만약 브라질 헤알화가 약세를 보인다면 이 10%대의 수익률은 한 순간에 쪼그라들 가능성도 있다. 환율은 순식간에 10%의 변동률을 넘나든다. 금리에서 10% 수익을 얻고, 환율에서 10% 손해를 볼 가능성을 간과할 수 없는 것이다. 그래서 일부 브라질 국채투자자들은 최악의 경우 브라질여행을 가서 헤알화를 쓰면 된다는 생각으로 투자에 나선다.

얼핏 보면 작아보이는 환율 차이가 우리 생활의 지출에서 큰 차이를 만든다. 물론 환율 공부를 한다고 해서 개인이 환전타이밍을 능수능란하게 조절할 수 있는 것은 아니다. 하지만 이런 환율 공부가 조금이나마 판단에 도움이 될 수 있다는 점을 말하고 싶다. 은행에 예금할 때는 0.1%의 이자도 꼼꼼히 보면서 환율 차이를 간과한다는 것은 너무나 안타까운 일이다. 환율은 우리 생활과 밀접한 관련이 있다.

$€£¥

환율은
어떻게 읽어야 할까?

대부분의 환율은 기본적으로 달러가 기준이다.
달러-원 환율의 상승은 '달러값이 오른다.'라는 뜻이다.

달러-원 환율은 우리나라에서 거래되는 달러값이다. 즉 '1달러=
1천 원'이라는 뜻이다. 달러값으로 이해하면 환율이 오르내리는 이
야기는 훨씬 쉬워진다. 환율의 사전적 의미는 한 나라의 화폐와 다
른 나라 화폐와의 교환 비율이다. 이 환율이 움직이는 시장을 '외환
시장'이라고 한다. 여기서 '외환'이란 외국통화를 교환하는 것을 말
하며 'FX(Foreign Exchange, 외국환)'라고도 한다.

우리나라에서 환율은 기본적으로 '몇 원'이라고 읽으면 된다. 어
떤 나라의 통화가 원화로 몇 원이냐를 확인하는 것이 환율을 이해
하는 가장 기본 단계다. 달러와 유로화는 보통 1천 원 단위이고, 엔
화는 원화의 약 10배다. 하지만 환율을 읽을 때는 1엔당 10원대라

고 하지 않고, 달러·유로화와 맞춰서 100엔당 1천 원 단위로 읽는다. 위안화는 100원 단위다. 우리나라에서 환율을 이야기하면 주로 달러-원 환율을 말한다.

기준이 되는 통화의 강세가 환율상승

달러-원 환율이 오른다는 것은 '달러값(달러가치)이 오른다.'라는 뜻이다. 즉, 1,000원이던 달러가 1,100원이 되는 식이다. 이를 말로 표현하면 "1,000원이던 환율이 1,100원으로 올랐다."라고 한다. 해당 통화의 가치를 시소로 적용해보자. 환율이 상승하면 원화는 약세고, 달러는 강세다. 반대로 환율이 하락하면 원화가치는 강세가 되고, 달러는 약세다. 환율하락은 1,100원이던 달러화의 가격이 1,000원으로 떨어지는 것을 의미한다.

▼ 달러-원 환율상승

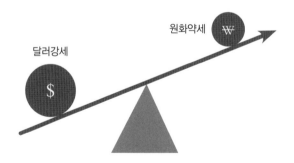

원화약세

달러강세

환율그래프가 화살표 방향처럼 위로 향하면, '원화 가치가 약하다.'라는 의미다. '원화약세'이자 '달러강세'다.

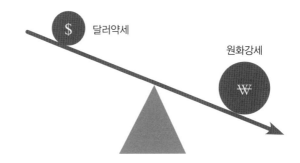

환율그래프의 화살표가 아래로 향하면, '원화가치가 강하다.'라는 의미다. '원화강세'이자 '달러약세'다.

이런 원리는 다른 통화에서도 똑같이 적용된다. 기준이 되는 통화를 시소의 앞(왼쪽)에 놓고 환율 방향을 화살표로 표시하면 이 원리를 쉽게 이해할 수 있다. 예를 들어 유로-엔 환율이라고 하면 앞에 유로화를, 뒤(오른쪽)에 엔화를 놓으면 된다. 환율이 오르면 유로화는 강세, 엔화는 약세다. 반대로 환율이 내리면 유로화는 약세, 엔화는 강세가 된다.

환율에서 두 통화의 가치는 반대로 움직인다

이번에는 다른 시각으로 그림을 그려본다. 해당 통화의 수요, 즉 해당 통화를 사고 싶어하는 사람들이 많은 쪽을 중심으로 비교해보자. 환율에서 상대되는 두 통화가치는 반대로 움직인다. 예를 들어 달러-원 환율이라면 달러값(달러가치)과 원화값(원화가치)은 반대다.

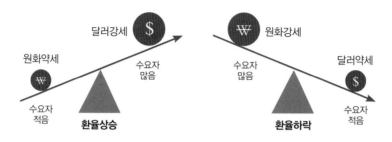

▼ 수요측면에서 본 환율상승과 환율하락

투자자가 많은 쪽의 통화가 강세를 보인다. 화살표 모양대로 환율그래프가 위쪽으로 올라가면 달러강세로 보면 되고, 아래쪽으로 내려가면 원화강세로 보면 된다.

　앞에서는 해당 통화의 시소로 비교해봤는데 이번에는 해당 통화의 수요를 기준으로 비교한다. 다만 이번에는 달러와 원화의 위치가 바뀌었다. 이 역시 화살표 양쪽 통화의 가치는 반대다. 원화강세면 달러약세이고, 원화약세면 달러강세다. 달러-원 환율이 오르면 '달러강세, 원화약세'이고 달러-원 환율이 내리면 '달러약세, 원화강세'다.

　달러를 사는 사람이 많으면 달러가치는 올라간다. 즉 달러강세면 환율이 올라간다. 물론 원화는 약세다. 반대로 달러를 파는 사람이 많다면 환율은 내려가고, 달러가치는 하락한다. 반대로 원화가치는 올라간다.

　이것만 바로 구별해도 환율에 대한 이야기를 어느 정도 알아들을 수 있다. 다시 한번 강조하자면 대부분의 환율은 달러 기준, 즉 달러값이라고 볼 수 있다.

서로 다른 환율표기법, 우리는 '유럽식'

그런데 여기에도 예외가 있다. 바로 '영국계 통화 4인방'이다. 영국과 밀접한 통화로 분류되는 파운드화·유로화·호주 달러·뉴질랜드 달러다. 이 녀석들은 본인들이 '세상의 중심'이라고 생각하는 통화들이다. 여기 네 나라는 보통의 환율과 달리 자국의 통화를 중심으로 달러가격을 표기한다. 즉, 기준이 되는 통화가 유로값·파운드값·호주달러값인 셈이다. 정확히 말하면 '1유로당 1.1000달러' '1파운드당 1.2278달러' 식으로 표기한다.

표기법으로 보자면 '달러당 몇 원' 이렇게 표기되는 것은 '유럽식'이다. 반대로 '통화 1단위당 몇 달러'로 표기되는 것은 '미국식'이다. 유럽식은 외화가 몇 원인지 표시하기에 보통 자릿수가 1천 원, 100원 단위로 나온다. 반면 미국식은 외화가 몇 달러인지를 표시하기에 1.****달러, 0.****달러 식으로 소수점 자릿수가 많다. 우리나라의 환율표기는 유럽식이고 파운드·유로 등의 환율표기법은 미국식이다.

고평가와 저평가를 구별하기

이제 환율이 오르내리는 것은 이해했다. 이번에는 '강세'와 '약세', '평가절상'과 '평가절하'에 대해 알아보자. 이 말은 돈의 가치를 다루는 말이다.

우리가 흔히 "환율이 올랐다, 내렸다."라고 말할 때 통화가치를 바로 떠올리기는 쉽지 않다. 약간의 연습이 필요하다. 앞의 시소 모양 화살표를 떠올리며 수차례 반복해보면 어느새 쉽게 이해가 될 것이다.

달러-원 환율이 오르면 '달러가치가 오른다.'라는 의미다. '달러강세' '달러가 올랐다.'라고 해도 되고, '절상되었다.'라고 써도 된다. 이때 상대 통화인 원화는 '약세' '절하' 쪽이 된다.

반대로 달러-원 환율이 내리면 '달러가치가 내린다.'는 의미다. '달러약세'라고 하며, '달러가 내렸다.' '절하되었다.'라고 쓴다. 물론 상대 통화인 원화는 '강세' '절상'이다.

만약 이들 통화가 기대했던 수준 이상으로 높게 평가되면 '고평가되었다.', 낮게 평가되면 '저평가되었다.'라고 한다. 여기서 구별해야 할 것이 또 하나 있다. 그것은 바로 '글로벌 달러'다. 달러면 그냥 미국 달러지 글로벌 달러는 또 뭐냐 싶은 의문이 들 것이다. 글로벌 달러도 미국 달러다. 다만 글로벌 외환시장에서 전반적으로 달러가치가 어떤지 살펴볼 때 글로벌 달러라고 부른다. 만약 '글로벌 달러강세'라는 말을 듣고 "아! 글로벌 외환시장에서 달러강세구나." 하는 느낌이 온다면 앞의 내용을 잘 이해한 것이다.

달러가치를 볼 수 있는 환율은 너무나 많다. 달러-엔 환율도 있고, 달러-원과 달러-위안, 심지어 달러-랜드화(남아프리카공화국)도 있다. 그 중에서도 글로벌 달러가 강세인지 약세인지를 손쉽게 볼 수 있는 환율은 주로 유로-달러 환율이다. 유로-달러 환율은 글로벌 외환시장의 대표 환율로 글로벌 달러가치를 평가하는 기준이 된다.

다만 주의해야 한다. 유로-달러 환율은 유로가격을 기준으로 한

▼ 달러인덱스 추이

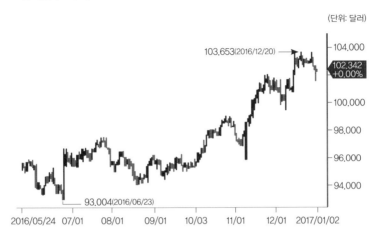

(단위: 달러)

- 자료: 연합인포맥스

달러인덱스는 주요 6개 통화 대비 달러화의 가치를 나타내는 지수다. 이 지수가 올라가면 달러 강세, 내려가면 달러약세라고 보면 된다.

다. 앞서 말한 영국계 통화 4총사에 속하기 때문이다. 유로-달러 환율이 내리면 글로벌 달러강세(유로약세)다. 반대로 유로-달러 환율이 오르면 글로벌 달러약세(유로강세)로 본다.

글로벌 통화가치는 지수로 표시되기도 한다. 전 세계 주요 통화 대비 달러화가치를 나타내는 '달러인덱스 지수'라는 것이 있다. 그 지수가 올라가면 글로벌 달러강세로 보고, 내려가면 글로벌 달러약세로 본다. 글로벌 달러인덱스가 눈에 띄게 움직인다면 이를 기준으로 글로벌 달러가치를 평가한다. 이처럼 글로벌 달러흐름은 전 세계 금융시장에서 전반적인 달러 가치를 보여주므로 환율을 알고자 한다면 파악해둘 필요가 있다.

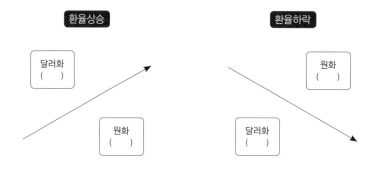

'환율이 오르내린다.' '원화가치가 오르내린다.' '절상'과 '절하' 등에 대한 이해가 되었다면 이제 우리 "원화강세면 환율이 오르나요?" "환율이 왜 절상되었나요?"라고 말하지 않게 될 것이다. 좀더 명확히 말해야 원하는 답변을 얻기도 쉽다. 원화강세면 환율이 내린다. 그리고 환율이 아니라 원화나 달러화 등 통화가치가 절상·절하된다.

그럼 지금부터 실제로 연습을 해보자. 위 그림에서 환율이 화살표 방향으로 움직인다고 생각하고, 괄호 안에 '강세'와 '약세'를 적어보자.

기본적인 용어에 대한 이해가 확고하게 되어 있다면 환율을 이해하는 일은 어렵지 않다. 차근차근 짚고 넘어가면 단순한 숫자로 표기되는 환율은 의외로 수백 가지 재미있는 이야기를 담고 있다.

재정환율이란?

우리가 일본 엔화의 환율을 볼 때 제일 먼저 보는 것은 달러-엔 환율이다. 하지만 사실 궁금한 것은 엔-원 환율일 때가 많다. 유로화도 마찬가지다. 유로-달러 환율이 대표적이지만 사실은 유로-원 환율이 우리나라 국민들에게 더 중요하다.

보통 환율은 주요 통화페어가 있다. 달러-원·달러-엔·유로-달러 환율 등이다. 직거래가 되지 않는 제3국의 통화페어 환율을 보려면 어떻게 해야 할까? 엔-원·유로-원 등의 환율을 보려면 한 단계 계산을 거쳐야 한다. 이를 '재정환율'이라고 한다. 엔-원 재정환율을 구해보면 공식은 다음과 같다. 엔-원 재정환율은 보통 나누기로 구하고, 유로-원 재정환율은 보통 곱하기로 구한다.

달러-원 환율: 1,100.00원

달러-엔 환율: 110엔

이렇게 되면 '1달러=1,100원=110엔'이라는 공식이 성립한다. 1엔당 계산하면 된다. 엔-원 재정환=달러-원 환율/달러-엔 환율=1,100/110=10원이다. 1엔당 10원이 나온다. 그런데 앞서 언급했듯 엔화는 100엔당으로 표기한다. 즉 100엔당 1천 원이 되는 것이다.

유로-원 환율도 연습해보자. 활용할 환율은 유로-달러 환율과 달러-원 환율이다. 유로-달러 환율은 1.0604달러, 달러-원 1,100.00원으로 가정한다. 1유로는 단위당 1.0604달러다. 1달러 값에 1.0604를 곱하면 된다. 즉 1달러값인 '1,100.00원×1.0604=1,166.44원'이 된다.

달러-원과 원-달러,
다른 점은 무엇일까?

환율 방향을 잘 파악하려면 기준점을 잘 잡아야 한다.
그렇지 않으면 나도 모르는 사이에 길을 잃고 만다.

환율에 대한 기사를 읽다 보면 헷갈릴 때가 있을 것이다. 어떤 뉴스는 '달러-원 환율'이 올랐다고 하고, 어떤 뉴스는 '원-달러 환율'이 올랐다고 한다. 분명 기준이 되는 통화를 앞에 두라고 했는데 왜 이런 차이가 생길까? 심지어 어떤 뉴스에서는 아예 '원화값이 어찌되었다.'라고 설명한다. 정신을 바짝 차리지 않으면 잘못 이해할 수도 있다.

　국제 관행으로 보면 기준이 되는 통화가 앞에 온다. 달러-원·달러-엔 등이다(물론 여기서도 유로·파운드·호주 달러·뉴질랜드 달러 등 영국계 통화 4총사는 예외). 다른 통화와의 환율도 마찬가지다. 글로벌 외환시장에서 G7(주요 7개국) 통화는 앞에 둔다. G7 통화는 캐나다·프랑스·독일·이탈리아·일본·영국·미국 등 선진 7개국의 통화다. 간혹 중국 위안도 앞으로 오는 경우가 있지만 흔한 일은 아니다.

환율표기, 돈에도 순서가 있다

글로벌 외환시장 표기법도 앞에 오는 환율 기준이다. 달러-엔 환율은 1달러당 엔화로 얼마인지 나타낸다. 그런데 엔-달러라고 하면 1엔당 달러 얼마가 된다. 자릿수가 백 단위에서 순식간에 소수점 네 자리로 바뀐다. 비례식으로 생각해보자. 1달러:103.12엔=x달러:1엔. 1을 103.12로 나누어야 한다. 자릿수가 약 0.0096달러로 바뀐다.

달러-원 환율도 마찬가지다. 통상으로는 1달러당 1,100.12원이라고 하지만 만약 원-달러 환율이라고 하면 1원당 약 0.0009달러가 된다. 매우 불편하고 이상해진다. 그런데도 우리나라에서 환율을 읽을 때는 원-달러·원-엔·원-위안으로 쓴다. 그 이유가 대단한 것은 아니다. 우리나라 돈이니까 편의상 그렇게 부르는 것이다.

외환시장을 담당하는 기관(외환당국)인 기획재정부와 한국은행은 보도자료를 발표할 때도 원화를 앞에 써서 낸다. 이들 역시 글로벌 외환시장에서 그렇게 읽지 않는다는 것을 알고 있다. 하지만 외환당국은 글로벌 기준보다 국민정서가 우선이다. 그래서 국내에서는 원화를 앞에 두고 '원-달러 환율'이라고 쓴다. 하지만 이 책에서는 글로벌 기준에 맞추어 '달러-원 환율'이라고 부르기로 한다.

달러-원 환율은 소수점 두 자리까지 표기한다. 소수점 숫자 그대로 읽기도 하고, '몇 원 몇 전'이라고 읽기도 한다. 평소 잘 쓰지 않는 '전' 단위는 꽤 낯설다. 우리나라 동전에서 전이 없어진 지 오래지만 소수점 두 자리까지 표기하고 읽으면서 수치상으로 전을 쓴다. 이는 환율 변화를 명확히 보기 위한 거래 관행의 일부로 볼 수 있다.

달러-원 환율은 움직일 때도 10전(0.10원) 단위로 움직인다. 1,100.00원 다음은 '1,100.10원' '1,100.20원' 이런 식이다.

국제외환시장에서는 소수점 여섯 자리까지 표기하는 경우도 있다. 보통은 이런 환율도 소수점 네 자리 정도에서 거래가 이루어진다. 너무 번거롭기 때문이다. 또한 여섯 자리 다음은 반올림도 잘 안 해준다.

환율 자릿수를 부르는 이름

자릿수에 대한 명칭도 있다. 보통 환율에서 좀처럼 바뀌지 않는 단위를 '빅피겨(big figure)'라고 한다. 큰 자릿수라는 의미다. 환율은 큰 자릿수가 바뀔 때 더욱 조심스러운 움직임을 보인다. 그 레벨에 특정 거래의 옵션을 걸어두기도 한다. 왠지 매수나 매도를 해야 할 것만 같은 수준으로 보는 경우도 많다. 보통 지갑에서 돈을 꺼내 쓸 때 5만 원짜리는 꺼내기 아깝지 않나? 평소에 큰돈을 깨는 것을 조심스러워하듯 환율도 큰 자릿수가 깨질 때는 시장참가자들의 이목이 집중되고, 부담스러워 한다.

빅피겨보다 작은 단위인 소수점 네 자리(달러-원 환율은 소수점 두 자리)는 '핍(pip)'이나 '포인트(point)'라고 한다. 빅피겨는 잘 안 바뀌는 숫자고 핍이나 포인트는 자주 바뀌는 숫자라고 보면 된다. 예를 들어 유로-달러 환율 1.1122달러라면 앞의 1.11까지는 빅피겨, 끝의 두 자리는 22핍스로 부른다. 그냥 보았을 때는 소수점 앞의 1이 빅피겨지만 외환시장에서는 소수점 둘째 자리인 1.11까지는 빅피겨라고 통칭한다. 달러-엔 환율이 103.81엔이면 103은 빅피겨, 0.81은 핍스가 된다.

10전 단위로 움직이는 달러-원 환율이 1,120.50원이라면 원칙 대로는 1,120이 빅피겨, 0.50원이 핍스다. 하지만 흔히 1,100원선, 1,000원선과 같은 큰 자릿수를 빅피겨라고 한다. 때로는 1,050원 선도 빅피겨라 부르기도 한다. 또한 서울외환시장에서는 달러-원 환율이 20핍 올랐다고 하기보다 20원 올랐다고 하는 경우가 더 많다.

세계 각국 통화별 별명들

글로벌 외환시장에서는 통화에 별명을 붙이기도 한다. 외환딜러들은 부르기에 다소 길거나 친근한 통화를 중심으로 별명을 붙여놓았다.

미 달러화는 '그린백(green back)'이나 '벅(buck)'이라고 부른다. 그린백이라는 단어는 달러화의 뒷면이 녹색이기 때문이다. buck은 사슴의 한 종류를 의미하는데 옛날에 미국에서 사슴가죽이 귀하게

▼ 세계 각국 통화별 별명

통화	약자	별명
달러	USD	그린백(green back), 벅(buck)
위안	CNY, CNH	레드백(red back), 런민비
호주 달러	AUD	오지(aussie)
뉴질랜드 달러	NZD	키위(kiwi)
파운드	GBP	스털링(sterling), 케이블(cable), 퀴드(quid)
싱가포르 달러	SGD	싱달, 싱달러(sing dollar)
홍콩 달러	HKD	홍달, 홍키(honkie)
스위스 프랑	CHF	스위시(swissy)
캐나다 달러	CAD	루니(looni)

통용되었다고 한다. 그래서 "귀한 달러가치와 맞먹는다."해서 '벅(buck)'이라고 한다고 전해져온다. 네이버(naver)에 'buck'이라고 검색하면 '(미국·호주·뉴질랜드의) 달러; (남아프리카공화국의) 랜드; (인도) 루피'라고 나온다. 최근에는 중국 위안화(런민비)를 미국 그린백에 대응해 '레드백(red back)'이라고 부른다. 왜냐하면 위안화의 뒷면이 붉은색이기 때문이다.

호주 달러는 '오지(aussie)', 뉴질랜드 달러는 '키위(kiwi)'라는 예쁜 별칭이 있다. 스위스 프랑은 '스위시(swissy)', 캐나다 달러는 '루니(looni)'라는 애칭이 있다. 파운드화는 공식적으로는 '스털링(sterling)'이라고 하는데 '케이블(cable)'이나 '퀴드(quid)'라는 별명도 있다. cable이라는 별칭은 초기 외환거래 당시 런던과 뉴욕에서 텔렉스 케이블을 이용해 파운드와 달러가 거래되었기 때문이라는 이야기도 있다. 이밖에 싱가포르 달러는 '싱달' '싱달러(sing dollar)', 홍콩 달러는 '홍달' '홍키(honkie)'로 부른다. 크로네 시리즈도 별명이 따로 있다. 덴마크 크로네는 '대니쉬(danish)', 노르웨이 크로네는 '노키(nockie)', 스웨덴 크로네는 '스토키(stockie)'라고 부른다.

　환율별 약자를 외워놓는 것도 도움이 많이 된다. 한국 원화는 국제 외환시장에서 'KRW'로 표기한다. 유로는 'EUR', 엔화는 'JPY', 위안화는 'CNY'(중국)와 'CNH'(홍콩), 파운드화는 'GBP', 호주 달러는 'AUD', 뉴질랜드 달러는 'NZD'다. 약자는 계속 보다 보면 어느 통화라는 감이 온다. 약자를 외워두면 환율수준이나 데이터를 정리한 표를 볼 때 유용하다.

환율, 가격이 여러 개일 때
무엇을 봐야 할까?

매수호가와 매도호가를 구별해야 한다.
그리고 우리는 체결가를 최종적인 환율로 본다.

달러 환율을 정확히 알고 싶을 때 그냥 검색해보면 혼란스러울 것
이다. 네이버에서 환율을 검색하면 달러-원 환율이 나온다. 은행
이 고시하는 고시환율, 즉 '대고객 환율'이다. 쉽게 말해 일반 고객
들이 환전을 할 때의 환율이다.

대고객 환율은 달러를 살 때와 팔 때, 송금을 보낼 때와 받을 때,
외화수표를 팔 때 등으로 다양하게 나뉘어 있어 정확하게 알기가
어렵다. 서울외환시장에서 환율을 처음 보는 사람은 당황할 수 있
다. 그렇다면 어느 쪽 환율을 읽어야 할까?

통화	매수호가(bid)	매도호가(ask)	시간	뉴욕 대비	
EUR	1.0670	1.0671	14:55:53	▼	0.0005
NZD	0.7249	0.7250	14:55:55	▲	0.0004
KRWK	1158.10	1163.00	00:00:00		0.0000
CNY	6.8767	6.8777	14:55:35		0.0000
JPY	115.00	115.01	14:55:53	▲	0.53
CNH	6.8656	6.8660	14:55:52	▲	0.0198
CAD	1.3113	1.3114	14:55:54	▲	0.0016
NZD	0.7249	0.7250	14:55:55	▲	0.0004
SEK	8.8539	8.8561	14:55:54	▲	0.0082
DKK	6.9687	6.9695	14:55:54	▲	0.0034
PLN	4.0744	4.0762	14:55:54	▲	0.0035

• 자료: 연합인포맥스

환율마다 가격이 2개씩 표기된다. 비드와 오퍼(또는 ask)가격으로 나뉘는데 이는 '매수호가'와 '매도호가'다. 즉 사는 가격과 파는 가격이 동시에 나온다.

비드가격과 오퍼가격

그냥 딱 얼마 이렇게 나오는 게 환율인 줄 알았는데 그게 아니다. 외환시장에서 환율은 '비드(bid)가격'과 '오퍼(offer)가격'으로 나뉜다. 오퍼 가격은 'ask'로 표기하기도 한다. 환율이 이렇게 나뉘어 있는 이유는 통화를 매수할 때의 가격과 매도할 때의 가격이 다르기 때문이다. 이 비드-오퍼가격을 제시하는 것은 은행이다. 이 점을 기억해두고 살펴보자.

기준통화는 대부분 달러다. 예외적으로 앞서 언급한 영국계 통화 4총사의 경우는 해당 통화가 기준이 된다. 비드는 은행이 사는 가격이고, 오퍼는 은행이 파는 가격이다. 기준통화를 달러로 보면 비드는 은행이 "이 가격에 달러를 사겠다."라는 의미다. 오퍼는 은행이 "이 가격에 달러를 팔겠다."라는 의미다.

수출기업이 달러를 벌어와서 이를 원화로 바꾸러 은행을 찾았다. 이때 딜러가 환율을 1,158.00/1,158.30원, 이렇게 2가지로 알려주면 어떻게 될까? 은행은 "1,158.00원에 달러를 사고, 1,158.30원에 달러를 팔겠다."라는 뜻이다. 수출기업은 달러를 은행에 팔고, 원화로 바꿀 것이기 때문에 은행이 사겠다고 말한 가격에 달러를 팔게 된다.

이것은 다른 통화도 마찬가지다. 유로화를 보자. 고객이 유로를 팔고 달러를 사겠다고 한다면 은행이 제시하는 1.0670/1.0671달러 중 얼마에 팔아야 할까? 유로화는 영국계 통화 4총사 중 하나이므로 기준이 된다. 비드-오퍼 가격을 보면 은행은 "1.0670달러로 1유로를 사고, 1.0671달러에 1유로를 팔겠다."라고 제시한 셈이다. 고객은 유로를 팔 예정이므로 은행이 사겠다고 한 가격, 즉 비드가격에 유로화를 팔면 된다. 만약 반대로 유로를 사고 달러를 팔 예정이라면 반대다. 유로를 사는 쪽이니 은행이 제시한 매도환율, 오퍼 가격에 유로를 사야 한다.

이처럼 환율에서 가격이 2가지로 제시되는 이유는 살 때와 팔 때의 가격이 다르기 때문이다. 아무래도 은행은 싸게 사려고 하고, 비싸게 팔고 싶어 할 것이다. 그래서 보통은 오퍼 가격인 환율이 더 높다. 물론 두 가격이 붙을 때도 있고, 역전될 때도 있다. 이때는 거래가 아주 많거나, 비정상적인 가격을 제시하는 시장참가자가 나타나는 등 다른 요인이 생겼을 때다.

▼ 고시환율정보

통화코드/ 통화명		송금		현찰				매매 기준율	미화 환산율	T/C 사실 때
		보낼 때	받을 때	사실 때		파실 때				
				환율	Spread	환율	Spread			
USD	달러	1,178.40	1,155.60	1,187.42	1.75%	1,146.58	1.75%	1,167.00	1.0000	1,181.00
JPY	100엔	1,029.87	1,009.89	1,037.72	1.75%	1,002.04	1.75%	1,019.88	0.8739	1,030.07
EUR	유로	1,261.53	1,236.55	1,273.89	1.99%	1,224.19	1.99%	1,249.04	1.0703	1,267.77
CNY	위안	172.26	168.86	179.08	5.00%	162.04	5.00%	170.56	0.1462	
HKD	달러	151.93	148.93	153.39	1.97%	147.47	1.97%	150.43	0.1289	
THB	바트	33.38	32.72	34.70	5.00%	31.07	6.00%	33.05	0.0283	
TWD	달러			40.58	9.00%	34.63	7.00%	37.23	0.0319	
PHP	페소	23.63	23.19	25.52	9.00%	22.49	4.00%	23.42	0.0201	

• 자료: KEB 하나은행

은행 고시환율표를 보면 다양한 가격이 나와 있다. 주로 환전을 하는 고객은 현찰환율을 중심으로 스프레드가 붙는 가격에 외화를 바꾼다.

　두 가격으로 이루어진 환율은 우리가 은행에 환전하러 갔을 때 환전표에서도 볼 수 있다. '사실 때'와 '파실 때', '보내실 때'와 '받으실 때' 식으로 나뉘어 있다. 위의 표에 나와있는 구분은 고객 입장에서 볼 때여서 존댓말로 표기되어 있다. 여기서 주체는 고객이다.

　여기서도 송금을 보낼 때의 환율이 받을 때보다 비싸다. 내국인이 송금을 보내는 것은 달러를 사서 보내는 것이다. 그러니 은행은 달러를 파는 쪽이 된다. 상대적으로 비싼 오퍼가격이 적용된다. 현찰도 살 때 환율이 더 높고, 팔 때 환율은 더 낮다. 왜냐하면 은행에서 달러를 파는 쪽이 더 높은 환율을 적용하기 때문이다. 은행 입장에서 달러를 싸게 사고 비싸게 파는 원리다.

환전상 간판의 환율은 비드가격이다

길가의 환전상 간판에 나와 있는 환율에서도 이 가격은 적용된다. 환전상 간판에 써 있는 환율은 통상 비드가격이다. 그냥 보면 평소 현물환시장에서의 환율과 크게 차이가 없을 정도로 낮다. 하지만 이 환전상들은 대부분 외국인 관광객을 상대로 한다는 점을 기억하자. 이들은 달러를 갖고 와서 원화로 바꾸려는 고객들이다. 그러니 낮은 환율을 간판에 적어두고 달러를 원화로 바꾸어준다. 내국인이 가서 해외여행 간다고 달러를 바꾸려고 하면 간판에 적힌 금액보다 적어도 30전 이상 더 받는다. 왜냐하면 그들 입장에서는 달러를 파는 가격, 즉 오퍼가격을 적용해야 하기 때문이다. 갖고 있는 달러를 내주는 쪽이니 마진이 붙는다. 환전상 입장에서도 달러를 싸게 사서 비싸게 팔고 싶어하는 것은 당연한 이치다.

환율이 비드와 오퍼로 나뉘어 있는 것과 별개로 뉴스에 나오는 환율 기사를 보면 또 다른 숫자가 나온다. 은행에서 고시하는 환율이 왠지 조금 더 비싼 것 같다. 여기서 우리는 은행이 달러를 파는 일종의 소매점이라는 점을 알아야 한다.

환율에도 도매가와 소매가가 있다고 보면 된다. 은행의 고시환율은 소매 환율이다. '은행 간 환율'은 외환시장에서 은행 간에 거래하는 일종의 '도매가격'이다. 글로벌 외환시장에서도 통용되는 환율이다. 기본적으로 경제지표나 뉴스에 반영되는 환율은 이 환율이다. 은행들은 외국환거래를 할 수 있도록 한국은행 금융망에 가입하고, 공식적으로 외환시장의 멤버가 된다. 바로 외국환은행이 되는 것이다. 이들이 거래하는 환율이 바로 은행 간 환율이다.

은행 간 환율	은행 – 은행
대고객 환율	은행 – 고객(기관 · 기업 · 개인 등)

외국환은행들은 중개회사를 통해 거래한다. 우리나라에는 외국환은행의 환율거래를 중개하는 곳이 두 곳 있다. '서울외국환중개'와 '한국자금중개'다. 부동산 공인중개사가 매수자와 매도자를 연결해주듯 이런 중개사는 외환시장에서 매도자와 매수자를 연결해준다. 그리고 거래를 공식적으로 확인해주고, 체결시켜준다.

이렇게 외국환을 거래한 은행이 일반 고객을 대상으로 고시하는 '대고객 환율'은 조금 더 높거나 낮다. 은행 간 환율에 약간의 마진을 붙인 '소매가격'이라고 보면 된다. 은행은 이 소매가격 환율을 손님이 달러를 사고 싶어할 때는 조금 더 마진을 붙여 팔고, 손님이 달러를 팔고 싶어하면 조금 더 깎아서 받는다.

은행은 환율변화에 따라 시시각각 고시환율을 내건다. 고시회차는 하루에 200회 이상 바뀌기도 한다. 환율변동폭이 클 때는 400회를 웃돌기도 한다. 또한 은행마다 이 마진도 다르다. 특히 외화가 많은 은행과 원화가 많은 은행 간의 환율 차이가 크게 나기도 한다. 고시환율은 '기업고객 대상 고시환율(본·지점 간 고시환율)'과 '일반고객 대상 고시환율'로 나뉘기도 한다.

만약 환전과는 별개로 은행 간 환율의 공식적인 수준을 알고 싶다면 어떻게 해야 할까? 이는 연합인포맥스·로이터·블룸버그 등 단말기를 통해서 직거래 환율을 보거나, 중개회사 공식 홈페이지 등을 보면 된다. 증권사 HTS에서도 환율 수치를 제공한다. 다만 실시간으로 보려면 단말기를 보는 편이 정확하다.

단말기 없이 그날의 환율수준을 좀더 명확히 보려면 서울외국환중개 홈페이지(http://www.smbs.biz)가 유용하다. 환율조회에서 '오늘의 환율'에 들어가면 세계 각국의 환율 수준을 볼 수 있다. 여기에는 '매매기준율'이라는 것이 공지된다. 이는 전일 거래된 현물 환율 거래량을 가중평균해 산출하는 '시장평균환율(MAR; Market Average Rate)'이라는 것이다. 하루 동안 거래된 평균환율로 거래하고자 하는 은행이나 기업이 참고할 수 있도록 매일 고시한다. 그날 장 마감 이후 집계된 시장평균환율은 다음날 오전 8시 30분에 공식적으로 고시된다. 시장평균환율을 토대로 고시되는 매매기준환율은 고시 다음날 만기인 달러-원 NDF(Non-Deliverable Forward, 역외차액결제선물환)거래의 차액정산용 지정환율(fixing rate)이 된다.

'외환시장' 카테고리에 들어가면 하루 동안 거래된 달러-원 환율의 저점·고점·종가(마감가)가 나온다. 여기에 나오는 종가가 우리가 뉴스나 각종 경제지표에서 참고하는 기본적인 환율이다.

One Point Lesson

환전상이란?

백발이 성성한 노인이 계산기와 볼펜만 올려놓은 작은 책상을 놓고 길에 앉아 있는 풍경은 마치 흑백 사진처럼 정겹다. 명동이나 남대문 일대에서 이 할머니들을 본 적이 있을 것이다. 바로 환전상이다. 이 할머니들은 보통 할머니들이 아니다. 해방 이후부터 계속 달러 장사를 해온 베테랑도 있다.

명동·남대문은 우리나라 환전상, 속칭 '달러 장사'의 메카라 할 수 있다. 환전상 간판을 내걸고 영업하는 곳도 많다. 관세청에 환전영업자 등록을 한 곳들이다. 예전에는 한국은행이 등록을 받았지만 2016년 4월부터 환전상 관리·감독 업무가 관세청으로 넘어갔다.

환전상은 등록만 하면 되는 방식이다. 그래서 신청자들이 다양한 업종에 종사한다. 미용실·편의점 등 다양한 곳에서 환전영업을 한다. 요즘은 관광객들이 몰리면서 아예 공식 간판을 내걸고 대형 매장을 차리고 있는 곳도 있다. 이들은 환율 흐름에 민감한 것은 물론, 인근 은행 영업점에서도 큰손으로 통하는 경우가 많다.

환전상 중에는 은행보다 환율이 낫다는 입소문이 나면서 인기를 끄는 곳도 있다. 국내로 여행을 오는 외국인들은 물론, 해외여행을 가려는 내국인도 애플리케이션을 통해 환전상 환율을 즉각 비교할 수 있다. 환율이 급변할 때는 바로 반영하는 은행보다 시간차를 두고 환율이 반영되는 환전상을 이용하는 노하우도 괜찮은 방법이다.

환전을 잘하는 방법은
따로 있다

고수들도, 외환당국자도 환전 앞에서는 장사 없다.
계속 지켜보다가 목표 레벨에 근접하면 조금씩 바꿔야 한다.

한 유학생 아버지로부터 이메일이 왔다. 그는 올해 캐나다에서 집을 구하고, 자녀 유학도 보내기 위해 환전타이밍을 알아야 하는데 은행에 가보니 잘 모르겠다는 답변만 하더라며 문의를 해왔다.

은행 말이 맞다. 환전타이밍은 정말 누구도 장담할 수 없다. 그만큼 환율은 민감하고, 온갖 변수에 흔들린다. 결국은 분할 매수가 답이다. 달러를 산다면 원하는 레벨을 정해놓고, 환율이 내릴 때마다 조금씩 사는 것이 리스크를 줄이기에 좋다. 미리 외화예금을 들어놓는 것도 한 방법이다.

외환시장의 고수들도 환전은 어렵다

환전은 외환시장의 내로라하는 고수들도 고민하는 부분이다. 외환딜러들조차 환전타이밍은 어렵다고 말한다. 은행 돈으로 환베팅을 하는 것과 본인의 여행자금·해외연수자금을 환전하는 것은 다른 차원의 문제다. 심지어 외환시장 개입을 전담하는 고위 당국자도 자녀 유학비를 보낼 타이밍은 어렵다고 토로한다. 한 당국자는 자신이 달러를 환전하니 연중고점이었다며 하소연하기도 했다. 환율 그래프를 계속 노려본다고 답이 나오는 것은 아니다. 실제로 환전할 때는 내 돈이기 때문에 외환딜러보다 더 신중할 수밖에 없다.

요즘은 인터넷뱅킹 환전 서비스가 잘되어 있다. 환전수수료를 할인해주는 것은 물론, 환율 우대도 해준다. 보통 은행에서 외화를 환전할 때는 당시 환율에서 약 1.00~2.00원 정도 높게 받는다. 그리고 환전수수료를 추가로 받는다. 일종의 마진이다. 보통 외화현찰이면 달러·엔·유로화 등 주요 통화는 1.5%~2%, 기타통화는 약 3.0% 정도를 수수료로 받는다. 여기에 인터넷 환전시 몇 %를 할인해주고, 환율도 우대해주는 등 혜택을 준다.

여행자금을 환전할 때 가장 좋은 방법은 일단 메이저 통화(달러·엔·유로)로 바꾸는 것이다. 국내은행들이 여러 나라 통화를 구비해놓으려 하지만 그 역시 비용이 든다. 그래서 한국에서 바로 신흥국 통화 등을 환전할 때 수수료나 환율에서 우대받기가 쉽지 않다. 하지만 달러로 바꾸면 환전 혜택은 물론, 나중에 남는 금액을 다시 원화로 환전하기도 편하다.

기억해두면 좋은 환전명소

서울역 공항철도에 있는 시중은행 환전센터는 환전명소로 꼽힌다. 외국인 관광객, 국내 해외여행객들 할 것 없이 환전을 위해 일부러 찾는 곳이다. 인터넷 환전을 하면 다음날부터 찾을 수 있지만 이곳은 환율 우대를 즉시 받을 수 있다. 환율 우대폭도 커서 최대 90%에 달하는 경우도 있다. 시중은행 환전센터가 한데 모여 있어 편리하다는 평가도 받는다.

명동·남대문 일대의 환전상을 알아보는 경우도 많다. 특히 명동 중국대사관 근처의 환전상들은 대만 달러, 위안화 등에서 환율이 좋다고 이름이 나 있다. 따라서 중국이나 대만으로 여행을 떠나는 사람들이 즐겨찾는다. 휴대폰으로 애플리케이션을 다운받으면 환전상 환율 비교도 할 수 있다.

특히 동남아국가 통화로 환전할 때는 달러로 바꾼 후 현지에 가서 현지통화로 바꾸는 것이 유리하다. 한국에서 환전할 때도 메이저 통화인 달러로 바꾸면 환전수수료 등의 혜택을 볼 뿐 아니라 현지에서도 선호한다. 다만 유의할 점이 있다.

달러를 바꿀 때는 100달러짜리 고액권으로 바꾸는 게 낫다. 한 번은 태국 방콕에 여름 휴가를 간 적이 있다. 달러로 바꿔가서 현지 쇼핑몰에서 환전을 하려고 보니 아뿔싸, 1~2달러·5달러·10~20달러·50달러·100달러별로 환율이 다르게 적용되었다. 물론 100달러짜리가 환율이 제일 좋았다. 태국 바트화 환율로 100달러는 33.65바트였고, 1달러는 33.10바트였다. 유로화도 100~500유로짜리가 10~20유로보다 환율을 우대해준다. 파운드화·위안화,

심지어 원화도 마찬가지다. 원화 역시 1만 원권이 1천 원보다 환율이 더 낫다. 국내 은행에서 환전할 때 현지 호텔에서 팁으로 사용할 1달러까지 고려해 다양한 권종으로 담은 것이 살짝 아쉬웠다. 호텔에서 팁을 줄 때도 그 나라 통화를 주면 오히려 직원들도 사용하기 좋다.

일부 국가는 구겨지거나 상한 달러지폐의 환율을 낮게 책정하는 경우도 있다. 그러므로 현금 보관에 유의하는 것이 좋다. 빳빳한 새 달러일수록 좋은 대우를 받는다.

동남아여행을 갈 때는 '금은방 환율'이라는 것이 유명하다고 한다. 일반 환전소나 공항·호텔보다 금은방에 가서 환전하는 편이 환율이 좋다고 한다. 실제로 베트남여행 당시 금은방 구석에 있는 환전소에서 환전한 적이 있다. 너무 소액이라 별로 이익을 봤다는 생각은 들지 않았다. 다만 인터넷에서 찾아본 환율과 비슷한 수준에 환전했고, 금은방이라 뭔가 신뢰가 가는 느낌이 들었다.

일본의 경우는 '안전자산선호'라는 단어가 나오는 시기는 피하는 것이 좋다. 엔화는 안전자산으로 통하기 때문에 통상 위험한 사건이 벌어지면 강세를 보인다. 엔-원 재정환율도 봐야 하지만 기본적으로 달러-원 환율이 하락할 때(원화강세) 환전하는 게 좋다.

이 밖에도 환전에 대한 팁이라고 할 만한 것들을 찾아보자. 가장 좋은 방법은 앞서 은행들도 언급하는 저점 분할매수다. 외환시장에서는 이를 '바이 온 딥스(buy on deeps) 전략'이라고 부른다. 외환딜러들이 달러를 살 때 가장 자주 쓰는 방법이다. 환율이 상승세라면 빠질 때마다 달러를 매수한다. 달러-원 환율은 일방적으로 오르는 것이 아니라 때때로 숨돌리기 차원의 조정을 받는다. 이 방법은 '환전의 바이블'이라고 부를 만하다. 조금씩 낮은 가격에 매입함으로써 매입단가를 낮출 수 있기 때문이다. 물론 쉽지 않다. 그 저점이 언제냐는 질문을 한다면 그건 누구도 "모른다."라고 할 수밖에 없다.

'레인지 대응'도 있다. 그날 환율이 위아래 10원 정도의 차이를 보이는 레인지 장세라면 아래쪽은 매수로 대응하고, 위쪽은 매도로 대응하는 방식이다. 이는 레인지를 우선 인식해야 한다는 어려움이 있다. 하지만 환율변동성이 크지 않은 장세에서 저점·고점에 대한 판단이 선다면 환전타이밍을 잡을 때 참고할 만하다.

월말·분기말은 시기적으로 달러-원 환율이 내린다. 수출업체들이 월말·분기말에 달러를 많이 판다. 이를 '네고물량'이라고 하는데 보통 월말 당일보다 월말을 앞둔 몇 일간 환율이 하락할 수 있다. 이때를 노리면 조금이나마 낮은 환율에 환전할 가능성이 있다. 그런데 환율이 오르는 국면에서 월말 수출업체가 별로 없다는 뉴스가 나온다면 다음달 초로 이월되는 경우도 있어 조심해야 한다. 최근에는 조선업황이 악화되면서 이런 월말 장세의 분위기가 바뀌었다. 주로 월말에 집중적으로 달러를 팔던 조선업체들의 물량이 줄었기 때문이다.

NDF 환율이 급락하는 날도 눈여겨볼 만하다. 보통 NDF 환율은 밤 사이 외환시장에서 거래된 후 당일 새벽에 최종호가가 나온다. NDF 최종호가는 아침에 뉴스를 찾아보면 된다. 그런데 이 환율은 당일 외환시장 개장가에 영향을 준다. NDF 환율이 하락했다면 그날 환율이 하락할 가능성이 좀더 크다. 그런 날 환율 레벨이 원하는 수준과 비슷하다면 환전에 나서볼 만하다.

외환시장의 한 고수가 알려준 팁을 마지막으로 소개하겠다. 국내은행들 가운데 달러가 많은 은행이 있고, 원화가 많은 은행이 있다. 예를 들면 2015년 9월에 하나은행과 합병한 KEB외환은행은 달러가 많은 은행이었다. 그렇다면 아무래도 달러를 매수할 때 유리할 것이다. 반대로 다른 시중은행은 상대적으로 외화보다 원화 비중이 높다. 그렇다면 달러를 갖다 주고 원화로 바꾸는 고객이 유리할 수 있다. 하지만 이것도 그때그때 상황은 변할 수 있다.

외환딜링,
공인된 도박이다

외환시장은 우리나라와 해외시장 사이에 외환을 순환시키는 심장과도 같다.
그날 시장참가자들의 트레이딩이 외환시장의 역사를 만든다.

외환트레이딩을 두고 시장에서는 '공인된 도박'이라고 부른다. 격이 떨어지는 비유지만 트레이딩의 본질을 생각하면 비슷한 점도 있다. 판돈을 걸고 수익을 내느냐 잃느냐가 갈리는 것은 도박과 비슷한 형태라고 할 수 있다. 외환시장에서 이루어지는 트레이딩은 오르거나 내리거나 50%의 확률에 베팅하는 홀짝게임과 같다.

도박과 다른 점은 그런 베팅을 금융기관이 그것도 공식적으로 외국환거래법에 의거해 외환딜러라는 직책을 두고 매일 하고 있다는 것이다. 그렇게 서울외환시장이 돌아간다. 이런 외환시장은 우리나라와 글로벌 외환시장 사이에 외화를 순환시키는 심장과도 같다. 하루 하루 시장참가자들의 트레이딩이 외환시장의 역사를 만든다.

외환시장의 판돈은 얼마인가요?

그렇다면 외환시장의 판돈은 얼마일까? 서울외환시장의 최소 거래 단위는 100만 달러다. 원화로 환산하면 환율 1,000원만 적용해도 10억 원이다. 한 번의 거래에 10억 원이 왔다갔다 하는 것이다. 웬만한 중대형 아파트 값이다. 클릭 한 번에 아파트 한 채가 왔다갔다 한다. NDF 시장에서는 최소 단위가 500만 달러다. 글로벌 외환시장의 거래규모는 더 크다. 그만큼 수익과 손실의 크기도 커진다.

이렇게 큰돈이 오가는 거래이니 외환딜러들도 처음에는 손이 덜덜 떨리고, 소화불량에 걸린다고 한다. 어떤 딜러는 자리를 뜨지 않고 거래하다가 요실금에 걸리기도 한다. 식사가 불규칙적이고, 도시락이나 햄버거를 자주 먹어 비만·위염도 많다. 너무 거래를 오래 집중해서 하기 때문에 거북목이나 손목터널증후군은 기본이다. 하지만 점점 시간이 흐를수록 "겨우 100만 달러 가지고."라는 말에 익숙해진다.

그렇다면 외환딜러가 되기 위해서는 무엇을 해야 할까? 우선 은행원이 되는 것이 좋겠다. 은행들은 자체적으로 외환딜러 양성프로그램을 운영하고 있다. 신입행원 시절부터 일종의 스터디를 마친 후 지원해 발탁되는 방식이다. 물론 국민연금이나 보험사, 일반수출 대기업이나 정유업체, 조선업체 등에서 근무해도 외환딜러가 될 수 있다. 외환 관련 부서에서 일하다 딜링업무를 할 수도 있다. 이들은 은행딜러와 달리 기업체의 외환거래를 전담하는 기업 외환딜러다.

환율, 누구도 장담할 수 없다

다른 트레이딩과 마찬가지로 외환 트레이딩의 목적도 기본적으로는 수익을 추구한다. 외화를 싸게 사고 비싸게 파는 것이다. 즉 환율이 낮을 때 사서 환율이 높을 때 파는 것이 기본이다. 간단한 원리지만 이것이 그렇게도 어렵다.

환율그래프를 보면 이런 생각이 들 수 있다. '저점일 때 사면 되는 걸 왜 못 사지?' '고점일 때 팔지 왜 안 팔았을까?' 하는 생각을 할 수 있다. 그러나 외환시장에서 이런 생각은 맞지 않다. 트레이딩에 대해 생각하는 사람들은 그것이 얼마나 터무니없는 생각인지 안다.

아래에 있는 환율그래프의 절반을 가려보자. 위쪽 말고 선그래프 뒤쪽을 가려보자. 그 다음 그림이 어떻게 될지 예상해보자. 예상하기 쉬운가? 앞서 말한 50%의 확률만으로도 턱없이 부족하다. 그렇다고 점쟁이처럼 볼펜을 굴리거나 주사위를 던질 수도 없다. 수

▼ 예측하기 힘든 환율그래프

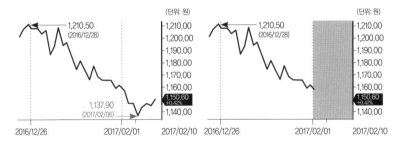

• 자료: 연합인포맥스

환율그래프를 그냥 보면 고점과 저점을 쉽게 찾을 수 있다. 하지만 장중이라고 생각해 절반을 가려보면 다음 그래프의 방향을 쉽게 예측하기 어려울 것이다.

없이 많은 대내외 변수와 두뇌싸움. 순간순간의 수급, 레벨에 대한 인식을 고려한 외환딜링이 합쳐져 환율그래프를 만든다.

매일 열리는 외환시장이지만 그 흐름은 매번 달라진다. 어제의 매수재료가 오늘의 매도재료가 되는 곳이다. 때로는 진득한 기다림이, 때로는 단칼의 결정력이 수익을 좌우한다. 그것도 수백만·수천만 원의 수익이 그 찰나의 거래로 결정된다.

그렇다고 해서 외환딜러가 마냥 은행 돈으로 게임이나 도박하듯 베팅을 하는 것은 아니다. 딜러들의 거래는 은행의 손익에 영향을 주는 중요한 결정이다. 판돈(포지션)과 손실관리(stop loss)가 엄격히 지켜질 수밖에 없다. 사람이니까 손실을 볼 수는 있다. 하지만 욕심을 부려서 제때에 포지션 정리를 하지 않으면 딜러 자리를 유지할 수 없다. 매일 손익이 숫자로 확인되는 만큼 개인적인 결정으로 위험한 투자를 하는 것은 금물이다. 포지션이 위태로울 때는 추가 손실을 막기 위한 결단도 필요하다.

그래서 외국환은행은 신입 외환딜러에게 본인의 생각만 고집하기보다 시장 상황에 따라 유연하게 대처할 것을 우선적으로 가르친다. 손실관리에 실패하면 아무리 큰 수익을 내더라도 언제든 쪽박을 찰 수 있기 때문이다. 은행들은 이를 위해 프론트(실제 거래하는 외환딜러) 뒤에 미들오피스·백오피스 등을 단계적으로 두고 관리한다. 리스크 관리와 딜러 개인의 행동규범에 대한 컴플라이언스도 강화한다.

외환딜러들의 특별한 재테크

이처럼 매일 큰돈을 거래하는 외환딜러들이 과연 재테크도 잘할까? 딜러라면 투자에는 전문가라 할 수 있지만 꼭 재테크도 100% 성공하는 것은 아니다. 때로는 너무 잘 알아서 거래를 못 할 때도 있을 것이다. 재테크에 그리 관심이 없는 사람도 부지기수다.

특이한 점은 다양한 자산을 수시로 접해서인지 재미있고 엉뚱한 투자를 모의하는 경우도 많다는 것이다. 한 시중은행의 외환딜러들은 북한이 전쟁을 일으킬 것 같다면서 모여서 설탕과 밀가루 선물을 대량으로 구매할 계획을 세웠다고 한다. 왠지 전쟁이 나면 식량이 부족할 것 같다고 말이다. 하지만 전쟁은 일어나지 않았다. 농담으로 시작된 투자도 구상에 그쳤다. 딜러들은 "선물 만기로 만약 설탕과 밀가루를 인도받았으면 달고나·부침개를 매일 먹어도 다 못 먹었을 것"이라며 가슴을 쓸어내렸다고 한다.

북한에 있는 골프장 회원권을 공동 구매한 경우도 있다. 한 외국계은행 서울지점 딜링룸 딜러 4명이서 금강산 골프장의 회원권을 구매했다고 한다. 이들이 투자에 나선 계기는 김정일의 회오리 홀에 대한 소문 때문이었다. 이 골프장의 14번 홀이 깔대기 모양이라서 치기만 하면 백발백중 들어간다는 것이다. '에머슨퍼시픽'이라는 우리나라 회사가 금강산에 만든 이 골프장은 지난 2008년 7월 금강산 피격 사망사건으로 남북 관계가 경색되면서 문을 닫았다. 이 사례의 주인공들이 외환시장에서는 베테랑 딜러로 손꼽히는 사람들이다.

외환딜러들은 직접 FX거래를 할 때는 북한 리스크에 둔감하다.

과거에 수차례 환율이 뒤집히는 과정을 겪으면서 이제는 둔감해진 것이다. 일종의 학습효과다. 하지만 개인적으로 투자할 때 외환딜러들은 북한 리스크에 오히려 과감하게 투자한다. 통일 이후의 상황을 고려할 때 현재 북한 리스크에 노출되어 있는 자산이 저평가되어 있다는 이유 때문이다. 북한 접경지역 부근의 땅이나 부동산, 심지어 북한 채권을 사들인다는 이야기까지 그들은 관심을 보인다. 이는 서울외환시장에서 일하면서 오히려 북한 리스크에 익숙해진 영향은 아닐까?

이처럼 매일 소리 없는 숫자전쟁이 펼쳐지는 곳이 외환시장이다. 외환딜러들의 치열한 접전은 결국 환율이라는 숫자로 나타날 뿐이다. 그 시장 속으로 좀더 들어가보면 통화별로 움직이는 숫자에 불과했던 환율이 수많은 사연을 담아내고 있음을 알 수 있다.

외환시장을
본격적으로 배워보자

• • •

"역외가 뜨고, 결제가 받치면서 올랐죠. 숏커버가 일어나긴 했는데 롱심리가 시원찮아서 어떨지 모르겠어요."

분명 한국어인데 도대체 뭐라고 하는 걸까? 처음 외환딜러와 대화한 사람들은 대부분 멍해진다. 하지만 외환시장에서 쓰는 용어를 조금만 공부해보면 무슨 말인지 정도는 눈치챌 수 있다. 2일차에서는 어떤 주체들이 환율을 움직이는지, 외환시장에서 쓰는 용어들이 무슨 의미인지 살펴본다.

특히 기억할 만한 부분은 외환시장참가자들에 관한 내용이다. 조금 외워두는 것도 좋다. 외환시장에서 주로 달러를 사고파는 사람들이 누군지 알아두면 좀더 쉽게 환율을 이해할 수 있다. 외화의 가격인 환율도 다른 물건과 마찬가지로 사는 사람이 많으면 비싸지고, 파는 사람이 많으면 싸진다. 그런 의미에서 누가 주로 사고, 누가 주로 파는지를 알면 외환시장 기사나 경제에 관한 책을 읽을 때 도움이 된다. 그리고 그 주된 시장참가자들에 대한 이야기를 들을 때 '환율이 어떻게 움직이겠구나.' 하는 생각을 할 수 있다.

읽고 나서도 이해가 안되면 한번 더 읽어보자.

• • •

현물환시장과 NDF란 무엇인가?

외환시장을 견학하려면 어디로 가야 할까?
서울·도쿄·런던·뉴욕외환시장은 어디에 있을까?

사실 외환시장이라고 부르기는 하지만 장터가 따로 있지는 않다. 무슨 말이냐 하면 트레이딩이 이루어지는 일정한 공간·장소가 따로 있는 것은 아니라는 뜻이다.

예전에 한국은행 금융통화위원회의 한 신임 금통위원이 출근하자마자 한국은행 직원에게 "한은에는 콜시장이란 게 있다면서요? 견학 한번 합시다."라고 말했다는 우스갯소리가 있다. 눈에 보이지 않는 시장에 견학이라니. 외환시장도 가상의 시장이기는 마찬가지다.

외환시장은 'SWIFT(Society for Worldwide Interbank Financial Telecommunication, 국제은행 간 통신협정)'라는 국제은행 간 통신협

정이 맺어져 있어 대부분 전산으로 거래된다. 딜러들이 머무는 딜링룸이 있는 곳에 따라 서울외환시장·도쿄외환시장·뉴욕외환시장 등으로 부를 뿐이다. 서울외환시장이라고 하더라도 사실상 외환시장은 각 시중은행 딜링룸, 그것도 외환딜링시스템 속에 있다고 봐야 한다. 물리적으로는 딜링룸이지만 알고 보면 추상적인 장소인 셈이다.

우리나라 외환시장과 글로벌 외환시장

지역에 따라 외환시장은 역내시장과 역외시장으로 나뉜다. 역내외시장을 구별하는 것은 국경 안과 밖을 의미한다. 양쪽은 거래의 방식이 조금 다르다. 우리나라 안에서 거래되는 달러-원거래와 우리나라 밖인 외국에서 이루어지는 달러-원거래는 어떻게 다를까?

우리나라 안, 즉 역내에서 거래되는 달러-원은 대부분 현물환으로 이루어지고, 역외에서 거래되는 달러-원은 선물환으로 이루어진다. 현물환은 기본적으로 'T+2(거래일로부터 2거래일)' 후에 결제되는 거래다. 전 세계 국가마다 시차가 있고, 결제시스템이 다르기 때문에 이를 반영하면서 2거래일의 시간이 걸리는 것으로 이해하면 된다. 일반적으로 우리가 서울외환시장에서 바로 볼 수 있는 달러-원 환율은 현물환거래다.

현물환거래는 보통 실수요나 트레이딩 차원의 투기적 거래, 환리스크 관리 등에서 이루어진다. 수출입기업의 외환 관리나 외국환은행의 트레이딩 등이다. 환율이 오를 것이라 판단되면 현물환을 미리 사고, 환율이 내릴 것이라 판단되면 현물환을 파는 식이다. 외국환은행들이 보유한 외화표시 자산과 부채를 균형으로 가져가기 위해 포지션 관리 차원에서 활용하기도 한다. 보통 서울외국환중개와 한국자금중개, 두 중개회사(브로커리지)를 통해 거래된다.

그런데 서울외환시장이 아닌 역외에서 거래되는 달러-원 환율은 NDF로 이루어진다. 역외시장에서 거래되는 달러-원 환율은 NDF로 이루어진다. 여기서 NDF거래는 선물환 거래의 일종이다.

잠시 선물환거래에 대해 알아보자. 선물환거래는 미래의 어느 시점에 현재 가격에 거래하기로 약속하는 것이다. 주로 미래의 환율변화에 따른 환리스크를 지고 싶지 않거나 결제일까지의 금리차익을 누리고 싶을 때, 미래의 환율에 미리 베팅하고 싶을 때 선물환거래를 활용한다. 그동안의 서울환시장에서 선물환을 주로 활용해온 조선업체의 경우도 초창기 환리스크를 지지 않으려는 '환헤지' 목적에서 외환시장에 뛰어들었다.

이 선물환거래는 결제일까지의 기간이 현물환(T+2)보다 길다. 만기를 정하고 선물환을 매수·매도하는 것(outright forward)과 스왑거래의 일부에서 현물환거래와 함께 선물환을 거래하는 것(swap forward)으로 나뉜다. 그리고 만기에 실물 인수도를 못하고 차액만 주고받는 NDF거래도 있다.

이 NDF거래가 바로 역외시장에서 달러-원 환율이 거래되는 선물환 방식이다. 만기는 주로 1개월물로 한다. NDF거래는 역외투자자들이 달러-원 현물환거래를 하기에는 원화를 자유롭게 인수도할 수 없다는 점 때문에 생겨난 시장이다. 원화를 마음대로 인수도하기 어려운 것은 국제화된 통화가 아니기 때문이다. 그래서

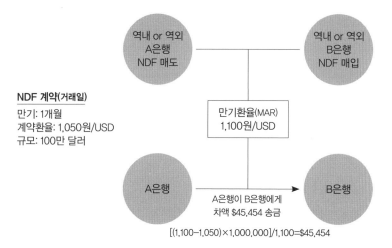

NDF 계약(거래일)
만기: 1개월
계약환율: 1,050원/USD
규모: 100만 달러

역내 or 역외
A은행
NDF 매도

역내 or 역외
B은행
NDF 매입

만기환율(MAR)
1,100원/USD

A은행

B은행

A은행이 B은행에게
차액 $45,454 송금

[(1,100−1,050)×1,000,000]/1,100=$45,454

• 자료: 한국자금중개 홈페이지

계약일에 1,050.00원 환율에 100만 달러를 매도한 A은행이 만기일에 달러−원 환율이 1,100원으로 올랐을 경우, 전액을 계산하지 않고 차액인 4만 5,454달러를 송금하게 된다.

NDF거래는 만기일에 달러로 지급한다.

NDF거래가 일반 선물환거래와 다른 점은 만기에 해당 상품을 인수도하는 것이 아니라 차액을 정산하고 마무리한다는 것이다. 그래서 '차액결제선물환'이라고 부른다.

거래일자를 기준으로 NDF거래를 하면 만기일 2영업일 전 현물환시장에서 확정된 고시환율을 기준으로 차액결제를 한다. 달러−원 환율이 오르면 NDF매수를 한 쪽이 유리하고, 환율이 내리면 NDF매도를 한 쪽이 유리하다.

A은행이 100만 달러어치 NDF매도를 하고, B은행이 NDF매수를 했다고 하자. 만기가 되어서 환율이 계약환율인 1,050.00원에

서 1,100.00원으로 올랐다면 어떻게 될까?

우선 A은행은 거래일에 NDF매도를 하면서 1,050.00원에 100만 달러를 팔았다. 그런데 한 달 뒤 만기가 도래했을 때 달러가 올랐다. 그러면 손해를 본다. 환율이 1,100.00원으로 오르면 환율 차이인 50.00원 만큼의 달러를 사서 B은행에 주어야 한다.

따라서 만기일이 돌아오면 A은행은 B은행에 환율 차이인 50.00원에 해당 거래금액인 100만 달러를 곱한 금액을 다시 만기일 현재의 달러-원 환율로 나눈 약 4만 5,454달러를 지급해야 한다.

- (1,100.00−1,050.00)×1,000,000달러/1,100.00 = 약 45,454달러

1개월 후 환율이 하락하면 공식은 같지만 NDF를 매도한 은행이 그 차액을 받는다. 지금 1,100.00원에 달러를 팔았는데 1개월 후 1,050.00원으로 환율이 내렸다고 가정해보자. 그렇다면 나머지 차액 50.00원에 대한 달러를 A은행이 돌려받게 된다.

현물환과 NDF의 관계

현물환과 NDF 환율의 관계는 매우 밀접하다. 서울외환시장이 열리는 동안 현물환거래로 가격(환율)이 형성되다가 장 마감 이후 해외시장에서는 NDF거래로 환율이 형성된다. 간단하게 보면 우리 기준으로 낮에 거래되는 환율은 현물환이고, 밤에 거래되는 환율이 NDF라고 보면 된다. 그리고 다음날 서울외환시장에서 달러-

원 환율은 개장 직전까지 전날 장 마감 이후 역외시장에서 거래된 NDF 환율을 반영한다.

NDF시장은 보통 홍콩·싱가포르에 주로 형성되어 있다. 하지만 다음날 현물환율에 영향을 주는 것은 다음날 새벽 6시 무렵에 나오는 뉴욕외환시장의 NDF 최종호가다.

특히 서울외환시장은 미국계 브로커리지 회사인 아이캡의 호가를 주로 본다. 이 최종호가는 매수호가와 매도호가로 나뉘어 있다. 그 중간값을 기준으로 1개월물 스왑포인트를 뺀 가격을 현물환과 비교한다. 즉 선물환에 붙어 있는 이자를 떼고 현물환과 비교하는 것이다. NDF를 현물환으로 계산한 환율이 전일 서울외환시장의 현물환 종가보다 올랐는지 혹은 내렸는지는 그날 개장가 흐름을 좌우한다.

이를 두고 '웩더독(wag the dog)' '꼬리가 몸통을 흔드는 격'이라고 말하기도 한다. 그러나 글로벌 외환시장에 민감한 서울외환시장으로서는 무시할 수 없는 환율이다. NDF 환율은 우리가 밤에 자는 동안 해외시장에서 환율이 어떤 이유로 어떻게 움직였는지를 설명해주는 가장 명확한 수치다. 그렇기 때문에 해외 변수를 아침에 시장 문을 열 때 반영하고 싶은 마음은 어느 외환딜러나 공통된 것이다.

NDF 환율이 현물환에 영향을 주는 이유는 또 있다. 보통 역내 외국환은행과 역외 투자자가 거래를 하는 경우가 많은데 이 경우 역내 투자자는 NDF거래 직후 그만큼을 현물환거래로 메워버린다. 일종의 헤지를 하는 셈이다. 그렇다 보니 NDF매도가 많으면 그만큼 현물환시장에서도 달러매도가 등장할 가능성이 크다. 반대인 매수도 마찬가지다.

NDF 환율이 주는 영향력은 생각보다 꽤 크다. 예를 들어 밤 사이에 미국에서 도널드 트럼프 대통령이 당선되었다고 치자. 이는 미국뿐 아니라 글로벌 외환시장이 민감할 수밖에 없는 이슈다. 미국의 환율정책·통상정책 등은 전 세계적으로 영향을 준다. 그러니 트럼프 대통령이 달러강세를 어떻게 보는지, 미국 금리는 어떻게 할 것인지, 통상에 관해서는 어느 정도 보호무역주의를 내세울 것인지 등 딜러들의 머릿속은 복잡해진다. 각각의 정책이 달러강세를 유발하는지, 달러약세를 이끌지 판단해야 하기 때문이다.

만약 이로 인해 밤 사이에 환율이 10원 급등했다고 하자. 그 사이에 우리나라 외환딜러들은 자고 있을 것이다. 그렇다면 딜러들은 아침에 일어나면 무엇을 할까? 대부분의 사람들은 아침이 되면 침대에서 일어나 휴대폰 알람이나 시계를 확인하는 경우가 많을 것이다. 하지만 외환시장에서 일하는 딜러나 브로커들은 다르다. 알람과 동시에 전날 NDF 환율의 지점은 얼마였고, 고점은 얼마였으며, 전일 대비 얼마나 움직였는지 NDF 최종호가를 체크할 것이다.

밤 사이 NDF 환율이 급등락했다면 외환딜러들의 머릿속은 복잡해질 것이다. NDF 환율의 급등락이 달러-원 환율상승을 부추길 것인지 판단해야 하기 때문이다. 보통 NDF 환율이 10원 정도 오르면 서울외환시장에서 개장 환율이 오를 가능성은 99.9%라고 볼 수 있다. 만약 어제 달러를 팔아놓은 포지션을 그대로 보유한 딜러가 있다면 급등한 환율에 경악할지도 모른다. 매우 불행한 아침이 될 테니 말이다.

롱돌이와 숏돌이를 아시나요?

오랜 경력을 가진 트레이더들은 본인만의 습관이 생긴다.
과거 외환시장에서는 은행마다 메인 딜러들의 성향이 나타나기도 했다.

외환시장에서 오랫동안 달러를 사고팔다 보면 외환딜러 각자의 성향이 생긴다.

"그 사람은 롱돌이야." "아주 유명한 숏돌이로 통하지".

이런 만화 주인공 같은 별명은 무슨 뜻일까? 딜러를 이렇게 부르는 이유는 포지션 때문이다. 딜러가 달러를 사는 것을 좋아하는지, 달러를 파는 것을 좋아하는지에 따라 롱돌이·숏돌이로 나뉜다.

과거에는 외환시장에서 은행마다 특징적인 트레이딩 성향이 있었다. 예를 들어 A은행은 많은 거래횟수와 거래량이 특징이고, B은행은 한 번에 선이 굵게 나와 시장흐름을 이끄는 게 특징이었다. 또 C은행은 전략적이고 현명한 트레이딩이, D은행은 개입물량이 많은 점이 특징이기도 했다. 보통은 메인 딜러의 성향을 따라가는 경우도 많았고, 은행 자체적인 정책에 따른 경우도 있었다. 그런 은행들의 개성이 한데 모여 서울외환시장을 만들어갔다.

외환딜러들을 고민에 빠뜨리는 '포지션'

외환시장에서 달러를 매수하는 것을 '롱(long)포지션'이라고 하고, 매도하는 것을 '숏(short)포지션'이라고 한다. 그리고 파는 쪽으로도 사는 쪽으로도 치우치지 않은 상태, 즉 매수·매도의 차이가 제로(0) 상태인 포지션을 '스퀘어(square)포지션'이라고 한다. 그냥 느낌으로 봐도 달러가 많으면 롱이고 달러가 없으면 숏이라고 구별할 수 있다.

전문가들의 의견을 들어보면 포지션의 개념은 엄청 복잡하다. 제로 상태에서 어떤 자산이 늘었는지를 구별하는 것이기 때문이다. 포지션을 놓고 차변, 대변을 비교해가며 열심히 설명하는 경우도 많다. 하지만 외환시장에 대한 기본적인 이해를 위해 알아둘 만한 부분은 다음과 같다. 외환딜러는 이 포지션이 한쪽으로 치우치지 않도록 균형있게 가져가려고 노력한다는 점을 기억해두자.

외환시장에서 포지션은 달러-원 환율의 변화에 따라 크게 영향을 주고받는다. 어떤 딜러는 달러매수 재료에 민감하다. 매수 재료는 주로 부정적인 측면이 많다. 이를테면 어디 은행이 망했다든지, 어디서 테러가 발생했다든지, 수출 전선에 이상이 생겼다든지 같은 부정적인 이슈들은 대부분 달러-원 환율을 끌어올린다. 이런

롱포지션	달러매수포지션
숏포지션	달러매도포지션
스퀘어 or 파(PAR)	포지션 균형 또는 제로

이슈에 빠르게 대응해 달러를 사는 것을 좋아하는 딜러는 보통 '롱돌이'라는 별명으로 불린다.

반면 어떤 딜러는 달러매도를 좋아한다. 달러매도, 즉 달러-원 환율이 하락하는 재료는 주로 무엇인가? 이는 주로 원화강세 재료다. 그들은 우리나라 경제 여건이 좋은 점에 주로 베팅한다. 달러를 파는 수출기업의 물량이나 경상수지 흑자 기조 등의 소식에 주로 대응한다.

외환트레이딩에서는 롱돌이가 숏돌이보다 수익의 규모가 클 수 있다고 한다. 1,000.00원인 달러-원 환율이 1% 오르면 1,010.00원이다. 하지만 1% 내리면 990.00원이 된다. 계속 1%씩 오르고 반복적으로 롱포지션을 하면 1,010.00에서 1,020.10원, 1,030.30원… 이렇게 오름폭이 커진다. 하지만 1%씩 내리고 반복적으로 숏포지션을 할 때는 숫자가 작아지니 수익도 줄어든다.

단순히 산술적으로만 계산했을 때의 이야기다. 그렇다고 롱돌이가 돈을 더 많이 버느냐? 그건 아니다. 외환시장 상황은 그때그때 달라진다. 환율방향도 쉽게 바뀌고, 노하우도 달라 마냥 이런 계산으로 적용해서 롱포지션만 할 수는 없다. 때로는 숏돌이 외환딜러의 수익이 훨씬 많을 때도 부지기수다.

외환시장의 포지션을 이해하면 시장 전체의 흐름을 볼 때 편리하다. 이를 일종의 주머니로 이해하는 것도 나쁘지 않다. 외환딜러들은 포지션 한도라는 것이 있다. 은행에서 이만큼만 거래하라고 주는 일종의 트레이딩의 최대 범위다. 즉 담거나 처분할 수 있는 한계치다. 그리고 이를 활용해 장기적인 방향성 거래를 하는 포지션 플레이도 종종 일어난다. 규모 있는 한도는 베테랑 딜러들이 굵직한 딜링을 할 수 있는 배경이기도 하다.

환율방향도 바꾸는 포지션 플레이

포지션은 환율방향을 바꾸는 요인이 된다. 서울외환시장에서 외환딜러들이 너도나도 달러를 매수했다고 치자. A은행도 한도 가득 달러를 담았고, B은행·C은행도 마찬가지다. 그렇다면 어느 시점에 한계가 온다. 모두 같은 방향을 바라볼 때 환율이 마냥 상승할 수만은 없다. 한도에 도달한 은행들은 달러를 정리할 구실을 찾는다.

　과도하게 달러를 샀다는 공감대가 형성되면 달러-원 환율은 꺾인다. 이 과정에서 그동안 달러강세를 유발한 재료들이 달러약세 재료로 둔갑하기도 한다.

　외환딜러의 FX 포지션에는 달러-원 환율방향에 대한 개인의 생각이 담긴다. 은행에 소속된 딜러지만 마냥 은행이 원하는 방향대로 거래하는 것은 아니다. 그런 의미에서 포지션 한도는 일종의 자율권이라고 볼 수도 있다. 딜러 개인의 환율전망과 의지, 거래스타일 등이 복합적으로 작용된 결과다.

　포지션에는 해당 은행의 역량도 반영된다. 만약 어느 한 은행이 수출업체로부터 대규모 네고물량을 받는다면 그 은행은 어떤 포지션을 갖게 될까? 기업체가 10억 달러의 달러 선물환매도를 했다면 은행은 해당 금액의 달러 선물환을 매수한 포지션을 갖게 된다. 은행은 이를 상쇄하기 위해 현물환으로 달러를 그만큼 매도해서 제로 상태로 만든다.

이때 그 은행의 외환딜러는 통상의 포지션 한도를 넘어 약 10억 달러를 팔 수 있는 여력이 생긴다. 이 경우 대규모 물량공세를 통해 환율을 흔들 때도 있다.

외환시장과 관련된
용어를 잘 파악하자

외환시장 기사를 읽다보면 암호 해독처럼 느껴질 수도 있다.
적절한 시장용어를 습득해놓으면 내용이 쏙쏙 들어올 것이다.

롱포지션, 숏포지션을 공부했으니 이제 외환기사를 읽어보자. 그래
도 도통 감이 안 올 수 있다. '롱스탑' '숏커버' 등 의문의 용어들이
수도 없이 등장하기 때문이다. 이제는 이 암호를 풀 차례다.

시장에 겸손해야 하는 이유

달러-원 환율은 그리 고분고분하지 않다. 순하게 오르는 것 같다
가도 순식간에 매도물량 폭탄을 만나 방향을 돌리기도 한다. 아침
에 환율이 오르는 분위기라 달러를 매수했다. 그런데 갑자기 삼성

전자가 나와서 달러를 마구 팔아댄다. 물량도 3~4억 달러는 될 것으로 예상된다고 가정해보자. 환율이 주르륵 밀리기 시작한다면 외환딜러는 기도만 하고 있어야 할까? 아니다. 환율이 더 빠지기 전에 아침에 산 달러를 어떻게든 팔아야 한다. 이럴 때 롱포지션을 정리하는 것을 롱스탑이라고 한다.

좀더 설명을 붙여보겠다. 환율 1,110.00원에 달러를 샀는데 갑자기 달러값이 1,100.00원이 뚝 떨어졌다. 10원이나 비싸게 산 달러를 포지션으로 들고 있는 셈이다. 그냥 10원이 아니다. 최소 거래단위인 100만 달러만 거래해도 순식간에 1천만 원이 날아간다. 거래 규모가 크다면 낭패일 수밖에 없다.

반대로 달러를 팔았는데 매수재료가 발생했을 때도 있다. 환율이 급격히 튀어오르면 팔아놓은 '숏포지션'을 정리해야 한다. 달러-원 환율 1,100.00원에 팔았는데 10원 급등하면 어떻게 될까? 남들은 다 1,110원에 달러를 팔고 있는데 나 혼자 1,100원에 생각지 않은 할인을 해주고 있는 셈이다. 이 역시 그냥 10원 할인이 아니다. 이때 숏커버를 하게 된다.

외환딜러들이 명심하는 공통의 원칙

간혹 "물량이 소화되면 다시 오를 것"이라는 확신을 갖고 포지션을 유지하는 경우도 있다. 배포가 큰 딜러 아니면 자신을 과도하게 믿고 버티는 고집 센 딜러인 경우다. 예상대로 간다면 다행이지만 시장은 갖가지 변수가 작용하는 곳이다. 자칫 특정 물량이 소화된 것을 계기로 큰 흐름이 바뀌어버린다면 확신은 어느 순간 근거없는 자신감으로 전락할 수 있다. 이런 이유로 외환딜러들이 한결같이 강조하는 것이 있다. 그것은 바로 '유연성'과 '손절'이다. 지금까지 만나본 외환시장의 실력자들은 이 2가지를 누차 강조한다. 신입 외환딜러를 교육할 때도 마찬가지다.

그들은 아무리 잘난 딜러도 시장을 이길 수 없다는 겸손함을 갖추라고 말한다. 10년차, 20년차, 밥 먹고 트레이딩만 해온 베테랑 딜러들조차 이 2가지 원칙 앞에서는 예외 없다. 그들은 말한다. "아니다 싶으면 바로 정리해야 한다." "시장흐름을 보지 않고 자기 결정에 매몰되다가는 쪽박 찬다."라고 입을 모아 말한다.

또한 포지션을 잡을 때는 반드시 손절 수준을 생각해둔다. 어느 수준 이상의 손실을 봤을 때 두말없이 포지션을 정리하는 것도 실력이라는 것이다. 그러니 롱스탑·숏커버를 단순히 포지션 플레이 실패로 봐서는 안 된다. 딜러에게 실패는 곧 손실이다. 방향이 틀려서 롱스탑·숏커버를 하더라도 타이밍에 맞추어 제대로만 한다면 수익을 내는 전환점이 된다. 이는 또 다른 큰 물량이 되어 환율변동성을 키운다.

롱스탑·숏커버처럼 환율흐름이 바뀔 때 나타나는 또 다른 트레이딩 형태가 '차익실현(PT)'이다. '프라핏 테이킹'이라 부르기도 한다. 달러를 매수한 외환딜러는 환율이 어느 정도 고점에 도달했다 싶을 때 매도를 결정한다. 이것도 어찌보면 포지션 정리지만 손실 때문이 아니라 이익을 확정하기 위한 것이다. 달러매도시에도 마찬가지다. 환율이 어느 정도 내릴 만큼 내렸다고 생각되었을 때 차익실현에 나선다.

'왕복달리기'라는 것도 있다. 외환딜러들이 어려워하는 장세 중의 하나가 위아래가 막힌 레인지 장세다. 사실 저점과 고점이 어느 정도 정해져 있으면 오히려 쉽지 않을까 생각할 수 있다. 고점에서 팔고, 저점에서 사면 된다. 하지만 이 방향을 거꾸로 탄다면 어떻게 될까? 외환딜러의 속은 바짝바짝 타들어갈 것이다. 한 치 앞을 알 수 없는 환율흐름에서 고점과 저점을 알아내기란 신기에 가깝다. 자칫 이 흐름을 반대로 타면 낭패를 볼 수밖에 없다. 저점 부근에서 달러를 더 팔았더니 환율이 반등한다. 그래서 손실을 보다 숏커버를 하고, 고점 부근에서 달러를 더 산다. 그랬더니 환율이 반락한다. 저점에서 팔고 고점에서 사는 식의 시장을 거꾸로 타는 상황을 왕복달리기라고 한다.

'전떼기'라는 말도 종종 등장한다. 거래가 한산하거나 환율 움직임이 부진할 때 가만히 있자니 눈치가 보이고, 돈은 벌어야겠다 싶을 때 딜러들이 전떼기라는 것을 한다. "티끌 모아 태산"이라고 조금 거래해서 환율이 10전(0.10원) 정도 움직이면 얼른 차익실현을 하는 것이다. 그렇게 조금씩 수익을 낸다. 이처럼 전 단위로 수익을 모으는 행위를 전떼기라고 한다.

'전략적 포지션'은 뭘까? 트레이딩에 전략 아닌 것도 있나 싶을 것이다. 하지만 그날그날 데이트레이딩에 그치는 외환딜링을 넘어 조금 시간을 두고 방향성에 베팅하는 것을 전략적 포지션 내지 '포지션 트레이딩'이라고 한다.

때로 외환딜러들 사이에서 과격한 표현도 난무한다. 이른바 '뜨고, 패고, 때리고' 3종 세트다. 달러를 공격적으로 사는 행위를 '뜬는다.'라고 하고, 달러를 공격적으로 파는 행위를 '팬다.' '때린다.'

라고 한다. 가끔은 외환당국이 달러를 강하게 사고팔 때 '팬다.'라고 한다. 아래쪽에서 달러를 매수하면 '받친다.', 위에서 팔 때는 '아래로 민다.'고도 한다. 외환당국이 어느 레벨을 막기 위해 큰 주문을 내놓는 경우가 있다. 외환시장에서 보통 100만 달러가 최소 단위로 거래되지만 10개(1천만 달러)의 주문은 'R'로 표시된다. 외환당국이 대규모 주문으로 매수개입을 할 때 이를 'R비드가 깔려 있다.'거나 '알박기개입'이라고 부르기도 한다. 이처럼 외환시장에서 쓰는 말은 대부분 방향성, 세기 등을 담은 경우가 많다. 달러를 파는 쪽은 위에서 아래로 향하는 느낌으로, 달러를 사는 쪽은 아래에서 위로 향하는 느낌으로 나타낸다. 또한 기존의 포지션을 정리하는 것을 '꺾는다.' '되감는다.' 등으로 표현한다.

One Point Lesson

외환시장 용어들

- Mine, I buy, I take 외환시장: 제시된 환율(offered rate)로 대상 통화(base currency)를 매수하겠다는 의미(스왑거래에서는 현물환매도/선물환매수)
- Yours, I sell, I give 외환시장: 제시된 환율(bid rate)로 대상 통화를 매도하겠다는 의미(스왑거래에서는 현물환매수/선물환매도)
- Given: bid에 대해 offer가 제시되어 거래가 성립되는 것
- Taken: offer에 대해 bid가 제시되어 거래가 성립되는 것
- Bid, Buy, Pay 외환시장: 대상 통화의 매수(스왑시장은 현물환매도/선물환매수), 외화자금시장은 차입

- Sell, Offer 외환시장: 대상 통화의 매도(스왑시장은 현물환매수/선물환 매도), 외화자금시장은 자금 공여
- Done: 거래가 성립됨
- Firm price: 확정가격
- Checking: 신용한도의 확인
- Your risk: 제시된 가격을 거래 상대방이 수용하지 않을 경우, 거래 상대방으로 하여금 희망 가격을 제시하도록 요구하는 의사표시
- My risk: 제시받은 가격이 만족스럽지 않을 경우 거래 상대방에게 희망가격을 제시하겠다는 의사표시
- Premium: 현물환가격과 선물환가격 차이에서 선물환가격이 현물환가격보다 큰 것
- Discount: 현물환가격과 선물환가격 차이에서 선물환가격이 현물환가격보다 작은 것
- Par: 현물환과 선물환의 가격이 같음
- Spot: 오늘부터 2영업일(거래일) 후(T+2)
- Regular dates/periods, Fixed dates: Spot date로부터 1주, 1개월, 2개월, 3개월, 6개월, 1년 등(국내 자금시장에서는 때때로 today부터)
- Overnight(O/N): 거래 당일로부터 익영업일
- Tom-next(T/N): 익영업일부터 그 다음 영업일
- Knock-in: 옵션에서 미리 정한 환율 수준(그 이상의 환율 수준)으로 현물환시장에서 거래가 이루어지는 경우 그 시점부터 효력이 발생하는 옵션
- Knock-out: 미리 정한 환율 수준(또는 그 이상의 환율 수준)으로 현물환시장에서 거래가 이루어지는 경우 그 시점으로부터 효력이 소멸되는 옵션

- 자료: 〈서울외환시장 행동규범〉

외환시장참가자는
구체적으로 누구인가?

외환시장은 외환딜러 외에도 수많은 거래주체들이 모여 있다.
그들이 어떻게 외환시장에 참여하는지 파악해보자.

외환시장참가자들이라고 하면 누가 생각나는가? 아마도 외환딜러
가 제일 먼저 생각날 것이다. 하지만 외환시장에는 은행에서 근무
하는 외환딜러 외에도 많은 거래주체들이 등장한다. 장외거래로
이루어지는 외환시장에 참가하는 기관들은 대략 다음과 같다.

- 외국환은행(시중은행·지방은행·특수은행·외국계은행 서울지점·
  증권사·종합금융사 등)
- 중개회사(서울외국환중개·한국자금중개 등)
- 수출입업체·공기업·개인투자자 등
- 정부

환율하락	달러매도	수출업체(조선사·삼성전자·현대차 등), 숏 플레이어, 외국인투자자 (주식순매수), 외환당국(매도개입), 역외투자자
환율상승	달러매수	수입업체(정유사 등), 공기업(해외투자하는 국민연금·보험사), 외국인 투자자(주식순매도), 외환당국 (매수개입), 역외투자자

외환시장의 주축은 외국환은행에 소속되어 있는 외환딜러다. 대부분의 외환거래는 외국환은행을 중심으로 이루어진다. 수출입기업이나 국민연금·가스공사 등 공공기관에도 외환딜러가 소속되어 있다. 기업체나 국민연금·가스공사 등은 외환딜러로 부르기도 하지만 대부분 자금부 담당직원인 경우가 많다. 이들은 은행딜러들에게 주문을 낸다. 소위 손님이다. 은행딜러들은 이들의 물량주문을 받아 처리한다. 따라서 환율을 움직이는 기본적인 거래주체는 외국환은행의 딜러다. 이들이 달러를 사고팔면서 환율을 만든다.

달러는 누가 사고, 누가 팔까?

달러를 주로 사고파는 주체를 알아두면 외환시장을 이해하는 데 도움이 된다. 해외에서 달러를 벌어오거나 가져오는 주체는 달러 매도 쪽이다.

수출업체는 달러를 벌어와서 국내 현물환시장에 팔고 원화로 바꾼다. 수출업체들이 파는 달러매도 물량을 외환시장에서는 '네고 물량'이라고 부른다. 이 물량은 월말, 분기말, 연말에 특히 집중되며, 달러화가 오를 때마다 상승을 제한하는 역할을 한다. 우리나라는 해마다 약 800억~900억 달러의 경상수지 흑자를 내왔다. 그만큼 수출이 잘된 셈이다. 그래서 우리나라 환율이 오를 때마다 수출업체 네고물량이 상승세를 제한한다.

예를 들면 삼성전자가 휴대폰을 전 세계에 팔아 달러를 벌어온다. 현대차가 해외에 자동차를 수출해도 마찬가지다. 외환시장에서 달러를 팔아 원화로 환전을 한다. 그렇게 수출업체의 주문은 주로 현물환시장에서 달러매도로 나타난다. 당장 파는 것도 돈이 들어오지만 앞으로 팔릴 것도 들어온다. 예를 들어 조선사가 배를 만들어 팔고, 시기별로 달러가 들어온다고 할 때 달러가 미래에 들어올 것으로 예상하고 선물환매도를 한다. 이 경우 조선사가 선물환 매도 주문을 하면, 은행딜러는 이 주문을 받아 선물환매수를 하게 되고, 자산의 균형을 맞추기 위해 현물환은 매도하게 된다.

수입업체는 반대다. 수입업체들은 해외에서 물건이나 원자재 등을 수입하고, 달러 등 외화로 지불해야 한다. 외환시장에서 달러를 사는 쪽이다. 대표적인 곳은 정유업체다. 정기적으로 해외에 원유대금을 결제한다. 보통 외환시장에서 결제수요라고 하면 정유사의 결제수요가 대부분이다. 이들은 달러-원 환율이 어느 정도 하락했다 싶으면 어김없이 등장해 달러를 사들인다. 이들 역시 같은 과정을 거쳐 외환시장에서 현물환매수를 불러일으킨다.

공기업은 최근 달러매수의 주체로 떠올랐다. 국민연금이 해외 채권·주식투자시 환헤지를 줄이기로 하면서 달러를 사기 시작했다. 국민연금과 비슷한 맥락으로 해외에 장기투자를 늘리는 기관으로 국내 보험사들도 있다. 보험사들은 현재 90% 이상 환헤지를 하기 때문에 서울외환시장에서 달러를 별로 사지 않는다. 하지만 점차 환헤지를 하지 않고 직접 달러를 사서 해외투자를 하게 될 것으로 전망됨에 따라 달러매수 주체로 등장할 가능성이 크다.

석유공사·가스공사 같이 원자재를 사들이는 공기업도 달러매수의 주체다. 해외에서 석유나 천연가스를 들여와야 우리나라 국민이 겨울을 따뜻하게 보낼 수도 있고, 국내의 원자재 수요를 충당할 수 있다. 그래서 이들 공기업 역시 주기적으로 달러매수에 나선다. 앞서 설명한 정유업체와 비슷한 흐름이다.

외환시장에서 환율을 뒤흔드는 또 다른 존재로 역외투자자도 있다. 말 그대로 우리나라 밖에서 거래하는 외환딜러들이다. 이들은 헤지펀드나 모델펀드 등 글로벌 펀드, 해외 투자은행(IB; Investment Bank) 등에 소속되어 있는 경우가 많으며 주로 홍콩·싱가포르 등에서 거래한다. 서울외환시장이 열리는 시간에는 국내 외환딜러에게 주문을 내지만 서울외환시장 마감 이후에는 직접 NDF거래를 한다. 이들은 주식이나 채권에 투자하면서 관련 자금을 환전하고, 주식·채권 포지션 등 특정 거래에 대한 헤지를 위해 달러를 사고 판다. 특히 프랭클린 템플턴이나 핌코 등 글로벌 자산운용기관은 대규모 물량을 수반하는 거래로 이름나 있다. 단순히 포지션 트레이딩을 위해 소규모의 달러-원 포지션을 잡는 경우도 있다. 역외투자자의 경우 물량도 크고, 한번 방향성을 보이면 지속적으로 거래할 때도 많다.

역외투자자와 비슷해보이지만 약간 다른 존재로 외국인투자자가 있다. 이 둘을 구별하는 것은 나라 안과 나라 밖이라는 지역 차에 중점을 두느냐, 국적에 중점을 두느냐의 차이다. 역외투자자는 말 그대로 우리나라 밖에 있는 투자자다. KEB하나은행 프랑크푸

르트지점, 신한은행 미국지점, 우리은행 홍콩지점도 모두 역외투자자에 속한다. 반대로 JP모간체이스 서울지점은 역내투자자다.

외국인투자자는 주로 우리나라 국적이 아닌 투자자들을 말한다. 외환시장보다 주식시장에 투자하는 외국인을 일컫는 경우가 많다. 외환시장은 주식시장에서 외국인이 주식을 순매수했는지, 아니면 순매도했는지에 관심이 많다. 이들도 달러를 사고판다. 우리나라 주식을 사는 주식 순매수를 한 외국인은 달러를 팔고, 원화를 산다. 우리나라 주식이 원화로 되어 있기 때문이다. 반대로 주식을 팔고 나가는 주식 순매도를 한 외국인투자자들은 원화를 팔고 달러를 사들인다. 달러를 들고 본인의 나라로 가야 하기 때문이다.

외환당국의 스무딩오퍼레이션

외환시장에서 빼놓을 수 없는 곳이 바로 '외환당국'이다. 외환당국이란 환율을 관리하는 정부 주체로 우리나라의 외환당국은 기획재정부와 한국은행이다. 기획재정부의 외화자금과와 한국은행의 외환시장팀은 우리나라 외환시장의 흐름을 24시간 모니터링한다. 이들의 역할은 '환율 지킴이'라고 보면 된다.

외환당국은 역외시장의 투기세력이 우리나라 환율을 함부로 뒤흔들지 못하도록 감시하고, 때로는 맞서 싸우기도 한다. 역내시장에서는 시장을 교란하는 흐름을 막고, 질서 있게 거래가 이루어지도록 한다. 환율이 과도하게 급등락할 때는 실제로 외환시장에 뛰어들어 거래한다. 이를 '개입'이라고 한다. 외환당국은 개입을 통해 환율을 올리기도 하고, 내리기도 한다.

다만 개입의 기본원칙은 시장의 자율적인 흐름을 제한하지 않는 범위에서 급변동시 관리하는 것이다. 외환당국의 외환시장 개입은 '스무딩오퍼레이션'이라는 형태로 등장하기도 한다. '시장흐름을 미세하게 조정(fine tuning)한다'는 의미다. 이 역시 변동성 축소나 시장의 과열을 막는 데 쓰는 기법 중의 하나다.

혹시 팝송인 'Smooth Operator'라는 노래를 들어봤는가? 아주 매력적인 노래다. 가수 이름은 '샤데이 아두'라고 하는데 목소리가 멋지다. 예전에 한 외환딜러가 이런 노래가 있다고 알려줬는데 재미있는 비유에 웃음이 나왔다. 'Smooth Operator'는 잠깐 사랑을 즐기고 떠나는 남자, 여자를 잘 다루는 바람둥이를 말한다. 그야말로 나쁜 남자다. 외환시장에서는 외환당국이 바로 'Smooth Operator'다. 환율을 요리조리 잘 다루고는 사라지는 그런 존재라고나 할까. 당국의 스무딩오퍼레이션은 그런 의미에서 소리 소문도 없이 조용히 이루어지는 경우가 많다.

환율을 움직인 주체를 알아두자

이처럼 외환시장은 은행딜러·역외투자자·수출입업체·외환당국이 서로 맞물리며 돌아가는 구조다. 환율이 그냥 오르내리는 것 같지만 그 숫자의 움직임 속에 이들의 매수와 매도가 고스란히 녹아있다.

기본적으로는 환율이 내리면 '파는 사람이 많았구나.'라고 생각

84

하고, 환율이 오르면 '사는 사람이 많았구나.'라고 생각하면 된다. 하지만 좀더 들어가면 환율이 올랐는데 어떤 주체가 많이 사서 오른 것인지, 어떤 주체가 환율을 끌어내린 것인지 고민해볼 수 있다. 거래주체를 알아두면 환율이 급락할 때 경제기사를 보더라도 "아! 누가 팔았구나." 금방 알아들을 수 있다.

같은 달러-원 환율하락이라도 수출업체가 달러를 많이 벌어와서 내리는 것과 외환당국의 개입으로 끌어내리는 것은 다르다. 수출업체가 달러를 많이 벌어와서 내리는 것은 우리나라의 수출 호조에 따른 환율하락이다. 즉 경상수지 흑자가 많아져서 팔 달러가 많았던 셈이다.

그런데 외환당국이 달러-원 환율을 끌어내릴 때는 조금 다른 상황일 수 있다. 당국이 나설 정도로 환율이 급등했다는 의미다. 만약 과도하게 역외투자자들이 달러를 매수해서 환율이 올랐고, 당국이 이를 끌어내린 것이라면 투기세력을 차단하는 차원에서 나선 것으로 해석할 수 있다. 같은 방향이라도 그때그때 환율상황에 따라 해석이 달라진다.

그런데 여기서 의문이 하나 생길 것이다. 환율이 오르면 나쁜 것일까? 이어지는 다음 칼럼에서 그 의문을 풀어보자.

$€£¥
환율이 오르면
나쁜 건가요?

외환거래는 제로섬 게임이다. 환율이 올라서
이익을 본 사람이 있으면, 반대로 손해를 본 사람도 있다.

우리나라는 외환위기·금융위기 등의 고비 때마다 환율폭등을 겪은 나라다. 대내외요인 중에 위험한 일이 불거질 때면 어김없이 우리나라 외환시장은 몸살을 앓았다. 달러-원 환율이 폭등하는 것은 마치 위기의 경고등처럼 여겨진다. '위험회피에 환율급등.' '외국인의 셀 코리아.' 등 공식처럼 따라붙는 환율 기사 제목을 보면 환율이 막 오르면 안 될 것 같다는 생각이 든다.

반대로 환율이 급격히 떨어져도 문제다. 그때는 '원화강세에 수출기업 비명.' '환율 반토막에 100원 어치 팔아도 80원 벌어.' 이런 기사들이 줄을 잇는다. 그렇다면 환율이 하락해도 안 되는 걸까?

환율이 오르내리는 것은 양면성이 있다

환율이 오르면 나쁜 것일까, 내리면 나쁜 것일까? 환율이 오르내리는 것은 양면성이 있다. 좋다, 나쁘다로 판단할 문제가 아니다. 환율이 올라서 좋은 사람도 있고, 나쁜 사람도 있는 법이다. 환율의 변동은 객관적으로 봐야 한다.

환율이 오르면 달러를 미리 산 사람은 좋아할 수밖에 없다. 물론 환율이 오르는 것은 대부분 그리 좋은 이유는 아니다. 환율상승은 우리나라 원화가치가 떨어지는 것이다. 원화가치가 왜 떨어질까? 투자자가 봤을 때 원화의 매력이 떨어지는 요인이 생겼기 때문이다. 글로벌 외환시장에서 달러가치가 올랐거나 그나마 달러가 낫다는 판단이 섰을 때, 원화의 가치를 좌우하는 우리나라 상황에 문제가 생겼을 때다. '북한이 핵실험을 했다.'는 뉴스나 '우리나라 경제성장률이 낮을 것'이라는 전망 등은 원화가치를 떨어뜨리는 요인이다.

그런데 이런 이유로 달러-원 환율이 오른다고 가정해보자. 별로 안좋을 것 같지만 수출기업 입장에서는 나쁘지만은 않다. 자동차를 수출한다고 할 때 원래는 한 대당 1천 원 정도였다. 그런데 달러-원 환율이 올라서 한 대 팔면 원화로 1,200원이 들어온다. 이런 경사가 없다. 앉은 자리에서 대당 200원을 더 버는 것이다.

환율이 내릴 때도 마찬가지다. 2가지 경우를 모두 봐야 한다. 일단 뉴스에 나온 대로 수출기업은 신음소리가 날 것이다. 한 대당 1천 원에 팔던 자동차가 원화로 이제는 900원밖에 안 된다. 2대를 팔면 2천 원을 벌 수 있었는데 이제는 예전보다 200원 덜 받게 되었다.

그 이유는 바로 환율하락 때문이다. 과거에 환율이 올라서 많이 벌었다고는 해도 그건 옛날 일이고, '바로 지금' 손해를 보니 기분이 좋을 리 없다. 최근에는 환율상승이 수출에 미치는 영향이 옛날보다 줄었다는 분석도 나온다. 세계화가 되면서 수출기업들이 해외생산을 늘렸다. 과거처럼 환전을 하지 않고 나라별로 통화를 보유 또는 교환·상계하기도 한다.

누군가가 웃으면, 누군가는 우는 제로섬게임

그런데 환율이 떨어지면 해외여행을 가려는 개인 입장에서는 어떨까? 1천 원을 환전하면 1달러를 받았는데 이제는 900원만 내도 1달러를 준다. 같은 원화를 가져가도 해외에 가서 쓸 수 있는 돈이 좀 더 많아진다. 해외여행을 위해 환전을 하려던 여행자는 환율 덕에 기분이 좋아질 것이다.

이처럼 환율의 상승과 하락은 좋고 나쁘고를 따질 수 없다. 누군가는 이익을 보고, 누군가는 손실을 본다. 달러를 판 사람이 있으면 그만큼 산 사람이 있는 시장이다. 제로섬게임인 것이다. 물론 수출의존도가 높은 우리나라는 환율이 내리면 힘들다.

그렇다고 환율이 무작정 올라 수출기업들이 돈을 많이 버니까 우리나라 입장에서 좋은 것일까? 그렇지는 않다. 환율이 너무 올라서 원화가치가 떨어진다면 기본적으로 비싼 값에 수입을 해야 한다. 수입물가가 오르게 되면 국내 물가가 오르면서 인플레이션율이 높아진다. 수입물가 상승분을 국내 소비자에 전가시키는 업체도 생겨날 수 있다. 이런 조치조차 하지 않은 수입업체는 수익성이 악화된다. 외화부채가 많은 국내기업들은 갚아야 할 돈이 많아진다. 같은 금액의 달러를 빌려도 원화가치가 낮아지면 자연스럽게 부채가 늘어난다.

국내 원화자산에 투자한 해외투자자들도 슬슬 짐을 쌀 것이다. 한 외국인투자자가 1달러 1천 원에 삼성전자를 1주 샀다고 가정해 보자. 달러-원 환율이 올라서 지금은 1,200원이 되었다고 할 때 이 외국인은 가지고 있는 삼성전자 주식 1주를 달러로 바꾸기 위해 1,200원을 내고 1달러를 받아야 한다. 달러로 바꿔서 나가려면 돈을 더 내야 하는 셈이다. 외국인투자자들은 환율이 어느 레벨 이상 오르면 더 버티기 힘들어서 국내 주식을 팔고 나갈 수 있다.

그래도 환율이 오르는 동안 삼성전자 주가가 오르면 다행이다. 하지만 만약 주가마저 내린다면 환차익도 못 보고, 주가도 이익을 못 본다. 그야말로 낭패다. 통상 환율과 주식시장의 흐름은 반대다. 그러면 외국인은 투자했던 돈을 거두어들이고 본국으로 송금(역송금)을 할 것이다. 그러면 달러-원 환율은 더 많이 오르게 된다.

환율과 주식 · 채권시장, 돈을 따라가면 쉽다

환율은 해당 통화의 가치를 보여준다.
돈이 도는 흐름에 따라 통화의 가치는 달라진다.

'바이 코리아(buy korea), 셀 코리아(sell korea)'. 이런 말을 들어본 적이 있을 것이다. 한국을 사고판다고? 외국인투자자들이 한국 주식 · 채권시장에서 들고나는 것을 의미한다.

환율은 외국인들의 움직임에 민감하다. 바이 코리아 쪽이면 외국인이 한국 자산을 사는 것이다. 달러가 들어오니 달러-원 환율은 내린다. 셀 코리아면 한국을 팔고 나가는 것이니 달러-원 환율이 오른다. 좀 더 깊이 들어가 보자.

외환시장은 주식시장과 아주 밀접하게 엮여 있다. 두 시장은 보통 반대로 움직인다. 주가지수가 오르면 달러-원 환율하락이고, 주가지수가 내리면 달러-원 환율상승이다.

이는 외국인투자자들의 돈이 어떻게 흘러가느냐에 달려 있다. 주식시장의 외국인 투자자금은 환율을 움직이는 주요 수급 중의 하나다. 채권시장도 마찬가지다. 외국인 자금흐름에 따라 환율이 움직일 때가 있다.

외국인투자자, 막대한 돈을 움직인다

보통 달러-원 환율과 채권금리는 같은 방향이고, 코스피지수·채권가격·국채선물은 반대 방향으로 움직인다. 물론 여기에도 예외는 있다.

주식시장에서 외국인투자자들이 주식을 대량 순매수하면 외환시장에서는 달러를 매도한다. 한국 주식을 사려면 원화가 필요하기 때문이다. 이에 달러를 팔고, 원화를 사려는 환전이 발생한다. 외환시장에서 외국인 주식투자자들이 매도한 달러는 '외국인 주식자금'이라는 명목으로 달러-원 환율을 끌어내린다.

반대로 외국인 주식 순매도의 경우는 어떨까? 우리나라에 주식투자한 자금을 회수하려면 자기 나라 돈으로 바꿔야 한다. 그럴려면 원화를 팔고, 달러를 사야 한다. 이는 외환시장에서 주식 역송금 수요로 등장한다. 달러 수요니 당연히 환율을 끌어올린다.

채권시장에서의 외국인 자금유출입도 중요하다. 채권금리와 달러-원 환율은 같은 방향으로 움직일 때가 많다. 채권금리와 채권가격은 반대다. 채권금리가 오르면(채권가격 하락) 달러-원 환율도 오른다. 채권금리가 내리면(채권가격 상승) 환율도 하락한다. 여기

▼ 다른 변수가 없을 때의 외환시장과 주식·채권시장의 방향

달러-원 환율	같은 방향	채권금리
	반대 방향	코스피지수
		채권가격
		국채선물

서 채권가격과 같은 방향을 보이는 국채선물은 달러-원 환율과 반대로 움직인다.

채권가격이 떨어지면 그만큼 채권을 팔고자 하는 사람이 많다는 의미다. 원화 채권을 팔고 나가려는 외국인투자자가 많으면 환전 수요도 많아질테니 달러-원 환율도 오른다. 반대로 채권가격이 오르면 채권 수요가 많다는 의미다. 원화채 수요가 많아지니 원화로 환전하려는 외국인도 많을 것이다. 원화강세, 즉 달러-원 환율 하락이다.

기본구조는 주식시장과 같다. 외국인이 돈을 갖고 들어오면 환율이 하락하고, 돈을 빼서 나가면 환율이 상승하는 구조다.

하지만 달러-원 환율이 채권시장을 바로 반영하는 경우는 제한되어 있다. 채권투자자들의 경우, 환율이 움직여도 영향을 받지 않도록 미리 헤지를 하기 때문이다. 이 경우 채권자금의 유출입은 환율에 영향이 없다. 그래서 외환시장은 큰돈이 오갈 때에 한해 채권시장을 본다.

특히 프랭클린 템플턴이나 핌코 같은 큰손 채권투자자의 채권자금은 요주의 대상이다. 이들이 움직일 때는 환율도 민감해진다. 예를 들어 템플턴이 원화 채권을 매도하고, 달러를 바꿔서 나간다고

하면 환율은 채권역송금 수요로 상승 압력을 받는다. 하지만 이런 자금 역시 환헤지가 되어 있다면 환율 영향이 크지 않다.

외국인의 돈이 이동하는 경로를 따라가기

주식·채권시장의 외국인 투자자금과 달러-원 환율의 관계는 돈의 들어오고 나감이라는 측면에서 이해하면 된다. 외국인의 돈이 들어오면 달러-원 환율하락이고, 돈이 나가면 상승이다.

다른 방향으로 이해하면 더 쉬울 수도 있다. 국내 펀더멘털과 연관지어보자. 외국인투자자들이 우리나라 주식·채권시장에서 돈을 빼가는 경우는 언제일까? 우리가 언제 펀드를 환매하거나 주식을 파는지 생각하면 간단하다. 더이상 투자를 못하겠다는 생각이 들때, 오를 만큼 올라서 이익을 실현해야겠다는 생각이 들 때, 그리고 만기가 되었으니까 이제 돈을 빼자고 생각할 때다. 다른 여러 가지 경우도 있겠지만 일단 이 3가지 경우로 한번 보자.

주목할 부분은 "더이상 투자를 못하겠다."의 경우다. 외국인투자자가 우리 주식시장에 대해 이런 생각을 한다는 건 그만큼 시장이 좋지 않다는 의미다. 무슨 사정이 생겨 주가지수가 급락을 했든, 북한이 미사일을 쐈든 아무튼 '원화=위험'으로 분류되는 경우다. 게다가 그다지 이익을 보지도 못했는데도 돈을 뺀다는 건 완전 매력이 떨어진 상황이다. 그만큼 한국의 펀더멘털이 악화되었다는 의미다. 달러-원 환율은 오른다. 투자심리가 좋지 않아도 달러-원 상승으로 이어진다. 게다가 돈을 빼려면 달러로 바꿔야 하니 달러

수요도 생긴다.

　이익실현의 경우도 마찬가지다. 돈이 되는 시장이다 싶으면 이익실현을 하고 나서도 돈을 안 뺀다. 왜냐하면 다른 자산에 투자하면 되기 때문이다. 때로는 외국인투자자들이 주식·채권시장에서 순매도를 하고 나서 그 돈을 원화계정으로 보유하기도 한다. 또 투자하기 위해서다. 하지만 돈을 뺀다면 이야기는 달라진다. "당분간 한국은 안녕, 지켜보다 다시 오든지 말든지 할게."라는 의미다.

　만기가 되어서 돈이 빠져나가기도 한다. 채권시장에서 흔히 발생한다. 외국인 채권투자자들이 만기된 채권자금을 빼서 나감으로써 환율이 상승하는 경우다. 만기가 된 자기 나라 돈을 빼는 것이니 상대적으로 우리나라 펀더멘털의 상황과는 별개의 문제일 수 있다. 반드시 재투자를 해야 한다는 법은 없기 때문이다. 그래도 어쨌든 돈을 빼서 나가면 환전이 발생한다. 그리고 당분간 재투자도 생각해봐야겠다는 의미이니 달러-원 환율을 끌어올린다. 이처럼 주식·채권시장에서의 외국인 투자자금은 환율을 출렁이게 한다.

　이로 인해 한국 금융시장은 '세계의 ATM기'라는 별명이 붙어 있다. 외국인투자자들이 돈을 넣고 빼기가 그만큼 쉽기 때문이다. 한국 금융시장은 시장유동성이 좋고, 자본유출입이 활발하다. 이렇게 돈을 넣고 빼기가 좋으니 글로벌 투자자들의 자금이 많이 몰린다.

　그런데 금융위기나 외환위기 등 최악의 상황이 되면 우리나라 금융시장은 어떻게 될까? 엄청나게 출렁일 수밖에 없다. 좋을 때는 좋다고 쏟아져 들어오던 외국인 투자자금이 상황이 나빠지면 일제히 빠져나가기 때문이다. 외국인투자자들이 주식·채권시장에서 한꺼번에 돈을 빼면 환율은 급등할 수밖에 없다. 금융위기라도 발생하면 외환시장이 크게 들썩인다. 그래서 달러-원 환율은 글로벌 리스크요인이 불거질 때마다 천정부지로 오른다. 어떻게든 달러로 바꿔서 빠져나가려는 외국인 역송금 수요가 집중되면서 폭등세가 나타난다.

그러다가 그런 상황이 안정되고, "한국의 사정이 좋다더라." 하는 소문이 나면 다시 일제히 돈이 몰려온다. 그러면 이번에는 환율이 폭락한다.

One Point Lesson

다이나믹 헤지(dynamic hedge)

투자신탁회사에서 주로 활용해온 헤지법으로 한 포트폴리오의 가치를 일정 수준으로 유지시키기 위해 현물 포지션을 선물로 계속 헤지하는 전략이다. 해외주식형펀드에 투자할 때 주로 환헤지 비율을 일정 수준 가져간다. 지난 2008년에는 환헤지 비율이 약 80%대에 달할 정도였다. 예를 들어 해외주식이 크게 오르면 순자산의 80%인 달러선물을 매도해서 균형을 맞춘다. 반대로 해외주식이 대폭 하락했을 때 외화자산가치가 줄어드는 해외주식형펀드에서 달러 숏포지션이 발생해 달러선물환매수에 나선다. 그런데 이 헤지방식이 고객에게도 별로 도움이 안되고, 외환시장변동성을 키운다는 지적이 많았다.

주가가 오르면 달러-원 환율이 보통 하락하는데 이때 다이나믹 헤지물량이 가세하면서 환율을 더 낮춘다. 반대로 주가가 내릴 때는 달러를 더 사들여 오히려 환율상승을 부추긴다. 최근에는 해외펀드투자는 환헤지를 하지 않는 경우가 더 많아 외환시장에서도 투신권 다이나믹 헤지물량이 거의 등장하지 않고 있다.

환율을 움직이는 것들은
무엇인가?

• • •

환율을 움직이는 주체는 알았다. 3일차에서는 왜 달러를 사고파는지에 대해 알아보기로 한다. 외환딜러들은 달러를 사고팔 때 무엇을 보는지, 어떤 숫자에 주목하는지 살펴본다. 또한 환율을 둘러싼 경제지표와 펀더멘털에 대해 간략하게 알아본다.

여기서 한 가지 기억해둘 것이 있다. 여러 가지 조건을 끼워 맞추어 환율을 예상하더라도 실제 거래를 유발하는 것은 결국 심리다. 경제는 심리라더니 환율도 심리로 귀결된다. 온갖 기대와 전망이 난무하는 곳에서 어떤 것이 대세인지, 수많은 사람들이 어떤 해석을 신뢰하는지를 간파하는 일은 매우 중요하다.

경상수지 흑자만 해도 그렇다. 우리나라는 60개월 이상 흑자 기조를 유지하고 있다. 그냥 보면 원화강세는 너무나 당연한 일이다. 하지만 달러-원 환율이 60개월 동안 계속 하락하지는 않는다. 수많은 변수들이 환율에 끼어들고, 외환시장을 이루는 수많은 시장참가자들이 환율을 뒤흔든다. 경상수지 흑자가 줄어들면 줄어드는 것도 때로는 원화에 약세요인이 된다. 같은 이슈여도 해석은 달라진다.

외환딜러들이 중요하게 보는 미국 비농업부문 고용지표도 그렇다. 어떤 날은 고용지표가 잘 나왔다고 달러를 매수하지만 어떤 날은 고용지표가 잘 나왔음에도 불구하고 그다지 내용이 좋지 않다며 달러를 판다. 같은 수치여도 그 수치를 만든 배경을 두고 해석이 갈린다.

이것이 외환시장이 시장참가자들의 심리를 떠나서는 이해하기 어려운 이유다. 지금부터 환율을 움직이는 여러 이슈들을 살펴보겠지만 이 역시 그때그때 해석에 따라 달라질 수 있다. 어쩌면 외환시장에서 진짜 유능한 외환딜러들은 경제분석은 물론 독심술도 잘하는 딜러일지도 모를 일이다.

• • •

외환딜러가 각별히 주목하는 숫자들

외환딜러들의 앞에는 수많은 그래프들이 있다.
그들이 주로 보는 가격지표·경제지표는 무엇일까?

환율을 이해하려면 환율이 무엇 때문에 움직이는지를 알아야 한다. 달러-원 환율이 특히 민감하게 움직이는 이슈들이 있다. 크게 펀더멘털·대외변수·수급으로 나누어볼 수 있다. 해외에서 어떤 일이 일어나는지, 국내 상황은 어떤지, 자금은 어떻게 이동하는지 등에 따라 환율은 빠르게 오르내린다. 이제부터 그런 이슈들을 하나하나 짚어보겠다.

원화 펀더멘털

먼저 '펀더멘털(기본 요건)'이다. 원화를 둘러싼 기본적인 조건들이다. 펀더멘털에는 우리나라 경제성장률·기준금리·경상수지·주가지수·지정학적 리스크 등이 두루 포함되는데, 주로 경제지표를 통해 확인하는 경우가 많다. 원화라는 통화가 갖는 일종의 스펙이라고 할 수 있다.

경상수지

가장 오랫동안 원화의 강세를 좌우한 요인은 '경상수지'다. 우리나라는 수출의존도가 높다. 그래서 해외로 얼마나 수출을 잘해서 외화를 벌어오는지가 원화의 지위를 격상시키는 데 주로 기여해왔다. 탄탄한 경상수지 흑자 기조는 원화강세를 뒷받침해왔다.

한국은행은 매월 우리나라와 해외 사이에 오가는 거래를 모아 '국제수지'를 발표한다. 국제수지는 경상수지와 금융계정으로 나뉘는데 경상수지에는 상품수지(수출입), 서비스수지(가공서비스·운송·여행·건설·지식재산권 등), 본원소득수지(임금이나 배당금·이자 등), 이전소득수지(송금이나 기부금·무상원조 등)가 포함된다. 자본유출입을 담은 금융계정에는 직접투자와 증권투자·파생금융상품·기타투자·준비자산 등이 포함되는데, 이는 자본수지 항목에 해당한다.

외환시장이 통상적으로 주목하는 숫자는 '경상수지 흑자'다. 우리나라는 지난 2013년 3월부터 연속 흑자를 내왔다. 55개월도 넘는 최장 흑자 기록을 내고 있다. 돈 잘 버는 나라의 통화인 원화는 그만큼 펀더멘털이 탄탄한 셈이다. 그동안은 해마다 800억~900억 달러 대의 경상수지 흑자를 기록해왔다. 12개월로 나누면 무려 66억 달러 이상이 매달 들어오는 셈이다. 하지만 최근에는 우리나라 경상수지 흑자 전망치가 연 600억 달러대까지 줄어들고 있다.

경제성장률

경제성장률도 원화가치를 결정짓는 요인이다. 우리나라 경제성장률은 과거에는 한때 10%를 넘었지만 2016년에는 2%대로 뚝 떨어졌다. 우리나라 경제의 수준이 높아지면서 성장률은 자연스럽게 줄어들었다. 신흥국의 성장률은 높은 반면, 선진국의 성장률은 어

▼ 우리나라 분기별 경제성장률

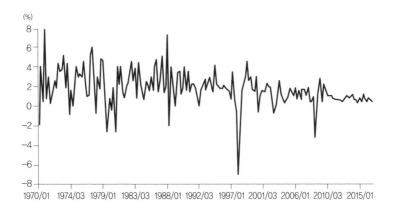

• 자료: 한국은행 경제통계시스템

경제성장률이 낮아지면 그만큼 그 나라의 경제성장속도가 더딘 것으로 볼 수 있다. 그러나 선진국의 경우 경제가 어느 정도 수준에 도달하면서 경제성장률이 낮아질 수 있고, 신흥국 중에서도 너무 경제 수준이 미달되어서 성장률이 높을 수도 있다.

▼ 우리나라 기준금리 추이

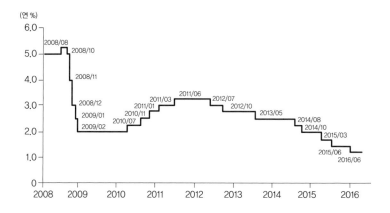

(연 %)

- 주: 2008년 2월까지는 콜금리 목표
- 자료: 한국은행 홈페이지

한국의 기준금리는 보통 원화자산의 수익률로 보면 된다. 금리인상은 보통 원화강세로 금리인하는 원화약세로 이어진다. 하지만 투자자의 심리는 그때그때 다르다.

느 정도 정점에 이르러 낮아진다. 하지만 낮은 성장률은 원화 펀더멘털에 그리 좋은 점은 아니다.

기준금리

한국은행 금융통화위원회가 정하는 기준금리도 환율에 영향을 준다. 통상 어떤 나라의 금리가 낮아지면 그 나라의 통화는 약세를 보인다. 금리가 낮다는 것은 수익률이 낮다는 의미이기 때문이다. 중앙은행이 금리를 낮추는 것은 부진한 경제를 떠받치려는 목적이 크다. '지금 경기가 별로구나.' 하고 생각하면 된다. 그만큼 그 나라 통화는 '금리가 낮은 통화'로 인식된다.

이건 금리 수준으로만 봤을 때 그렇다는 말이다. 실제로 환율은 외환시장참가자의 심리도 중요해서 금리를 낮추면 '경기를 부양할 건가보다.'라는 생각에 원화강세가 나타나기도 한다. 반대로 금리를 올릴 때도 당장은 원화강세로 나타나지만 때로는 시장심리가 '경기가 되살아나지 않았는데 금리를 올리면 경기가 위축되는 것 아닐까.'라는 생각에 불안해져 원화약세를 보일 수도 있다. 이처럼 같은 금리 결정이라도 시장참가자들의 해석에 따라 환율에 다르게 반영된다.

주가지수

주가지수는 펀더멘털 요인들에 의해 움직이는 또 다른 시장지수다. 그럼에도 주식시장이 잘 나가면 그만큼 원화가치가 좋아질 수밖에 없다. 우리나라 주식시장이 고공행진을 펼치면 입맛 다시는 외국인투자자들이 너도나도 돈을 들고 올 것이다. 그러면 원화가치는 자연스럽게 강세를 보인다. 반대로 주식시장이 엉망이라 외국인투자자들이 자금을 빼서 나가면 원화가치는 밀린다.

지정학적 리스크

이처럼 원화를 둘러싼 펀더멘털 요인은 환율을 움직이는 중요한 이정표다. 우리나라는 특이하게도 '지정학적 리스크'라는 것이 추가된다. 그것은 바로 '북한 이슈'다.

우리는 종종 "유럽에 테러가 발생하면 여행 못 가겠네." "일본에 지진이 발생하면 일본에서 못 살겠네."라고 말한다. 외국인투자자들도 마찬가지다. 북한이 한번씩 핵실험을 하거나 미사일을 쏠 때마다 "한국 안되겠네."라고 한다. 요즘에는 북한 이슈가 환율에 미치는 영향이 좀 누그러졌지만 그래도 북한 리스크는 원화 펀더멘털에서 떼려야 뗄 수 없는 재료다. 여기까지가 대략 달러-원 환율에 영향을 주는 우리나라 안의 요인이고, 이제는 대외변수를 살펴보자.

대외변수

외환시장이 글로벌화되면서 해외 이슈가 우리나라 환율을 좌우하는 경우가 더 많아졌다. 미국 대통령선거, FOMC(Federal Open Market Committee, 연방공개시장위원회)의 금리인상, 브렉시트(brexit, 영국의 유럽연합 탈퇴), 석유 생산국들의 유가 관련 회동 등이 얼마나 환율을 뒤흔드는지는 말하지 않아도 충분히 들었을 것이다.

우리나라 외환시장이 영향을 받는 나라는 수시로 바뀐다. 글로벌 외환시장의 화두가 달라질 때마다 주목할 나라도 달라진다.

해외 경제지표

해외 경제상황을 좀더 잘 살펴보려면 경제지표를 확인하는 것이 간편하다. 서울외환시장의 외환딜러들이 유독 관심 있게 보는 해외 경제지표가 있다. 가장 주목받는 경제지표는 매월 첫째 주 토요일(한국시간)에 나오는 '미국 비농업부문 고용지표'다.

미국 고용지표는 미국 경제상황과 정책 흐름의 근간이 되는 지표다. 하루 이틀 전에 실업보험청구건수와 민간고용지표가 나오는데, 대부분의 외환딜러들은 이들 지표를 토대로 주말 고용지표를 가늠하는 힌트로 삼는다. 하지만 항상 일치하는 것은 아니다.

그럼에도 고용지표에서 눈을 떼지 못하는 이유는 고용지표가 FOMC의 금리결정에 중요한 잣대가 되기 때문이다. 미국이 금리를 올리느냐 내리느냐는 미 달러화강세와 약세를 가르는 중요한 결정이다. 미국의 금융통화위원회인 FOMC는 경제지표를 중시하는 기관이기 때문에 경제지표 확인은 필수다. 최근에는 미국 연방준비제도가 물가부진에 주목하면서 소비자물가지수(CPI; Consumer Price Index)에 시선이 집중되고 있다. 금리인상을 하려면 물가상승률이 뒷받침되어야 하기 때문이다.

이밖에도 중국 경제지표도 체크리스트에 포함된다. 중국의 수출입, GDP(Gross Domestic Product, 국내총생산) 성장률 등은 특히 장중에 환율을 움직이는 중요한 지표다. 중국 지표는 하루에 몰아서 나오거나 나오는 시간이 정확히 공지되지 않는 날도 있다. 그래서 외환딜러들은 중국 지표가 집중 발표되는 날은 예의주시하고 있는 경우가 많다. 특히 중국은 7%대 성장률을 구가하던 시대(바오치)를 뒤로 하고, 이제 6%대 성장 시대(바오류)로 접어들었다. 이에 한때는 중국 경제의 경착륙 리스크가 컸다. 최근에는 각종 외환 및 자본유출입 규제, 부동산 규제 등이 주목받고 있다.

달러-위안 고시환율

요즘 달러-원 환율에 큰 영향을 주는 요인 중의 하나가 '달러-위안 고시환율'이다. 오전 10시 무렵에 중국 인민은행이 위안화 고시환율을 발표한다. 아침에 고시환율이 어떻게 나오느냐에 따라 원화가 연동되는 경우가 많다. 앞서 언급했지만 위안화와 원화는 역외투자자들이 보통 바스켓으로 거래한다. 바스켓의 의미는 한 바구니에 담긴 공동운명체 같은 것으로 이해하면 된다. 이에 두 통화는 통상 비슷한 흐름을 보일 때가 많다. 별다른 이슈가 없는 상황에서 아침에 달러-위안 환율이 하락하면(위안화절상) 달러를 팔고(원화절상에 베팅하고), 달러-위안 환율이 상승하면(위안화절하) 달러를 산다(원화절하에 베팅). 주목할 점은 이 위안화 고시환율이 중국 인민은행 마음에 달려 있다는 것이다. 고시하는 환율이기 때문이다. 그러나 매번 달러-원 환율을 움직이는 것은 아니고 눈에 띄는 변화가 있다거나 최근 위안화가 조금 주목받는다 싶을 때 특히 위안화 고시환율이 중요한 지표가 된다.

외국 중앙은행의 정책금리

외국 중앙은행의 정책금리결정도 중요하다. 특히 관심을 받는 곳은 미국·유럽·일본 등이다. 기본적으로는 미국 FOMC가 제일 중요하다. 미국의 금리결정은 우리나라뿐 아니라 전 세계에 전 방위적으로 영향을 준다. 미국 FOMC 정책금리결정뿐 아니라 FOMC 의사록 발표 역시 중요하다. 의사록에서 문구가 어떻게 달라지는지에 따라 환율등락이 좌우된다. 미국 금리인상이 외환시장에서 이처럼 주목받는 상황에서 외환딜러들은 FOMC 문구에서 눈에 띄는 발언이 있을 경우 온갖 해석을 내놓으며 베팅할 준비를 한다.

일본의 금융정책결정회의도 때로는 주목받는다. 일본은 워낙 저성장 기조가 심해서 대규모 경기부양을 하는 경우가 많다. 달러-엔 환율이 오르면 서울외환시장에서도 달러매수가 일어난다. 한편으로는 안전자산인 엔화약세로 인식되면서 원화강세요인이 되기도 한다. 달러-엔 환율과 달러-원 환율은 함께 가다가도 반대로 가는 묘한 관계다.

유럽중앙은행의 통화정책도 중요한 변수다. 한때는 영국이 유럽연합(EU; European Union)을 탈퇴하는 브렉시트를 가결하면서 외환시장에 충격을 주었다. 최근에는 유럽중앙은행(ECB; EuroPean Central Bank)이 양적완화를 축소하는 긴축 가능성을 내비치면서 외환시장참가자들의 이목을 집중시켰다.

이 밖에도 호주중앙은행(RBA; Reserve Bank of Australia)의 금리결정에도 서울외환시장은 관심이 많다. 비슷한 이머징통화인데다 뉴욕시장이 끝나고 서울외환시장 개장시간과 겹치는 곳이기 때문이다. 호주중앙은행이 세계 경제나 미국의 상황을 어떻게 해석하는지에 따라 서울외환시장의 투자심리가 엇갈릴 때도 있다.

신용등급

글로벌 금융위기 이후 국가신용등급도 환율을 흔드는 중요한 요인이 되었다. 금융위기 때 신용평가사들이 어떤 나라의 신용등급을 내린다는 소식이 나오면 그때는 환율이 치솟았다. 금융위기 이후 미국 신용등급 강등 소식이 외환시장에 직격탄이 되기도 했다. 2011년 8월 5일 S&P(Standard and Poors, 스탠더드앤드푸어스)가 미국 재정적자 우려로 미국의 신용등급을 낮추었다. 미국의 신용등급은 지난 70년간 'AAA'였으나 'AA+'로 한 단계 강등되었다. 미국 국가신용등급 강등 사태에 주말을 마치고 개장한 서울외환시장에서는 달러-원 환율이 하루 만에 전일 대비 15.10원 급등했다. 보통은 신용등급이 강등되면 해당 통화가 약세를 보인다. 그런데 미국 달러는 기축통화였기 때문에 외환시장의 불안심리가 한꺼번에 표출되면서 안전자산인 달러매수로 치달았다.

우리나라 신용등급도 외환시장에 큰 영향을 준다. 한국의 신용등급은 선진국과 비교해도 상당히 높은 수준이다. 국제신용평가사인 S&P는 2016년 8월에 한국의 신용등급을 'AA-'에서 'AA'로 상향 조정했으며, 전망치도 안정적(stable)으로 제시했다. 이는 영국·프랑스와 맞먹는 수준이다. 신용등급 상향 소식에 코스피는 2,040선을 웃돌며 연중 최고치를 기록했고, 달러-원 환율은 1,100원선 아래로 떨어졌다.

수요와 공급

환율을 움직이는 또 다른 요인으로 수급이 있다. 수요와 공급 말이다. 앞서 달러-원 환율은 달러의 가격이라고 말했다. 가격지수는 수요과 공급의 영향을 받을 수밖에 없다. 우리나라 외환시장에서 달러수요가 어떻게 될지, 달러공급이 어떻게 될지에 따라 달러값이 움직이는 것은 당연하다.

달러수급은 기본적으로는 역내 수급과 역외 수급으로 나뉜다. 역내에서는 달러매도 쪽으로는 주로 수출업체 네고물량이 나오고, 달러매수 쪽으로는 수입업체 결제수요가 나온다. 역외 수급은 역외투자자들의 자금 이동을 수반한다.

주식·채권시장에서의 외국인투자자금 이동 역시 달러수급으로 연결될 때가 있다. 그 외에도 해외기업과의 인수합병(M&A) 소식이 있거나 국내 유망한 기업의 증시 기업공개(IPO), 유상증자, 지분매각 소식이 있을 때 큰돈이 오가면 외환시장에서 환율이 움직일 수 있다.

One Point Lesson

주요국 금리조정과 외환시장의 심리

최근에는 미국·유럽·중국·일본 등 여러 국가들의 정책과 금리조정이 환율을 움직인다. 특히 미국은 금리를 인상하면서 금융위기 이후 풀었던 돈을 거두어들이는 반면, 다른 나라들은 오히려 아직도 경기부양을 위해 돈을 푸는 양적완화 기조를 유지하고 있다. 긴축과 완화라는 2가지 큰 흐름이 엇갈리면서 통화정책 다이버전스가 진행되고 있다. 통화정책 다이버전스는 각국의 통화정책이 서로 다른 방향으로 나타나는 것을 의미한다. 이는 환율에도 두루 손을 뻗치고 있다.

해외변수의 성격에 따라 외환시장은 위험회피(안전자산선호), 위험선호로 반응한다. 테러나 브렉시트 같이 조금 위험하다 싶은 이슈가 생기면 달러-원 환율은 올라간다. 시장은 위험회피심리를 보이면서 안전자산인 달러나 엔을 산다. 위험통화로 분류되는 원화는 판다. 그러면 원화가치는 약세, 달러-원 환율은 올라간다.

반면 대규모 경기부양책이 나오는 등 조금 괜찮다 싶은 이슈가 생기면 위험선호심리가 확산되면서 원화를 사는 투자자가 많아진다. 원화강세, 달러-원 환율 하락이다.

그런데 간혹 애매한 이슈가 있다. 그럴 때는 외환딜러들 판단이 어느 쪽으로 기우느냐에 따라 달라진다. 예를 들어 마리오 드라기 유럽중앙은행 총재가 "대규모 부양책을 내놓겠다"라고 말했다고 가정하자. 시장이 유럽 상황에 대해 우려하고 있었다면 민감하게 반응한다. 그렇지 않다면 "드라기 총재는 지난번에도 저렇게 말했다."는 해석이 나오기도 한다. 이처럼 해외요인들은 그때그때 해석에 따라 달라진다. 환율은 외환시장참가자의 마음속에 있는 셈이다.

환율은
언제 오르나요?

역사적으로 환율이 급등한 시기를 보면 환율이 어떤 상황에서
급등하는지 가늠할 수 있다. 달러-원 환율은 악재에 민감하다.

역사적으로 환율이 급등한 시기를 살펴보면 달러-원 환율이 어떤
상황에서 급등하는지를 대충 가늠할 수 있다. 앞에서 누차 말했지
만 달러-원 환율은 악재에 민감하다. 글로벌 금융시장에서 악재로
분류되는 재료라면 한번쯤 눈여겨봐야 한다.

달러-원 환율은 악재에 민감하다

달러-원 환율이 악재에 민감하다는 것은 지난 20여 년의 환율그래
프에서 외환위기·금융위기 때 달러-원 환율이 폭등했던 것을 보면

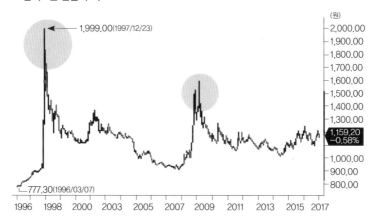

• 자료: 연합인포맥스

지난 20여 년간 달러-원 환율흐름을 살펴보면 2번의 큰 위기가 있었다. 바로 IMF외환위기와 글로벌 금융위기다. 2번의 큰 위기 모두 환율은 폭등했다.

알 수 있다. 금융시장의 위기는 말할 것도 없이 달러 롱플레이다.

　이런 위기의 공통점은 한 번으로 끝나지 않는다는 것이다. 위기의 시작점이 있고 나서 여러 요인들이 시간표 순으로 불거지면서 롱플레이를 반복하게 한다. 달러-원 환율은 자연스럽게 이벤트가 터질 때마다 상승했다가 하락한다.

　2008년 금융위기만 하더라도 처음에 리먼브라더스 파산, 미국 대형 은행 파산 우려, 신용등급 하향 조정, 긴급 구제금융, 구조조정, 일부 채무감면 등이 주루룩 이어지며 환율을 뒤흔들었다. 몇 개의 금융회사가 망하는 데 그치지 않고 일파만파 퍼져나가 금융산업 전반에, 나아가 글로벌 금융시장 전반에 위기감을 불어넣었다. 이 과정에서 달러-원 환율은 우상향 곡선을 그렸다. 그리고 위기가 본격적으로 해소되는 국면이 되어서야 하락했다. 그래서 달러-원 환율의 흐름을 파악하려면 글로벌 금융시장에서 어떤 이슈가 제일 핫한지 봐야 한다. 본인이 투자자라도 한국시장에서 돈을 빼서 다른 곳에 투자하겠다는 마음이 든다면 달러-원 환율상승 재료라고 봐야 한다.

달러-원 폭등시킨 2번의 큰 위기

본격적으로 환율흐름을 살펴보자. 1996년 이후 달러-원 환율이 크게 급등한 것은 2번이었다. 언제였는지는 충분히 예측 가능할 것이다. 1997년 IMF외환위기와 2008년 금융위기다. 1997년 12월 23일 달러-원 환율은 역사상 고점인 1999.00원을 찍었다. 한 외국계은행 베테랑 딜러는 이때 2,000원에 달러매도 주문을 내기도 했다고 한다. 이처럼 악전고투 끝에 달러-원 환율은 1,999.00원에서 고점을 찍었다.

그리고 나서 우여곡절을 겪던 환율은 또 한번 튀어오른다. 미국계 금융회사인 리먼브라더스가 망하고 나서 금융위기가 한창이던 2009년 3월 6일 달러-원 환율은 두 번째 고점인 1,597.00원을 찍었다. 그리고 쭉쭉 빠진 후 또다시 우여곡절의 세계로 들어갔다.

환율그래프를 통해 우리는 달러-원 환율이 위기 때마다 폭등을 경험했다는 것을 확인할 수 있다. 그만큼 위기에 취약한 셈이다. 위기 때는 다른 신흥국 통화도 마찬가지였지만 OECD 가입 후 선진국 대열에 들어간 줄 알았던 우리나라 환율은 크게 출렁였다. 이른바 '소규모 개방경제인 나라'에서는 불가피한 일이었다.

장기간의 환율그래프에서 달러-원 환율에 무슨 일이 일어났는지를 살펴보자. 그래프를 따라가다 보면 언제 환율이 급등하는지, 반대로 언제 급락하는지 좀더 쉽게 이해할 수 있다.

우선 IMF외환위기가 있었던 1997년 12월 23일로 돌아가보자. 크리스마스 이브 전날이다. 그날 달러-원 환율은 개장 3분 만에 1,850원으로 급등했고 오전중 1,999.00원으로 치솟았다. 환율이 2,000원에 육박한 것은 해외 신용평가사들이 우리나라 신용등급을 줄줄이 하향 조정했기 때문이다. 10여 일 만에 무디스·S&P 등이 신용등급을 내리면서 우리나라는 사실상 달러 돈줄이 끊겼다. 채권발행은 물론이고 해외투자자 누구도 우리나라에 투자하려하지 않았다. 주가가 7.5%나 폭락했고, 시장금리는 30%에 달했다. 국가부도사태에 직면한 것이다. 오전 10시 5분쯤 당선자 신분이던 김대중 전 대통령은 미국으로부터 자금지원을 받을 것이라고 발표했다. 그럼에도 달러-원 환율은 급등했다.

환율이 2,000원에 육박했지만 당시 우리 외환당국은 내다 팔 달러가 없었다. 이듬해 2월까지 갚아야 할 외화채가 300억 달러 정도였는데 외환보유액은 불과 39억 달러였다. 달러 곳간이 텅텅 빈 채로 외국의 도움을 받아야 할 처지였다. 달러-원 환율이 1999.00원에서 하락세로 돌아선 것은 세계은행(IBRD; International Bank for Reconstruction and Development)의 지원자금 30억 달러 입금 소식이었다. 수수료를 떼면 29억 4천만 달러였다.

이후에도 정부는 외환위기의 사정이 호전되고 있으며 연말에 국가부도사태는 피할 수 있을 것이라고 말했다. 아이러니하게도 환율폭등 다음날인 12월 24일 우리나라 무역수지 흑자는 환율급등으로 인해 21억 달러를 기록했다. 당시로선 사상 최대였다.

1998년 외환위기 때 큰 폭으로 오른 환율은 점차 하락해 2000년 9월 4일에는 1,103.80원까지 낮아졌다. 당시 환율을 큰 폭으로 끌어내린 것은 바로 서울과 도쿄외환시장에서 나온 공동 구두개입이었다. 두 나라는 동시에 자국 통화의 과도한 절상(환율하락)이 바람직하지 않다는 차원의 성명을 발표했다.

이번에는 2009년 3월 6일로 돌아가보자. 주말을 앞두고 하루를 마무리하는 금요일이었다. 금융위기가 터진 후였다. 이날도 NDF 환율은 1,580원대로 이미 올라 있었다. JP모간체이스 등 주요 미국계금융사의 신용등급이 하락했고, 제너럴 모터스(GE)의 파산보호 신청 가능성이 불거지면서 투자심리가 극도로 악화되었다. 달러-원 환율 개장가는 1,590원을 찍었고 이내 1,597원대로 급등했다. 외환당국이 매도개입으로 고점 방어에 나섰다. 일부 헤지펀드의 달러매도물량과 수출업체 네고물량이 뒤따르면서 달러-원 환율은 다시 하락세로 돌아섰다. 하지만 환율은 이미 한달 간 200원 가까이 급등한 상태였다.

환율폭등을 유발했던 불안심리

이제 2008년 금융위기 이후 환율이 언제 주로 올랐는지를 살펴보자. 금융위기 때 1,600원선을 위협하던 환율은 이후 각종 대응방안 등이 나오면서 쭉쭉 내려와 1,100원선 초반까지 하락했다. 그런데 2010년 5월 25일, 달러-원 환율이 1,277.00원에 고점을 찍었다. 남유럽 재정위기가 터졌기 때문이다. 이전까지 그리스 디폴트(채무불이행) 우려에 그쳤던 남유럽 재정위기는 스페인으로 번졌다. 스페인이 저축은행 구조조정에 돌입한다는 소식이 전해지면서 달러-원 환율은 폭등했다. 유로-달러 환율이 폭락하고, 이제는 유럽발 금융위기가 온다고 시장참가자들은 다시 불안해했다.

2010년 이후에도 환율은 투자심리가 불안할 때마다 튀어올랐다. 2010년 우리나라 환율을 폭등시킨 요인이 하나 더 있었다. 2010년 3월 27일 해군 초계함인 '천안함'이 침몰한 사건이었다. 천안함 침몰 조사 결과가 5월에야 나왔고, 이명박 전 대통령은 5월 24일에 대국민 담화문을 통해 남북 교역과 교류 중단, 북한 선박의 영해 통화금지 등 대응책을 발표했다. 환율은 1,200원대로 급등했다. 대통령 담화에 북한이 전군 준비태세 명령을 내렸다는 소식이 전해지면서 달러화는 또 솟아올랐다. 외환당국은 이번에도 대규모 달러매도개입에 나섰다. 북한 리스크까지 더해지면서 환율이 폭등하는 상황인 만큼 가만히 있을 수 없었기 때문이다.

2011년 10월에도 환율은 또 한번 1,200원대로 상승했고, 10월 4일 1,210.00원에 고점을 찍었다. 당시 무슨 일이 일어났을까? 또 그리스 때문이었다. 그리스가 개천절 연휴 동안 재정긴축 목표를 지키지 못해 6차 구제금융을 못 받을 것이라는 소식이 나왔다. 디폴트(채무불이행)가 불가피하다는 우려에 달러-원 환율은 급등해 1,200원선을 뚫고 올랐다. 해외 어디에서 신용등급이 떨어졌다는 소식만 들려도 환율이 올랐다. 뉴질랜드 신용등급이 강등되었다는 소식조차 달러매수의 재료로 쓰였다. 그러다 유로존 은행권의 자금 확충이 있을 것이라는 소식에 차츰 환율은 하락했다.

이후에도 환율은 이따금씩 급등하곤 했다. 그러다 2016년 2월 29일에 다시 한번 고점을 찍는다. 이번에는 1,245.30원이었다. 바로 외환시장의 제일 큰 화두인 미국 금리인상이다. 게다가 상하이 종합지수가 2016년 2월 25일에 장중 5%까지 급락하면서 이미 불안감에 불을 지핀 상황이었다. 중국 인민은행은 줄곧 위안화절하 고시(달러-위안 환율상승)를 하면서 달러매수세를 부추겼다.

점심 때 나오는 북한 '중대발표'

국내 금융시장에서 대표적 '악재'로 꼽힐 만한 일에는 무엇이 있을까? 바로 '북한의 도발' 내지 '전쟁'이다. 미사일·핵실험·금강산 관광 중단 등 각종 북한과의 이슈는 원화에 대한 투자심리를 식힌다. 우리나라 내부에서는 북한 이슈에 무덤덤한 경우가 많다. 그렇지만 북한의 도발이 자칫 전쟁으로 이어질 가능성을 외국인투자자들은 절대 배제하지 않는다. 왜냐하면 그들의 시각에선 한국은 어디까지나 휴전중인 나라이기 때문이다.

최근에는 외국인투자자들도 북한 이슈를 가려가며 반영한다. 미사일 발사 소식 등이 자주 발생하면서 오히려 둔감해진 것이다. 이런 외환시장이 북한 소식에 유독 귀를 쫑긋 세우는 때가 있다. 바로 북한의 '중대발표'가 있을 경우다. 북한은 항상 낮 12시에 중대발표를 하곤 한다. 때로는 주말이나 연휴·특정 기념일 등에 한다. 불시에 소식을 전함으로써 주목도를 높이고, 효과를 극대화하기 위해서다. '조선중앙통신'이라는 관영언론을 통해 뭔가를 전하는데 이때는 외환시장도 바짝 긴장한다. 국제적으로 전달할 만한 중요한 이슈인 경우가 많기 때문이다. 머리를 곱게 올리고 한복을 입은 북한 아나운서가 전하는 뉴스를 외환딜러들은 밥 먹으면서도 시청한다.

북한은 지난 2011년 12월 19일에 김정일 북한 국방위원장의 사망을 발표했다. 당시 북한 정세의 불확실성에 코스피가 급락했고, 달러-원 환율은 두 달 만에 고점을 찍었다. 외환딜러들은 밥을 먹다 숟가락을 놓고 허겁지겁 딜링룸으로 복귀해야 했다. 중대발표 소식은 알았지만 김정일 사망이라는 충격적 재료일 줄은 예상치 못했기 때문이다.

북한의 중대발표는 지난 2012년 7월 18일에도 있었다. 중대발표가 있을 것으로 알려지면서 외환시장은 긴장을 늦추지 못했다. 직전해에 김정일 사망 소식의 충격이 있었던 터라 긴장감이 맴돌았다. 김정일 사망 이슈로 한바탕 난리를 치른 바 있던 딜러들은 밥도 먹는 둥 마는 둥 대기했다. 그렇게 낮 12시가 되었다. 발표된 소식은 '김정은 국방위원회 제1위원장 국가원수 칭호 수여'였다. 외환딜러들은 "승진 축하한다."라는 말을 메신저에 남기며 쓸쓸히 롱포지션을 접었다는 후문이다.

그 후에도 북한의 중대발표는 이따금씩 환율에 충격파를 전하는 재료로 등장했다. 2016년 2월에는 '청와대 타격'이라는 충격적인 중대성명발표를 종일 재방송해 안 그래도 오르고 있던 환율을 더 끌어올렸다. 외환시장에 충격이 있든 없든 북한 재료는 통일되는 그날까지 계속 롱재료로 꼽힌다. 서울외환시장에서는 이를 두고 북한의 외환포지션이 롱포지션이라는 농담을 하기도 한다.

우리나라가 통일되면 달러-원 환율은 어떻게 될까? 일단 통일은 딱 보면 그리 나빠보이지 않는 이슈지만 불확실성을 키운다는 점에서는 환율에 리스크요인이 될 수 있다. 원화약세, 즉 환율상승 가능성이 높다.

LG경제연구원이 지난 2015년 1월에 발표한 '독일 통일로 본 통일경제의 주요 이슈' 보고서에 따르면 독일 마르크화는 독일 통일 직후 8개월간 절하 압력을 받았다고 한다. 주가도 두 달 사이에 4% 하락했다. 통일이 주는 큰 충격적인 변화를 고려하면 금융시장 반응은 꽤 담담했다는 평가다. 그때 독일은 서독인 80명당 동독인 20명을 먹여 살려야 할 정도로 경제적 부담이 컸다고 한다. 통일을 할 경우 한국은 그 부담이 더 크다고 한다. 통일비용이 소요되고, 재정건전성이 나빠지면 신용등급 하락이나 외국인투자자금 이탈 가능성도 배제할 수 없다. 하지만 만약 통일 후 대북 리스크가 축소되고, 통일경제가 시너지를 낼 것으로 기대된다면 원화절상 가능성도 있다.

$€£¥

환율은
언제 내리나요?

우리나라 관련 이슈가 긍정적이거나 위험선호 심리가 클 때
달러-원 환율이 하락하며 원화는 강세를 보인다.

환율상승 국면을 봤으니 이제는 반대로 환율하락을 볼 차례다. 달러-원 환율은 언제 하락할까? 다시 옛날일을 한번 들추어보기로 한다. 환율그래프를 통해 과거로 돌아가보자.

누가 봐도 펀더멘털이 좋은 통화

눈을 크게 뜨고 보니 달러-원 환율이 600원대였던 적이 있었다. 그 옛날 일본에 가서 환율 덕에 돈을 펑펑 쓰며 사치를 부리던 시절이 있었다더니 정말 그랬다.

▼ 달러-원 환율 추이

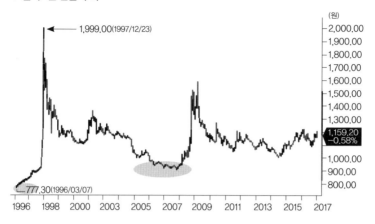

· 자료: 연합인포맥스

2차례의 위기를 제외하면 장기 추세에서 달러-원 환율은 대체로 완만한 흐름을 보인다. 한국은 경상수지 흑자 규모가 크고, 펀더멘털에 대한 평가가 좋기 때문이다.

　달러-원 환율은 지난 1989년 12월 1일에 600원대였다. 그날 우리나라 경제성장률이 발표되었다. 경제성장률은 6.6%였다. 그런데도 크게 둔화되었다면서 내년에는 7%대를 보일 것이라고 전망할 때였다. 당시 경제성장률 전망치가 12.2%였다고 한다. 2%대 저성장 기조에 허덕이는 요즘 우리나라 상황을 보면 완전 딴 세상 이야기 같다. 하지만 1인당 국민총소득(GNI; Gross National Income)이 5천 달러를 넘어선다며 좋아할 때였다. 그냥 신흥국 중의 신흥국이었다. 1989년 12월 2일에 서울외환시장운영협의회가 발족되었다. 은행 간 외환거래지침을 만들던 서울외환시장 초창기였다.

　1989년 당시는 달러-원 환율이 낮은 수준을 유지하면서(원화강세 속에서도) 경제나 수출은 꽤 고공행진을 펼치던 시기였다. 이를 통해 환율하락의 여건을 살펴볼 수 있다.

원화를 둘러싼 여건, 즉 펀더멘털이 좋으면 달러-원 환율이 하락한다. 우리나라 경제성장률이 좋고, 경상수지 흑자 기조가 확대일로에 있는 상황이라면 원화는 강세를 보일 수밖에 없다. 환율은 그 나라의 경제상황을 보여주는 중요 지표다. 그러니 괜찮은 나라의 통화는 강세를 보인다. 역외 투자자들 사이에서도 "요즘 펀더멘털이 너무나 괜찮은 녀석이 하나 있어." 하며 회자될 수밖에 없다.

물론 과거 1997년 달러-원 환율 800원대는 조금 다르다. 한국은 가난을 딛고 눈에 띄게 잘 살기 시작한 동양의 작은 나라였다. 신흥국 중의 신흥국으로 외환시장이 작고, 외국인투자자도 많지 않았다. 달러-원 환율 변동성은 미미했다. 하루에 1원 넘게 움직이면 많이 움직였다고 할 때였다. 그러다 1997년 11월부터 환율 변동성이 급격히 커지기 시작했다. 외환위기가 터졌고, 환율은 불과 한달 만에 1천 원 넘게 폭등했다. 1997년 10월 말 960원이던 달러-원 환율은 1997년 12월 23일에는 1,999원까지 치솟았다.

'배 잘 만드는 한국' 조선업 전성기

앞 페이지에 있는 환율그래프에서 2004년 이후 환율은 2007년까지 줄곧 하락 기조를 보인다. 달러-원 환율은 2004년 5월에 1,180원대였다가 차츰 하락해 1천 원선에 근접한다. 그리고 2006년에도 다시 빠졌다.

달러-원 환율이 이렇게 하락 기조를 보일 수 있었던 가장 큰 배

▼ 광역도시통계권별 소득격차 추이 분석

(단위: 만 원)

구분	2001	2002	2003	2004	2005	2006	2007	2008	2009
서울권	172	193	199	203	212	243	239	255	251
부산권	140	162	157	163	171	185	193	209	201
대구권	142	157	163	159	167	194	193	207	205
인천	154	181	176	176	190	211	210	220	222
광주권	157	178	182	183	190	202	209	220	222
대전권	159	179	179	179	192	210	217	228	217
울산	169	197	190	207	211	242	242	261	253
수원권	150	196	190	198	202	212	240	263	245
평택권	132	172	177	180	203	191	215	214	226
동두천	134	177	171	144	171	167	183	182	180
안산권	158	178	185	193	202	204	213	231	222
이천	189	147	155	173	150	186	201	243	175
춘천	137	171	175	165	173	212	188	194	231
원주	186	179	185	159	182	206	193	213	226
강릉	150	167	169	179	194	159	215	219	199
동해	167	167	178	207	190	197	197	238	290
태백	119	198	174	181	201	201	198	224	196
속초	126	160	144	153	146	239	195	179	175
삼척	165	156	143	221	217	144	174	202	250
청주권	170	160	171	177	191	204	241	245	230
충주	133	150	151	170	166	197	201	174	178
제천	126	161	172	169	170	210	210	216	176
천안권	149	178	187	193	208	209	238	199	217
공주	141	151	160	165	167	181	186	199	179
보령	146	143	151	184	183	195	211	164	159
서산	140	177	204	193	206	223	268	174	226
전주권	152	177	188	173	213	231	225	233	214
군산	124	147	153	158	171	220	215	214	202
익산	139	157	155	151	162	185	192	189	211
정읍	129	157	166	168	180	143	155	209	162
남원	177	156	169	153	166	162	197	177	155
목포	158	167	159	165	180	199	201	211	198

구분	2001	2002	2003	2004	2005	2006	2007	2008	2009
여수	163	186	174	193	208	213	266	245	281
순천권	155	174	181	204	219	245	261	267	247
포항	161	182	193	202	223	181	258	230	239
경주	147	168	176	175	189	207	215	228	205
김천	151	139	170	148	161	171	167	171	205
안동	149	147	164	176	153	203	193	192	185
구미	178	149	154	161	167	216	201	216	209
영주	129	161	138	168	181	211	229	200	176
영천	116	138	158	169	166	223	171	155	187
상주	152	168	152	135	181	200	173	173	187
문경	163	158	166	188	163	155	192	150	170
창원권	161	169	186	172	189	218	217	234	242
진주권	144	171	192	187	191	194	199	220	186
통영	143	193	169	165	187	220	177	185	179
밀양	133	163	160	138	125	145	153	171	165
거제	171	201	194	207	197	263	222	300	257
제주	161	161	167	159	175	187	188	189	186
서귀포	172	139	155	152	171	181	207	162	202

• 자료: 한국산업연구원(2011년), '광역도시통계권별 월 평균임금'

표에서 보면 울산·거제 등은 지방도시임에도 월급 수준이 꽤 높은 편이다. 울산은 현대차의 영향으로, 거제는 조선소의 영향으로 해석한다.

경은 '조선업'이었다. 이른바 '대항해기'로 불리는 조선업 호황기였다. 유가가 높아서 기름을 운반하거나 시추하는 배가 필요했고, 수출입도 활발해서 각종 컨테이너선의 수요도 많았다. 우리나라 조선업체들이 배를 만들어 팔아서 엄청난 규모의 달러를 들여오던 때였다. 지금은 조선업황이 부진해지면서 '수주절벽' '기업 구조조정'이라는 단어로 설명되는 조선업이지만 이때는 달랐다. 조선사가 밀집해 있는 거제·울산 등지는 평균연봉 수준으로 한국 지도에서 유독 돋보이던 지역이었다. 동네 개도 1만 원짜리 지폐를 물고 다니는 곳이라고 할 정도였다.

조선업체들이 들여온 달러자금은 고스란히 외환시장에서 달러-원 환율하락을 유발했다. 조선업체는 한꺼번에 돈을 받는게 아니라 만약 10억 달러를 받는다고 하면 처음 계약할 때 선수금으로 약 10%를 받고 공정별로 중도금, 잔금을 나눠서 받는다. 달러 입금시기가 나누어져 있다 보니 달러-원 환율이 하락하면 앉은 자리에서 손해를 보기 일쑤였다. 이에 2004년부터 조선업체들의 선물환거래가 늘기 시작했다. 미리 정해진 환율에 달러를 팔 수 있게 선물환매도를 해놓는 것이다. 이렇게 들여온 달러자금은 한때 환율하락을 주도했다.

조선업체 선물환거래 구조도를 보면 아래 표와 같다. 조선업체가 은행에 선물환매도를 하면 은행 딜러는 선물환을 매수하고, 그에 따른 환위험을 피하기 위해 같은 액수의 현물환을 매도해서 균형을 맞춘다. 이때 은행이 현물환을 매도하는 달러는 단기로 빌리거나(단기 외채 급증), 스왑시장에서 차입(스왑포인트 하락)한다. 현

▼ 조선업체 선물환거래 구조도

1. 조선업체 선물환매도	2. 은행 선물환매수	3. 헤지 현물환매도(달러가 없다. 스왑으로 빌리자)	
		4. 현물환매도에 달러-원 환율하락	
		5. 스왑시장에서 달러차입(Buy & Sell)	현물환매수 (달러차입, Buy) 선물환매도 (만기 때 기업에서 받아서 갚음, Sell)

물환매도, 즉 달러를 팔아서 산 원화는 은행이 대출을 비롯해 다양한 방식으로 투자해 운용한다. 그리고 나중에 선물환거래 만기가 되면 조선업체들로부터 달러를 받고 거래를 마무리한다. 이 과정에서 달러-원 환율은 하락하는 것이다.

한국은행이 지난 2010년 2월 25일에 '조선업체 환헤지가 외환부문에 미치는 영향'이라는 보고서를 통해 집계한 바에 따르면 2004년부터 조선업체들의 선물환매도로 증가하기 시작한 선물환 순매도액은 2007년에 무려 533억 달러에 달했다. 2007년 경상수지 흑자가 연간 58억 8천만 달러였다. 조선업체 선물환 순매도액이 경상수지 흑자의 10배에 가깝다. 얼마나 달러자금이 많이 쏟아져 들어왔는지 수치만으로도 짐작할 수 있다.

이에 달러-원 환율은 2003년 12월 29일 장중 고점 1,202.20원에서 2007년 10월 31일 장중 저점 899.60원까지 하락 기조를 보였다. 4년이 채 안 되는 기간 동안 달러-원 환율이 300원 넘게 하락한 셈이다. 이 시기는 한국 조선업이 세계시장을 주름잡던 전성기였다.

금리 높은 원화

뒤에 나오는 2000년 이후의 환율그래프를 보면 눈에 띄는 달러-원 환율 저점이 하나 있다. 지금 보니 꼭 위기 직전에 우리나라 달러-원 환율은 저점을 보인다. 이번에는 2008년 금융위기가 임박했던 2007년 10월 31일, 달러-원 환율은 장중 저점 899.60원을 기록하고 있다.

달러-원 환율이 이처럼 1천 원 밑으로 뚝 떨어진 것은 미국 금리인하 때문이었다. 앞서 설명한대로 조선업 호황으로 달러가 물밀듯 쏟아져 들어오던 시기가 마무리되어가고 있었다. 그런데 미국에서 '서브프라임 모기지 부실사태'가 터졌다. 금융위기의 시작이었다. 글로벌 금융위기의 태풍이 몰아치기 직전 미국은 금리인하로 대응하고 있었던 때였다. 2007년 10월 30~31일 FOMC가 예정되어 있었는데 금리를 추가로 인하하면서 달러-원 환율은 급격히 하락했다. 신용경색 우려에 글로벌 달러자금은 금리도 높고, 사정이 괜찮은 신흥국 쪽으로 방향을 틀었다. 역외 투자자들은 달러매도에 열을 올렸다. 상대적으로 원화는 강세 행진을 펼쳤다.

▼ 2000년 이후 환율 추이

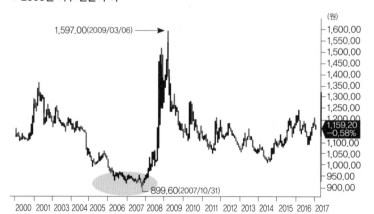

자료: 연합인포맥스

달러-원 환율이 899원대로 하락했던 2007년 10월 말, 미국 FOMC가 정례회의를 통해 금리를 인하하면서 달러약세가 나타났다.

이처럼 달러-원 환율을 낮추는 배경에는 금리 차이가 있다. 미국 달러와 한국 원화의 금리는 레벨부터 다르다. 글로벌 안전자산인 미 달러야 금리를 많이 주지 않아도 매수자가 넘쳤다. 미국의 신용도는 말할 것도 없다. 그래서 '제로금리' 수준을 유지해도 사람들이 달러를 산다. 금리뿐 아니라 안전자산이라는 인식도 달러자산을 사는 이유가 된다.

하지만 원화는 사정이 다르다. 외국인투자자들이 한국 원화를 살 때는 고금리라는 장점을 생각하지 않을 수 없다. 펀더멘털이 좋고 금리가 높으니까 사는 것이다. 원화 금리는 기본적으로 한국은행의 금융통화위원회가 결정하는 기준금리에 달려 있다. 금융위기 이후 완화 기조를 이어오면서 원화 기준금리는 연 1.25%에 이르렀다. 낮은 수준이지만 그래도 제로금리인 달러 금리보다는 높다. 하지만 원화는 달러보다 금리를 더 주어야 한다. 한국은행 총재가 한-미 금리차를 의식할 수밖에 없는 것도 같은 이유다.

그러면 무조건 한국은행이 기준금리를 올리면 원화가 강세를 보일까? 원화 금리가 높으면 마구 매수하고 싶어지지 않을까? 꼭 그렇지는 않다. 이론적으로는 금리인상, 해당 통화강세다. 최근 미국 금리인상 이슈가 미 달러강세로 연결되는 것과 같다.

그런데 투자심리라는 게 웃긴다. 한국은행이 금리를 인하한다고 하면 보통은 원화약세 재료다. 달러를 버리고 원화를 샀는데 금리가 낮아지면 계속 투자할 마음이 안 생길 것이다. 적금을 들었는데 은행에서 오늘부터 그 통장의 금리를 낮추겠다고 연락을 받은 것과 다름없다. 그런데 금리인하가 오히려 경기부양 기대로 이어지면 이야기는 달라진다.

금리인하는 외환시장에서는 해당 통화의 금리가 낮아지는 것이지만 국내 경제에서는 완화 기조를 유지하겠다는 의미다. 즉 중앙은행이 돈을 맡겨놓으면 금리를 별로 받지 못하니 널리 투자하고, 빌려 쓰라고 하는 것이다. 그러면 시중에 돈이 돌면서 경기가 조금이나마 살아날 수 있다. 이런 이유로 '금리인하로 부양 효과를 보겠구나.' 싶으면 오히려 금리인하는 원화강세 재료가 되기도 한다.

한국은행의 금리인상도 마찬가지다. 금리를 올려주니 원화가 강세로 갈 것 같지만 100% 그렇지는 않다. 이 역시 투자심리에 좌우된다. 한국경제가 너무 좋아서 금리인상을 한다고 인식되면 원화는 강세로 갈 수 있다. 금리인상은 과열된 경기를 누그러뜨리려는 긴축적인 통화정책이다. 중앙은행이 기준금리를 인상해서 가계는 대출보다 저축을 하는 쪽으로, 기업은 투자보다 예치를 하는 쪽으로 유도하는 것이다. 간단하게 말하자면 시중에 돈이 덜 풀리도록 거두어들이는 조치다. 이런 상황에서 한국은행의 금리인상이 때아닌 긴축으로 경기를 침체시킬 것이라는 전망으로 연결되면 원화는 약세를 보인다. 금리를 많이 준다고 원화에 투자하는 것은 아닌 셈이다.

다만 금리수준이 현저히 높다면 이야기는 달라진다. 주요 선진국들 사이에서 저금리 기조가 이어지고 있는 가운데 펀더멘털이 좋지 않아도 기준금리가 10%를 넘어가면 해당 통화가 인기를 끌기도 한다. 브라질 헤알화가 그렇다. 유럽·일본 등이 마이너스 금리를 택한 마당에 10%대 금리라니! 브라질 대통령 탄핵 이슈로 정국이 시끄럽고, 헤알화가 약세를 보이는 등 취약한 펀더멘털이지만 고금리 메리트는 투자자들을 불러모은다. '디폴트(채무불이행) 사태로 나라가 망하지 않는다면' '리디노미네이션(화폐개혁)으로 투자자산 가치가 날아가지만 않는다면'이라는 가정을 둔 투자다. 10%대의 고금리가 위험을 무릅쓰게 하는 것이다. 10년물 채권을 만기 보유해도 원금 2배에 가까운 수익이니 충분히 자금이 유입될 수 있다. 그만큼 금융시장은 리스크가 높을수록 수익도 많다는 원칙에 충실하다.

One Point Lesson

한국은행이 말하는 통화정책의 환율 경로

한국은행은 기준금리 변경이 환율 경로를 통해 어떻게 영향을 미치는지를 이렇게 설명한다.

여타국의 금리가 변하지 않은 상태에서 우리나라 금리가 상승할 경우 국내 원화표시 자산의 수익률이 상대적으로 높아져 해외자본이 유입될 것이다. 이는 원화를 사려고 하는 사람들이 많아진다는 의미이므로 원화가치의 상승으로 이어진다. 원화가치상승은 원화표시 수입품가격을 하락시켜 수입품에 대한 수요를 증가시키고, 외화표시 수출품가격을 상승시켜 우리나라 제품 및 서비스에 대한 해외 수요를 감소시킨다.

이러한 경로를 통한 총 수요, 즉 소비·투자·수출(해외 수요)의 변동은 다시 물가에 영향을 미친다. 예를 들어 금리상승으로 인한 소비·투자·수출 등 총 수요의 감소는 물가하락 압력으로 작용한다. 특히 환율 경로에서는 원화가치상승으로 인한 원화표시 수입 물가의 하락이 국내 물가를 직접적으로 하락시키는 요인이 된다.

미래의 환율이
궁금하다

달러를 주고받는 주체들은 미리 받는 것이 좋을지,
이자를 내고 빌려쓰는 게 좋을지를 두고 두뇌싸움을 펼친다.

환율이 앞으로 어떻게 달라질지는 외화를 다루는 사람들에게는 공통의 관심사다. 외환딜러는 물론 보통 사람들까지도 지금 갖고 있는 통화가치가 오를지 내릴지 궁금한 것은 당연한 일이다. 외환시장에서는 지금은 수중에 없지만 미래에 받을 돈의 가치가 중요하다. 대규모 달러가 오가는 수출입기업이라면 더더욱 고민이 생길수밖에 없다. 수출기업은 환율이 오르면 돈을 더 받는 셈이니 좋지만 환율이 내리면 받는 돈이 줄어든다. 수입기업은 환율이 오르면 같은 양을 수입하더라도 돈을 더 내야 하니 고민이지만 환율이 내리면 수입 결제대금을 적게 지불해도 된다.

그래서 외환시장은 미래의 환율을 가늠하고, 그 위험을 줄이기 위해 다양한 방법을 활용한다. 가급적 외화를 거래할 때, 손해를 보거나 부족하지 않도록 하려고 애쓴다. 특히 기업이나 은행은 선물환·스왑시장 등을 활용해 환위험을 줄이는 데 적극적이다.

선물환 "나중에 들어올 달러, 미리 바꿀게요"

가장 먼저 볼 수 있는 것이 현재 현물환율의 미래가치를 환산한 '선물환율'이다. 선물 환율은 현물환에 일정 기간의 이자라 할 수 있는 스왑포인트를 더해서 결정된다. 즉 스왑포인트는 선물환율에서 현물환율을 뺀 차이라고 볼 수도 있다. 스왑포인트는 서로 다른 이자율을 가진 통화를 일정 기간 동안 바꾸는 조건으로 지불되는 돈이라고 보면 된다.

선물환거래를 하는 이유는 미래에 달러를 환전하는 위험을 줄이려는 것이다. 수출기업이 물건을 외국에 팔고, 한 달 후에 100만 달러를 받을 예정이라고 가정해보자. 환율이 오르면 좋은데 왠지 내릴까봐 불안하다. 그래서 은행에 1개월 후에 달러-원 환율이 어떻게 될 것 같냐고 물어본다. 은행 창구에서는 일단 환율은 워낙 변동성이 커서 환전시기를 함부로 조언해줄 수 없다며 신중한 대답을 내놓고, 조언은 조언일 뿐 투자는 고객님의 몫이라고 선을 긋고는 방법을 알려줄 것이다. 딜링룸에 문의한 후 현시점의 현물환 환율에 1개월 스왑포인트를 더해 선물 환율을 계산해줄 것이다.

그렇게 기업은 은행과 선물환매도를 미리 함으로써 미래의 환율변화를 대비할 수 있다. 한 달 후의 환율을 미리 예상해서 팔아놓는 것이다. 경상수지 흑자가 상당한 우리나라의 경우 기업의 선물환매도는 달러-원 환율을 끌어내리는 요인이 되었다. 예전에 조선업체들이 한창 호황이던 시절, 정기적으로 들어오는 달러자금에 대해 환위험을 헤지하기 위해 조선업체들이 달러 선물환매도에 적극 나섰기 때문이다. 기업의 선물환을 산 은행이 포지션을 중립으로 만들기 위해 외환시장에서 현물환매도에 나서면서 달러-원 환율이 하락했다.

여기서 의문이 생길 수 있다. 선물 환율이 그렇게 족집게라면 걱정할 필요도 없을 텐데 한 달 뒤에 환율이 급등하면 어떡할까? 이건 일종의 보험이라고 보면 된다. 한 달 뒤에 환율이 급락할 경우를 대비하는 것이다. 환율이 올라서 돈을 더 받는 것을 기대하는 건 베팅이다. 어떻게 될지 모른다. 기업 입장에서는 이미 벌어놓은 달러를 환율이 내려서 손해를 볼 경우에 대비하는 편이 더 낫다는 생각에 선물환거래를 하는 것이다.

FX스왑 "달러 좀 있어요? 원화랑 바꿀래요?"

외환시장은 때로는 외화자금시장과 묶어서 본다. 달러-원 환율을 현물환시장에서 직접 거래하는 주체도 있지만 일정기간 동안만 달러를 빌리거나, 원화를 빌리려는 주체도 있다. 그런데 외화나 원화를 직접 대출받으려면 부채도 증가하고, 각종 제약조건이 많다. 그래서 스왑시장을 활용한다. 자금을 단기간에 이용하려는 목적 외에도 미래의 환율 위험을 헤지하거나 통화의 금리차를 이용해 이익을 얻기 위해서 스왑시장을 활용하기도 한다. 스왑시장도 외환시장처럼 대고객 시장과 은행 간 시장으로 나뉜다.

단순하게 설명하면 외화를 직접 빌리는 수고를 하는 대신 서로 잘할 수 있는 걸 하고, 바꾸는 것이다. 달러를 빌리는 게 편한 외국계은행 지점이나 외국계기관은 달러를 주고 원화를 빌린다. 원화가 많은 국내은행은 원화를 주고 달러를 빌린다. 그리고 서로 같은 기간의 이자 차이를 고려해 비용을 주고받는다. 기간이 1년 미만이면 'FX스왑', 1년 이상이면 '통화스왑(CRS; Cross Currency Swap)'이라고 한다.

스왑시장에서는 매수·매도 대신 '셀앤드바이(sell&buy)' '바이앤드셀(buy&sell)'을 쓴다. 스왑시장이 어려운 이유는 2가지를 동시에 거래하기 때문이다. 기본 순서는 가까운 만기(근일물)에서 먼 만기(원일물)로 보면 된다. 바이앤드셀, 셀앤드바이 할 때도 앞의 것은 짧고, 뒤의 것은 길다고 생각하면 된다. 현물환과 선물환을 함께 거래할 때도 만기가 짧은 게 현물환이고, 긴 게 선물환이라고 볼 수 있다. 현물환과 현물환, 선물환과 선물환을 바꾸는 경우도 있는데 이때도 순서는 같다. 이런 거래는 일시적인 자금 부족 등을 조절하거나 만기 차이를 조절하는 차원이다.

기업이나 은행은 FX스왑거래로 환위험을 줄이고, 짧은 기간 동안 외화를 조달하는 방법으로 활용한다. 어떻게 거래되기에 환위험이 헤지된다는 것인지 한번 살펴보자.

보통 선물환과 현물환을 함께 거래한다고 봤을 때다. A기업이 세 달 뒤에 들어올 달러 100만 달러를 미리 지금의 현물환 환율로 팔고 싶다. 돈은 세 달 뒤에 들어온다. 외화대출을 받아야 할까? 스

	스팟(현물환)	스왑(외화자금시장)
현재	100만 달러 매도 원화자금	현물환매수, 선물환매도(buy&sell)
3개월 후		선물환매도(수출대금을 받아서 정리)

왑시장에서 차입하기로 했다. 이 기업은 스왑시장에서 현물환매수와 선물환매도(바이앤드셀)를 하면 된다. 이렇게 빌린 달러를 현물환시장에서 매도한다. 그러면 남은 것은 세 달 뒤의 선물환매도거래뿐이다. 즉 달러를 조달해서 선물환매도와 비슷한 효과를 냈다. 다르게 말하면 선물환거래는 현물환거래와 스왑거래의 조화로도 볼 수 있다.

수출입을 동시에 하는 기업은 들어올 돈과 나갈 돈을 스왑거래로 동시에 하는 방법도 있다. 한 달 뒤에 수출대금이 1억 달러가 들어오는데 세 달 뒤에 수입대금으로 1억 달러를 주어야 한다면 선물환끼리 셀앤드바이를 할 수도 있다. 1개월짜리 선물환매도를 1억 달러 하고, 3개월짜리 선물환매수를 1억 달러 하는 식이다. 이렇게 해서 한꺼번에 거래시기를 맞춘다.

스왑포인트, 외국인 입장에서 보기

스왑포인트를 외국인의 관점에서 보면 좀더 이해하기 쉽다. 외국인이 원화를 일정 기간 조달하는 비용이라고 보면 도움이 된다. 스왑포인트가 오르는 것은 외국인 입장에서 원화를 빌릴 때 이자를 더 주는 것으로 볼 수 있다. 국내 외화자금시장에 달러를 공급하고 원화를 빌리려는 수요가 많기 때문이다. 반대로 스왑포인트가 내리는 것은 외국인 입장에서 원화를 빌리는 비용을 적게 지불하는 것이다. 스왑포인트가 마이너스면 오히려 달러를 공급하는 댓가로 돈을 받는 셈이다. 왜냐하면 국내 외화자금시장에 달러가 부족하거나 달러 수요가 늘어났기 때문이다.

달러-원 현물환 환율이 오르고 다른 수급의 영향이 없다면 스왑포인트는 내린다. 달러가 부족하거나 달러수요가 많아졌기 때문이다. 또한 달러와 원화의 이자율 차이가 커지면 스왑포인트가 오른다. 원화 금리가 높아지거나, 달러 금리가 낮아져서 일정기간 달러를 주고 원화를 빌리는 비용이 상대적으로 많이 들기 때문이다. 즉 정리하자면 국내 금융기관의 외화자금 사정이 나빠지면 스왑포인트(선물환율-현물환율)가 낮아진다. 외화조달을 위해 현물환매입, 선물환매도(바이앤드셀)을 하게 되는데 이 경우 현물환율은 상승하고, 선물환율은 하락해 스왑포인트가 하락한다. 반대로 금융기관의 원화자금이 부족해지면 원화차입을 위해 현물환매도, 선물환매입

▼ 스왑포인트

스왑포인트	국내 스왑시장 거래	달러 유동성	이자율 차이
상승	셀앤드바이 (현물환매도/선물환매수)	풍부	확대 (원화 차입비용 확대)
하락	바이앤드셀 (현물환매수/선물환매도)	부족	축소 (원화 차입비용 축소)

보통 스왑포인트가 오르면 달러 유동성이 풍부하고, 스왑포인트가 내리면 달러 유동성이 부족한 것으로 본다. 이와 달리 스왑시장의 거래에 의해 스왑포인트가 오르내리기도 하는데 이때 수요 쪽은 셀 앤드 바이라고 보면 되고, 공급 쪽은 바이 앤드 셀이라고 보면 된다.

스왑포인트	거래 방향	주요 거래주체들
하락(매도)	바이앤드셀(buy&sell)	에셋스왑
	원화자금 빌려주는 쪽 달러자금 빌리는 쪽	해외투자 연기금, 중공업체 선물환매도
상승(매수)	셀앤드바이(sell&buy)	라이어빌러티스왑
	원화자금 빌리는 쪽 달러자금 빌려주는 쪽	해외 채권발행사, 외환당국

(셀앤드바이)을 하게 되어 스왑포인트가 올라간다. 상대적으로 달러유동성이 풍부한 경우다.

이론적으로 보면 달러는 원화보다 금리가 낮아 스왑포인트는 플러스다. 이럴 때 금리가 높은 쪽인 원화를 '디스카운트 통화'라고 한다. 달러보다 금리가 낮은 통화에 대해서는 스왑포인트가 마이너스다. 이때 금리가 낮은 통화를 '프리미엄 통화'라고 부른다.

그런데 스왑시장에서는 스왑포인트가 항상 이론대로 움직이지 않는다. 여기도 수요과 공급이 있기 때문이다(여기서는 원화자금을 중심으로 외국인 입장이라고 생각하면 매수와 매도를 파악하기 쉽다). 셀앤드바이 쪽은 달러가 있고, 원화가 필요한 쪽이다. 즉 스왑포인트를 끌어올리는 매수 쪽이다. 주로 해외에서 채권발행으로 자금을 조달한 기관투자자나 외환 결제일을 조정해야 하는 수입업체 등이다. 이를 '라이어빌러티(부채)스왑'이라고도 한다.

바이 앤드 셀 쪽은 달러가 필요하고, 원화가 있는 쪽이다. 원화를 빌려주는 쪽, 즉 '매도 사이드'라고 보면 된다. 스왑포인트는 하락한다. 주로 해외자산에 투자해야 하는 보험사나 연기금 등의 기관투자자와 해외에서 달러를 받은 중공업체 선물환매도 등이 해당된다. 이를 '에셋(자산)스왑'이라고 한다.

2016년에는 스왑포인트가 마이너스 행진을 펼쳤다. 그 이유가 무엇일까? 미국이 금리를 올리면서 달러와 원화의 금리차가 축소되었고 여기에 달러 수요가 늘어난 영향도 있다. 국내에서는 보험사나 연기금 등의 기관투자자들이 해외 주식·채권투자에 나서면서 스왑시장에서 현물환을 매수하고 선물환을 매도하는(buy&sell) 거래를 했기 때문이다. 그런데 이렇게 되니 외국인투자자 입장에서는 국내 시장에 달러를 공급하면 오히려 돈을 받고, 원화로 된 채권을 사면 채권 이자수익도 누리는 꿩 먹고 알 먹는 거래가 나타나기도 했다. 이를 스왑시장에서는 '이자율재정거래'라고 한다.

스왑포인트

여기서 스왑포인트가 나온다. 스왑포인트를 좀더 공부해보자.

스왑포인트는 '스왑마진(swap margin)' '포워드마진(forward margin)' '스왑레이트(swap rate)'라고 혼용해서 쓰기도 한다. 주로 전 단위(10전=0.10원)로 표기된다. 스왑포인트가 30이면 0.30원, 120이면 120원이 아니고 1.20원이다. 하지만 스왑포인트와 스왑레이트를 구분할 수도 있다. 스왑포인트는 현물 환율에 한국 금리와 미국 금리 차이를 곱하고 나서 '기간/360'을 곱해 구한다. 1년을 360일로 표기하는 것은 달러 이자계산 관행에 따른 것이다.

스왑레이트는 이렇게 해서 생겨난 스왑포인트를 기간 조정을 거쳐 연율로 표시하는데 '해당 기간 동안 원화를 차입하는 데 총 지불하는 비용'이라고 보면 된다.

- 스왑포인트=현물환×(원화 코리보 금리−달러 리보 금리)×기간/360
- 스왑레이트=선물 환율−현물 환율(스왑포인트)/현물 환율×100%×기간

스왑포인트를 결정짓는 것은 두 통화의 이자율 차이가 크다. 해당 기간 동안의 이자율이 얼마나 벌어지느냐에 따라 오르내린다. 스왑포인트는 외화자금시장인 스왑시장에서 가격변수로 거래된다. 보통 스왑포인트가 오르면 달러 유동성이 풍부한 것으로 보고, 스왑포인트가 하락하거나 마이너스로 떨어지면 달러유동성이 부족한 것으로 본다.

서울외환시장에 대해
꼭 알아야 할 7가지

• • •

서울외환시장은 매일매일 달러-원 환율이 정해지는 곳이다. 글로벌 외환시장 전체로 보면 외환시장은 드넓다. 하지만 서울외환시장만 놓고 보면 한 다리만 건너면 아는 사이인 경우도 많다. 외국환은행에 소속되어 있는 딜러들, 외환당국자, 브로커 등 수많은 사람들이 포렉스클럽·외환시장운영협의회 등을 중심으로 밀접한 관계를 유지하고 있다. 서울외환시장참가자라는 공통분모로 묶여 있는 하나의 공동체라 할 수 있다.

서울외환시장이 처음부터 현재의 모양을 갖추고 있었던 것은 아니다. 외환거래를 할 외화는 물론, 외환거래 노하우도 없던 시절도 있었다. 환율제도 또한 수많은 변천사를 거쳐 지금에 이르렀다. 중간에 외환위기도 겪었고, 시장을 선진화하려는 노력도 수차례 진행되었다.

4일차에서는 글로벌 외환시장에서 우리나라 외환시장은 어느 정도의 입지를 갖고 있는지, 어떻게 지금까지 발전해왔는지를 한번 살펴보려 한다. 외환시장에서의 사람 사는 이야기들과 외환딜러라는 사람들은 어떤 원칙을 지키며 거래를 하고 있는지에 대해서도 좀더 알아본다.

• • •

서울외환시장,
글로벌 외환시장에서 자리를 잡다

자율변동환율제도를 갖기까지 서울외환시장은 수많은 여정을 거쳤다.
1960년대 초기 서울외환시장부터 현재까지를 둘러본다.

현재 우리나라 외환시장은 '자유변동환율제도'를 채택하고 있다.
하지만 처음부터 지금 같은 환율제도를 가졌던 것은 아니다. 과거
외환거래는 엄격한 통제하에 소수의 면허를 받은 기관을 중심으로
이루어졌다.

한국은행이 발간한 『한국의 외환제도와 외환시장』이라는 책
을 보면 우리나라 외환시장 역사가 자세히 나와 있다. 우리나라는
1940년대에는 '조선환금은행'이라는 곳을 두고 외환업무를 시작
했다고 한다. 군정법령에서 '외국과의 교역통제'라는 법령을 두고
대외무역으로 생긴 외환을 이 은행에서 매각·매입하며 엄격히 관
리했다. 그때는 정부 보유 외환에 적용되는 '공정환금률'과 일반 시

세인 '일반환금률'의 '복수환율제도'였다. 당시 공정환금률은 1달러당 450원(현재 원화 기준 0.45원), 일반환금률은 900원(현재 원화 기준 0.90원)이었다. 일반환금률은 공정환금률의 2배였다.

은행들이 본격적으로 외환시장에 참여하기 시작한 것은 1960년대부터였다. 정부가 경제개발계획에 착수하면서 본격적으로 수출 증진 노력을 할 때라 1961년 12월에 '외국환 관리법'이 생겼다. 1967년에 한국외환은행이 생기면서 시중은행 5곳에 이어 외국은행 지점도 6곳이 추가되었다. 그러나 이때까지만 해도 '고정환율제도'를 유지하고 있었다.

정부, 서울외환시장의 개설을 준비중

1970년대에 서울외환시장이 본격적으로 만들어졌다. 지난 1977년 10월 24일자로 스크랩된 〈매일경제〉에 '서울외환시장 개설 추진'이라는 제목의 기사가 나온다. "정부는 무역규모가 200억 달러를 넘어섬에 따라 대외거래 활동의 원활한 금융지원과 외국자본의 금융시장에의 제한적인 참여를 단계적으로 허용하기 위해 내년부터 본격적인 서울외환시장의 개설을 준비중이다."

기사를 좀더 읽어보면 "내년부터 단계적인 서울외환시장을 개설 운영하고, 오는 80년까지는 서울~동경~싱가포르를 축으로 하는 본격적인 외환시장을 육성할 계획"이라고 써놓았다. 아울러 외환시장의 조작업무를 직접 다루는 딜러 등 전문요원을 적극 양성한다고 되어 있다.

이와 함께 "외환은행이 주동이 되어 국내 외국환은행과 시티뱅크 등 외국은행 국내지점 대표자들이 회합을 갖고 코리아 포렉스클럽(Korea Forex Club) 발기인 총회를 열어 내년 1월초 정식 창립총회를 갖기로 했다."고 한다.

한국은 1980년 2월에 환율제도를 주요국 통화시세에 연동시키는 '복수통화바스켓제도'로 바꾼다. 조금씩 무역규모가 커지고, 외국인의 국내증권투자도 허용하는 등 국내 자본시장을 열기 시작했다. 또한 1980년대는 경상수지도 흑자로 돌아서면서 외자유입도 증가했다.

그럼에도 1970년대부터 1990년대까지의 외환시장은 초기 단계에 불과했다. 외환시장의 목표도 국제수지 흑자 달성을 위한 역할에 한정되었다. 우리나라 외환시장이 본격적으로 커지기 시작한 것은 1990년대 자본자유화와 개방화가 추진되고 나서부터였다.

한국은 1990년에 들어서야 본격적으로 자본자유화에 나섰다. 1990년 3월에 외환시장 수급에 의해 환율이 결정되면서, 일일 변동폭은 제한되는 '시장평균환율제도'를 도입했다. 조금씩 외환시장 경상거래에 대한 규제도 일부 허용에서 일부 예외만 규제하는 '네거티브시스템(negative system)'으로 바꾸었다. 그러다 1994년 12월에 '외환제도 개혁계획'을 발표하면서 선진국 기구인 OECD(Organization for Economic Cooperation and Development, 경제협력개발기구)에 가입했다. 그리고 충분한 체력을 갖추지 못한 상태였던 서울외환시장은 1997년 말 외환위기를 맞고 만다.

2번의 위기 이후 업그레이드된 서울외환시장

하지만 외환위기 이후 서울외환시장은 한층 업그레이드되었다. 정부는 1997년 12월에 환율 일일 변동폭을 없애고 '자유변동환율제'를 본격적으로 도입했다. 환율흐름을 시장에 어느 정도 자율적으로 맡기는 제도를 채택한 셈이다. 1998년까지 두 차례에 걸쳐 외환부문의 자유화가 급속히 이루어졌다. IMF(International Monetary Fund, 국제통화기금)의 권고로 종전의 '외국환관리법'이 없어지고, 1998년 9월에 '외국환거래법'이 제정되었다. 해외여행경비·해외이주비·해외예금 등의 한도가 폐지되었고, 경상수지 흑자가 지속되면서 해외투자 활성화 방안 등이 추진되었다.

NDF시장은 1996년대 중반에 생겼다. 홍콩·싱가포르 등에서 프레본(prebon yamane) 같은 중개회사를 거쳐 비거주자 간 거래가 시작되었다. 그리고 외환위기 이후인 지난 1999년 4월에 외환자유화 조치가 생기면서 국내 외국환은행도 참여하기 시작했다. 현재는 뉴욕·도쿄·런던·프랑크푸르트 등에서도 거래가 활발하다. 우

▼ 우리나라 외환제도 변화

시기	외환제도
1945년~1964년 5월	고정환율제도
1964년~1980년 2월	단일변동환율제도
1980년 2월~1990년 2월	복수통화바스켓 제도
1990년 3월~1997년 12월	시장평균환율제도
1997년 12월~현재	자유변동환율제도

• 자료: 「한국의 외환제도와 외환시장」(한국은행 편집부 지음) 참고

리나라 브로커인 서울외국환중개와 한국자금중개도 참여한다.

2008년 글로벌 금융위기가 발생했을 때도 서울외환시장은 또 한 차례 업그레이드되었다. 자본유출입 변동성을 완화하기 위한 거시건전성 정책이 도입되었다. 그리고 외환시장과 외환제도를 선진화하기 위한 노력이 계속되었다. 2014년 12월에는 원-위안 직거래 시장도 개설되었다. 그리고 해외투자 활성화 방안도 지속적으로 추진되었다.

이처럼 수차례 변화와 위기를 겪으며 서울외환시장은 글로벌 외환시장에서 자리를 잡았다. 그리고 아시아권에서 가장 유동성이 풍부한 시장으로 거듭나기 시작했다.

IMF의 환율제도 분류

1. 국가 고유의 법정통화가 없는 경우(exchange arrangement with no separate legal tender): 미 달러화 등을 자국통화로 사용. 국내 통화정책에 대한 통제 불가능.

2. 통화위원회 제도(currency board): 자국통화 환율을 특정 외국통화에 고정하는 제도. 중앙은행의 독립적 통화관리 수행이 불가능.

3. 전통적 페그제(conventioned peg): 자국통화를 외국 단일 통화나 복수의 바스켓에 연동시켜 고정하는 제도. 기준환율 중심의 좁은 범위 변동 관리.

4. 안정적 환율제도(stabilized arrangement): 정책당국이 시장개입을 통해 환율을 6개월 이상 2% 내에서 변동하도록 운영.

5. 크롤링 페그제(crawling peg): 주요 교역상대국과의 물가상승률 차이 등 양적 지표 변화를 고려해 고정환율을 미세하게 조정.

6. 변동환율제도(floating): 원칙적으로 환율의 신축적 변동을 허용하되 정책당국이 외환시장에 직·간접적으로 개입해 과도한 변동성을 완화하는 제도.

7. 자유변동환율제도(free floating): 변동환율제도 국가 중 외환당국의 개입이 시장 교란요인 제거 등 예외적인 경우에만 이루어짐. 개입이 과거 6개월간 3회(매회 3영업일 이내)로 이루어지고, 개입 정보가 제공됨.

• 자료: 『한국의 외환제도와 외환시장』(한국은행 편집부 지음) 참고

$€£¥

외환시장, 거래도 취소해주는
따뜻한 시장이다

시장가격과 현저히 괴리된 가격에 실수로 거래했다면
서울외환시장에서는 '주문실수 취소'가 가능하다.

거래 좀 물러주세요, 부탁해요!

금융시장은 1초 만에도 수익과 손실이 엇갈리는 곳이다. 피도 눈물
도 없이 철저히 숫자에 따라 움직이는 금융시장에서 한 번 거래한
것은 되돌리기 어렵다. 글로벌 외환시장도 마찬가지다. 그런데 이
런 냉정한 금융시장에서 수백만 달러어치의 거래를 무를 수 있는
방법이 있다. 어떻게 그런 일이 가능한 것일까?

트레이더의 손가락이 발휘하는 힘은 엄청나다. 실수로 잘못 누
른 가격이 체결되면서 한 증권사는 자본금이 날아가고, 문을 닫은
사례도 있다. 그만큼 거래실수의 여파는 크다.

개선 전	현행
• 시장가격과 명확히 괴리된 체결가 또는 호가는 상호 협의하에 수정할 수 있다.	• 거래가 현재 시장가격과 현저히 괴리되어 체결된 경우 시장참가자의 손익에 중대한 영향을 미칠 수 있으나, 시장참가자들은 한 번 실행된 거래가 다른 거래를 연쇄적으로 발생시킬 수 있어 거래의 조정이나 취소가 다른 거래에도 영향을 미치면서 시장에 혼란을 야기할 수 있음을 인식해야 한다. • 거래취소는 현재 시장가격과 명백하게 괴리되어 체결된 경우에만 예외적으로 실행될 수 있다. 시장가격과 명백하게 괴리되어 체결된 거래를 취소하고자 하는 딜러 또는 브로커는 이와 같은 사실을 즉시 거래 상대방에게 고지해야 하며, 거래 상대방이 동의하는 경우에 한해서만 취소할 수 있다. • 시장참가자는 거래를 취소하고자 하거나 최소를 요청 받은 경우 항상 합리적인 태도를 견지해야 한다.

거래실수로 인한 취소가 반복되면서 외환시장에서는 취소사유를 좀더 상세히 규정하기 시작했다. 시장참가자들이 수익내기 어려운 상황일수록 시장가와 조금만 괴리되어도 취소하려는 참가자가 나온다.

서울외환시장의 외환딜러는 200여명 안팎이다. 일부 외국계은행 서울지점이 철수하면서 딜러들의 숫자는 더 줄었다. 상대적으로 규모가 작은 만큼 서로 경쟁하면서도 배려해주는 문화가 형성돼있다. 게다가 모든 거래가 두 곳의 중개회사를 거친다. 긴급 상황이 발생했을 경우 거래상대방을 확인해 도움을 청할 수 있는 구조인 셈이다. 단, 무조건 실수라고 다 봐주진 않는다.

서울외환시장은 '서울외환시장 행동규범'이라는 것을 두고 있다. 외환시장에서 거래하는 참가자들이 지켜야 할 규범이다. 여기에는 '제34조 거래실수 대응'이라는 조항이 있다. 2항을 보면 이렇게 규정되어 있다.

2. 거래취소는 현재 시장가격과 명백하게 괴리되어 체결된 경우에
   만 예외적으로 실행될 수 있다. 시장가격과 명백하게 괴리되어

체결된 거래를 취소하고자 하는 딜러 또는 브로커는 이와 같은 사실을 즉시 거래 상대방에게 고지해야 하며, 거래 상대방이 동의하는 경우에 한해서만 취소할 수 있다.

이렇게 규정해놓은 이유는 1항에 설명되어 있다. 시장의 혼란을 막기 위해서다.

1. 거래가 현재 시장가격과 현저히 괴리되어 체결된 경우 시장참 가자의 손익에 중대한 영향을 미칠 수 있으나, 시장참가자들은 한 번 실행된 거래가 다른 거래를 연쇄적으로 발생시킬 수 있어 거래의 조정이나 취소가 다른 거래에도 영향을 미치면서 시장 에 혼란을 야기할 수 있음을 인식해야 한다.

시장가격과 명백하게 괴리된 경우는 언제일까? 현재 달러-원 환율이 1,110원대인데 1,210원으로 잘못 찍었다면? 너무나 명백하게 100원이나 차이가 난다. 그런데 1,110.50원? 이런 식이라면 명백한 수준이라고 보기에는 애매해진다. 어디까지가 명백한 괴리인지는 정해져 있지 않다. 그래서 종종 서울외환시장에서는 '딜미스(거래실수)'가 발생한다. 가격 차이가 크지 않을 때도 합의하에 취소하는 경우가 있다. 이런 상황이 자주 생기지 않도록 해야 하지만 그래도 정 취소하고 싶다면 브로커를 통해 요청할 수밖에 없다.

실제로 2010년 서울외환시장에서는 개장가 1만 원 사태가 발생했다. 딜미스로 11,128.00원이 찍힌 것이다. 실수로 1이 하나 더 찍혔다. 이런 터무니없는 가격에 거래가 이루어지면서 시장은 소란이 일었다. 딜미스 조항이 없었다면 실수한 딜러는 최악의 아침을 경험했을 것이다.

이렇게 자릿수가 헷갈려 실수로 숫자가 잘못 찍히는 경우는 많다. 2011년에도 환율 자릿수가 1,100원대에서 1,000원대로 내리면서 딜미스가 잇따랐다. 1,100원대가 익숙한 외환딜러들이 자꾸 1을 습관적으로 넣었기 때문이다. 100원이나 괴리된 가격이라 취소되었지만 딜러는 손가락을 원망하며 식은땀을 흘렸을 것이다.

거래취소 조항은 현물환거래에서 종종 활용된다. 약간의 괴리된 가격도 딜미스라고 우기며 취소하려고 해 분쟁이 일기도 한다. 이 과정에서 가장 중요한 것은 '합의'다. 합리적인 가격이 아니라는 판단이 된 경우에는 가급적 원만한 합의가 이루어진다. 행동규범 3항에 규정되어 있다.

3. 시장참가자는 거래를 취소하고자 하거나 취소를 요청 받은 경우 항상 합리적인 태도를 견지해야 한다.

이렇게 보면 현물환시장은 얼마나 훈훈한가! 달러 선물의 경우는 거래취소가 어렵다. 전산거래임에도 중개회사를 통하는 현물환거래와 달리 전산시스템으로 한국거래소를 거쳐 불특정 상대방과 거래되기 때문에 일일이 거래를 취소하기가 힘들다. 상대방을 어렵게 찾아낸다고 하더라도 계약 건수별로 찾아서 취소해야 하기 때문이다. 생면부지의 거래 상대방에게 "취소 좀 해달라."고 통사정한다 해도 좀처럼 이루어지지 않는다.

한 다리만 건너도 아는 사이인 서울외환시장

서울외환시장에서 이처럼 거래취소가 가능한 것은 시장참가자들이 제한되어 있기 때문이기도 하다. 한 다리만 건너도 서로 아는 처지에 모른 척할 수 없는 셈이다. 행동규범에서는 외환거래에 대한 구두합의는 구속력을 지닌다고 할 정도로 엄격하다. 그렇지만 1백여 개 기관들이 참여하는 서울외환시장의 은행 간 시장이라면 서로 알 만한 사람들이다. 특별한 경우가 아니라면 거래취소 요청은 원만히 합의되는 경우가 대부분이다.

외환딜러들은 '외환시장 운영협의회'라는 자율 협의기구를 두고 있다. 약 31개 기관의 부장급 책임자(외국계은행 서울지점은 지점장급), 한국포렉스클럽 회장 등이 참석한다. 그리고 한국은행·기획재정부·외국환중개사·한국거래소·국제금융센터 등도 포함되어 있다. 이들은 외환시장구성원의 진입과 퇴출을 결정하며, 각종 규범적용을 논의한다. 시장관행개선 전문위원회와 시장감시 및 분쟁조정 전문위원회, 외환파생상품 전문위원회, 원-위안 전문위원회, 외환거래 중재 위원회 등 여러 전문위원회를 산하에 둔다. 전문위원회는 필요시 변경되기도 한다.

한국포렉스클럽은 외환시장참가자들의 친목모임이다. 상하반기 해외, 국내 출장을 통한 친목도모는 물론 송년회 등을 개최하며 기관별로 연회비를 받아서 운영한다.

이처럼 서울외환시장은 기관별로 친목을 다지면서 은행 간 거래를 이어간다. 외환시장운영협의회는 주로 베테랑 딜러나 임원급을 중심으로, 포렉스클럽은 주니어 딜러들을 중심으로 친목을 다진다. 이에 외환딜러들은 다른 금융시장에 비해 서울외환시장의 분위기가 훈훈한 편이라고 평가한다.

한국 외환시장의 수준은 어느 정도인가?

글로벌 외환시장에서 한국의 외환시장은 무시할 수준이 아니다.
달러-원 조합의 인기는 세계 11위에 달한다.

이 많은 나라의 외환시장에는 도대체 얼마나 많은 돈이 굴러다니는 걸까? 국제결제은행(BIS; Bank for International Settlements)이 3년마다 집계하는 '세계외환 및 장외파생상품시장 조사'에 따르면 2016년 4월 기준으로 일 평균 세계 외환시장의 거래규모는 5조 1천억 달러다. 5조 달러, 너무 큰돈이라 감이 안 온다. 원화로 치면 5,675조 원 정도다. 그래도 너무 큰돈이라 감이 안 온다.

　물론 이 거래규모는 현물환·선물환·외화자금시장 등도 두루 계산한 금액이다. 외화자금시장은 외환스왑과 통화스왑 등 두 통화의 금리를 빌려주거나 빌려오는 거래가 포함된다. 하지만 우리가 말하는 대부분의 외환시장은 현물환시장을 의미한다. 물론 거래소

장외	장내
현물환(스팟), 선물환	통화선물, FX마진
외화자금시장(외환스왑, 통화스왑)	

를 통한 장내시장인 통화선물과 개인투자자의 FX마진거래 등도
포함된다.

전 세계에서 하루 만에 거래되는 외환규모

전 세계 외환시장에서 거래되는 5조 달러는 지난 2016년 우리나
라 예산의 14배에 달한다. 2016년 우리나라 예산이 386조 원이었
다. 5조 달러로 검색을 해보니 재미있는 내용이 나온다. 미국의 북
한전문가인 피터 벡 스탠퍼드대 아시아태평양센터 연구원이 지난
2010년 추정한 한국 통일비용이 5조 달러라고 한다. 쉽게 말해 하
루에 세계 외환시장에서 움직이는 돈이 우리나라 통일비용과 맞먹
는 셈이다. 물론 통일비용은 어디까지나 추정치지만 그 정도로 막
대한 규모의 외환이 거래된다고 생각하면 될 듯하다.

　이 돈의 대부분은 실물로 외화가 오고가는 일보다 모니터상의
숫자로 움직이는 경우가 많다. 외환딜러들이 수천억 원의 돈을 눈
하나 깜짝 하지 않고 과감하게 거래하는 것도 평소 외환거래가 이
익이나 손실이 엄청난 자릿수의 숫자로 표기되기 때문이다. 실제
숫자로 표기되기 때문에 둔감해진다.

글로벌 외환시장에서 가장 인기리에 거래되는 통화는 당연히 미국 달러다. 미국 달러의 거래 비중이 87%에 달한다. 그 다음이 유로화(31.3%), 일본 엔화(21.6%) 순이다.

국가별로 제일 거래가 많은 나라는 어디일까? 세계지도를 놓고 보면 외환거래가 유독 집중되는 곳이 있다. 가장 활발한 곳은 영국이다. 일 평균 2조 4천억 달러 규모로 37.1%를 차지하고 있다. 가히 런던외환시장이 외환거래의 메카라고 불릴 만하다. 다음은 미국이 1조 3천억 달러, 싱가포르가 5천억 달러, 홍콩과 일본이 각각 4천억 달러씩 거래되는 수준이다. 해마다 주목받은 통화에 따라 외환시장 규모의 순위는 바뀔 수도 있다.

달러-원 조합의 인기는 세계 11위

우리나라 외환시장의 거래규모는 일 평균 478억 1천만 달러라고 국제결제은행은 집계했다. 전체 외환시장의 0.9% 수준이며, 조사 대상국 중에서 순위는 14위다.

달러-원 통화페어(환율조합)의 인기는 어느 정도일까? 달러 기준으로 한 통화페어로는 11위다. 유로-달러·달러-엔·달러-파운드·달러-호주 달러·달러-캐나다 달러·달러-위안·달러-스위스 프랑·달러-멕시코 페소·달러-싱가포르 달러·달러-뉴질랜드 달러에 이어 11위를 기록했다. 이 역시 달라질 수는 있으나 달러-원 조합은 의외로 인기 있는 조합이다.

서울외환시장에서 달러-원 환율 현물환은 하루 동안 대략 80억~

▼ 세계외환시장 주요 통화조합별 거래규모 및 비중 추이

(단위: 십억 달러, %)

	2004	2007	2010	2013	2016
전체 통화조합	1,934(100.0)	3,324(100.0)	3,971(100.0)	5,355(100.0)	5,088(100.0)
USD/EUR	541(28.0)	892(26.8)	1,098(27.7)	1,292(24.1)	1,173(23.0)
USD/JPY	328(17.0)	438(13.2)	567(14.3)	980(18.3)	902(17.7)
USD/GBP	259(13.4)	384(11.6)	360(9.1)	473(8.8)	470(9.2)
USD/AUD	107(5.5)	185(5.6)	248(6.3)	364(6.8)	266(5.2)
USD/CAD	77(4.0)	126(3.8)	182(4.6)	200(3.7)	218(4.3)
USD/CNY	−(−)	−(−)	31(0.8)	113(2.1)	192(3.8)
USD/CHF	83(4.3)	151(4.5)	166(4.2)	184(3.4)	180(3.5)
USD/MXN	−(−)	−(−)	−(−)	128(2.4)	105(2.1)
USD/SGD	−(−)	−(−)	−(−)	65(1.2)	81(1.6)
USD/NZD	−(−)	−(−)	−(−)	82(1.5)	78(1.5)
USD/KRW	**−(−)**	**−(−)**	**58(1.5)**	**60(1.1)**	**78(1.5)**
USD/HKD	−(−)	−(−)	85(2.1)	69(1.3)	77(1.5)
USD/SEK	−(−)	57(1.7)	45(1.1)	55(1.0)	66(1.3)
USD/TRY	−(−)	−(−)	−(−)	63(1.2)	63(1.2)
USD/INR	−(−)	−(−)	36(0.9)	50(0.9)	56(1.1)
USD/RUB	−(−)	−(−)	−(−)	79(1.5)	53(1.0)
USD/NOK	−(−)	−(−)	−(−)	49(0.9)	48(0.9)
USD/BRL	−(−)	−(−)	25(0.6)	48(0.9)	45(0.9)
USD/ZAR	−(−)	−(−)	24(0.6)	51(1.0)	41(0.8)
USD/TWD	−(−)	−(−)	−(−)	22(0.4)	31(0.6)
USD/PLN	−(−)	−(−)	−(−)	22(0.4)	19(0.4)
USD/other	307(15.9)	612(18.4)	445(11.2)	213(4.0)	213(4.2)

• 주: 4월 중 일 평균 기준
• 자료: 국제결제은행

국제결제은행은 3년에 한 번씩 세계 외환시장의 규모를 총집계한다. 표에서 USD/KRW 조합을 보면 우리나라 달러−원 환율은 11위에 위치해 있음을 알 수 있다.

90억 달러 정도 거래된다. 외환거래는 전산으로 이루어지더라도 중개사를 거친다. 우리나라에는 서울외국환중개와 한국자금중개,

▼ 세계 외환시장의 국가별 거래규모 및 비중 추이[1]

(단위: 십억 달러, %)

순위[2]	국가	2004	2007	2010	2013	2016
1	영국	835(32.0)	1,483(34.6)	1,854(36.8)	2,726(40.8)	2,426(37.1)
2	미국	499(19.1)	745(17.4)	904(17.9)	1,263(18.9)	1,272(19.4)
3	싱가포르	134(5.1)	242(5.6)	266(5.3)	383(5.7)	517(7.9)
4	홍콩	106(4.1)	181(4.2)	238(4.7)	275(4.1)	437(6.7)
5	일본	207(8.0)	250(5.8)	312(6.2)	374(5.6)	399(6.1)
6	프랑스	67(2.6)	127(3.0)	152(3.0)	190(2.8)	181(2.8)
7	스위스	85(3.3)	254(5.9)	249(4.9)	216(3.2)	156(2.4)
8	호주	107(4.1)	176(4.1)	192(3.8)	182(2.7)	135(2.1)
9	독일	120(4.6)	101(2.4)	109(2.2)	111(1.7)	116(1.8)
10	덴마크	42(1.6)	88(2.1)	120(2.4)	117(1.8)	101(1.5)
11	캐나다	59(2.3)	64(1.5)	62(1.2)	65(1.0)	86(1.3)
12	네덜란드	52(2.0)	25(0.6)	18(0.4)	112(1.7)	85(1.3)
13	중국	1(0.0)	9(0.2)	20(0.4)	44(0.7)	73(1.1)
14	**한국**	**21(0.8)**	**35(0.8)**	**44(0.9)**	**48(0.7)**	**48(0.7)**
15	러시아	30(1.1)	50(1.2)	42(0.8)	61(0.9)	45(0.7)
	기타	243(9.3)	451(10.5)	461(9.1)	517(7.7)	469(7.2)
합계		2,608(100)	4,281(100)	5,043(100)	6,684(100)	6,546(100)

- 주: 1) 국내 조사 대상 금융기관 간 중복거래(double-counting) 제외
  2) 2016년 4월 중 일 평균 거래비중 기준
  3) 전체 거래 대비 비중(%)
- 자료: 국제결제은행

이렇게 두 곳이 있다. 두 회사는 서울외환시장의 현물환거래를 나누어서 맡고 있다. 달러-원 현물환거래량은 서울외국환중개가 한때 90%에 달할 정도로 많다. 스왑 등 파생상품 쪽에서는 한국자금중개의 거래가 더 활발하다.

외환시장에서 전해지는 "당국에 맞서지 말라"는 격언

게임을 하는데 모든 사람의 패를 다 들여다보는 존재가 있다면,
그를 이기기란 쉽지 않다. 외환당국이 바로 그런 존재다.

외환시장에는 "당국에 맞서지 말라."는 말이 있다. 외환당국이 마음
먹고 달러를 사고팔면 이기기 어렵다는 이야기다.

환율이 호떡집 호떡 뒤집듯 뒤집히면 나라 경제가 불안해진다.
투자심리가 불안해지고, 자금흐름도 불규칙해진다. 또한 수출입이
환 리스크에 노출된다. 환율이 불안하니 외국인들도 원화자산투자
를 꺼리게 된다.

그래서 환율 급변동을 조절하기 위해 외환당국이 나선다. 외환
당국은 '구두개입' '당국개입' '스무딩오퍼레이션(미세조정)' 등 다
양한 방식으로 달러를 사고팔아 환율을 조정한다.

외환당국자의 말, 말, 말

구두개입은 말로 하는 개입이다. 외환당국자, 즉 한국은행과 기획재정부의 외환시장 담당자가 공식 코멘트를 내놓는 것이다. 그들은 무슨 말을 할까?

당국자들은 주로 "환율변동성이 과도하다. 쏠림현상에 대응할 것이다."라는 내용이 포함된 말을 한다. 구두개입은 실개입이 뒤따를 것이라는 공식 경고와도 같다. 과도한 환율변동성과 한쪽으로 쏠리는 경우 직접 외환시장에 나설 것이라고 알리는 셈이다. 공식 구두개입은 몇 군데의 언론사를 통해 외환시장에 동시에 배포된다. 그리고 담당자들이 한꺼번에 통화나 문자를 해 시간차가 없이 전달되도록 한다. 과거에는 전화와 팩스 등으로 구두개입을 전했다고 한다.

외환당국이 공식 구두개입을 내놓는 것은 흔치 않다. 기획재정부와 한국은행이 공동 구두개입을 낼 때는 그만큼 외환당국이 시장상황을 엄중히 보고 있다는 의미다. 지난 2013년 1월 14일, 달러-원 환율이 금융위기 이후 최저 수준인 1,050원선까지 하락했을 때 두 외환당국 수장은 공동 구두개입에 나섰다. 일본 아베 신조(安倍晉三) 일본 총리의 경제·통화정책인 '아베노믹스'가 엔화약세를 이끌었기 때문이다. 아베 총리는 "윤전기를 돌려서라도 돈을 찍어내겠다."는 발언까지 내놓으면서 엔화약세를 유도했다. 여기에 일본이 엔화강세를 저지하기 위해 계속 구두개입을 하면서 달러-원 환율하락폭은 더욱 커졌다. 이에 외환당국이 공동 구두개입에 나선 것이다. 외환당국이 공식 구두개입에 나서면 대부분 실개입이 뒤따른다. 말만 하고 개입효과가 없으면 향후 구두개입은 효과가 떨어지게 된다. 그렇기 때문에 달러를 사고팔아 구두개입 방향을 지킬 수 있도록 노력한다.

파워풀한 실개입과 스무딩오퍼레이션

외환당국이 늘 공식 구두개입에만 나서면 효과가 줄어들 수밖에 없다. 말발만 내세우면 약발이 떨어진다. 그래서 당국자는 과도한 시장변동성이 우려될 때 구두개입의 성격이 짙은 발언을 내놓을 때도 있다. 구두개입이 실개입을 이끌다 보니 이같은 비공식 구두개입성 발언도 약간의 시장조절효과를 낸다.

외환당국의 실개입은 공식 개입과 스무딩오퍼레이션 등으로 등장한다. 대규모 달러를 매도·매입함으로써 시장을 크게 움직일 때는 개입이 뚜렷하게 나타난다. 특히 공식 구두개입에 뒤따른 실개입은 막강하다. 외환당국이 대규모 개입에 나설 때는 10억~20억 달러에 달하는 금액을 사고팔기도 한다. 이로 인해 외환시장을 비롯한 금융시장에서는 "당국에 맞서지 말라."는 격언이 나돈다.

하지만 외환당국도 매번 이렇게 큰 금액을 사고팔아 시장에 개입할 수는 없다. 사실 외환당국이 시장흐름을 완전히 좌우할 것 같지만 사실상 시장의 큰 흐름을 이기기는 쉽지 않다. 노련한 외환당국자들도 시장 앞에서 겸손해야 한다고 말하는 이유다. 자율변동환율제도하에서 시장의 수급은 언제든 쏠릴 수 있고, 심리 역시 불안해질 수 있다. 시장의 큰 흐름이 형성되기도 한다. 무조건 글로벌 외환시장흐름에 역행하는 것은 한계가 있다.

때때로 외환당국은 스무딩오퍼레이션, 즉 '미세조정'을 하기도 한다. 티 안 나게 살짝살짝 달러를 사고팔아 시장에 신호를 주는 것이다. 앞서 언급했듯 '스무드 오퍼레이터'라는 팝송에 나오는 바람둥이 남자처럼 환율이라는 까다로운 여자를 살살 달래는 작업이다. 스무딩오퍼레이션은 자주 행해져도 크게 눈에 띄지 않는 편이다.

막강한 자금력을 가진 외환당국

외환당국의 개입은 항상 환율방향과 반대일 수밖에 없다. 달러-원 환율이 급등할 때는 과도한 원화약세를 막기 위해 달러를 매도한다. 달러 매물을 외환시장에서 적절히 공급해 상승폭을 조절한다. 대규모로 달러매도에 나서 방향을 아예 돌려놓기도 한다. 하지만 시장참가자들은 외환당국이 대규모 개입에 나서면 어느 정도 당국이 원하는 방향을 받아들이고 거래를 바꾼다. 그래서 외환시장참가자들은 "시장의 위너는 당국"이라고 종종 말한다. 외환당국은 그날그날의 시장이 어떤 흐름으로 움직이고 있는지를 면밀히 모니터링하고, 과도한 흐름이 나타나지 않도록 살핀다.

외환당국이 달러-원 환율에서 개입에 나서면 달러를 사는 만큼 상대적으로 원화는 팔린다. 시중에 공급되는 것이다. 통화량이 늘어나고, 인플레이션 등에 영향을 줄 수 있다. 그래서 외환당국은 보통 달러를 사고 판 만큼 통화안정채권을 조절한다. 통화안정채권은 한국은행이 시중통화량 조절을 위해 금융기관을 상대로 발행하고 사고파는 채권이다. 통화량을 줄이려면 통화안정채권을 더 발행해서 원화를 거두어들인다. 반대의 경우는 통화안정채권의 발행을 줄이고, 돈을 푼다. 외환시장개입에도 통화량에 영향을 주지 않도록 하는 것을 '불태화개입'이라고 한다. 통화량을 그냥 내버려두면 '태화개입'이라고 한다.

외환당국이 시장에서 승리할 가능성이 큰 이유는 간단하다. 중앙은행보다 자금력이 풍부한 투자자는 거의 없기 때문이다. 특히 달러매도개입은 보유하고 있는 외환보유액을 헐어서 매도하기 때문에 한계가 있지만, 달러매수개입은 원화를 찍을 수 있는 한국은행의 발권력을 감안하면 개입여력에 제한이 없다. 물론 그렇게까지 끝장으로 치닫지는 않는다. 그만큼 외환당국의 자금력이 막강하다는 의미다.

중앙은행을 이긴 마켓플레이어들

외환시장에서 역사적으로 중앙은행을 이긴 사례가 아예 없는 것은 아니다. '전 세계 헤지펀드의 대부'라고 불리우는 조지 소로스는 영국중앙은행인 영란은행을 상대로 파운드화 공매도에 나선 인물이다. 지난 1990년, 유로존 단일통화권 구축을 위해 잠시 ERM(European Exchange Rate Mechanism, 유럽환율조정매커니즘)을 영국 중심으로 운영한 적이 있다. 같은 해 독일이 통일되면서 막대한 화폐가 발행되었고, 유동성 확대는 인플레이션으로 이어졌다. 인플레이션 방지를 위해 독일 분데스방크(독일중앙은행)는 금리인상에 나섰고 이에 마르크화가 치솟기 시작했다.

이때 영란은행은 파운드화의 과도한 약세를 막으려 열심히 파운드화를 매수하기 시작했고, 조지 소로스를 비롯한 헤지펀드 매니저들은 파운드화 매도에 나섰다. 소로스가 파운드화를 매도해 환율이 급락하면 영란은행은 부지런히 사서 올리는 식이다. 헤지펀드와 영국중앙은행 간의 한판 대결이었다.

누가 이겼는지는 이 이야기를 꺼낸 걸 보면 딱 알 것이다. 영란은행은 파산 직전으로 내몰렸고, 결국 유로화 전환을 하지 못했다. 당시 소로스의 헤지펀드의 승리비결은 공매도 방식이었다. 현재는 돈이 없어도 일단 팔아놓고, 나중에 사서 갚는 식이다. 그랬기 때문에 막대한 자금 없이도 파운드화 베팅이 가능했다. 조지 소로스는 이 사건으로 중앙은행을 굴복시킨 인물로 이름을 날렸다.

그러나 조지 소로스의 이런 도전이 늘 성공한 것은 아니었다. 그는 일본은행, 중국 인민은행에 도전했지만 2번 모두 성공하지는 못했다. 물론 어렵게 환율을 막아낸 두 나라 외환당국도 헤지펀드가 빠져나간 이후에는 환율 반작용을 감내해야 했다.

소로스와 일본은행의 대결은 지난 2003년 이라크전쟁에서 비롯되었다. 당시 안전자산인 엔화가치가 오르자 헤지펀드들이 대규모로 엔화강세에 베팅했다. 일본은행의 외환시장개입은 외환시장에서도 매섭기로 유명하다. 당시 일본 재무부와 일본은행은 10분 단위로 10억 엔씩 엔을 팔면서 환율을 방어했다. 이른바 '일은포(일본은행 대포)사건'이라고 불리는 대규모 외환시장개입이었다. 일본정부의 외환시장개입은 일회성에 그치지 않았다. 일본은 2003년 1월부터 2004년 3월까지 15개월에 걸쳐 엔화를 매도했다. 일본은행이 대포를 쏘듯 엔화를 쏘아낸 것이다. 달러-엔 환율은 118엔대에서 121엔대로 급등했지만 투기자본이 멈추고 나서 달러-엔 환율은 다시 104엔대까지 급락했다.

지난 2015년 8월에는 중국이 위안화를 깜짝 절하하면서 소로스는 중국으로 시선을 돌렸다. 그리고 위안화약세에 베팅한다고 공개적으로 언급했다. 하지만 중국은 이후 위안화절상으로 전환했다. 중국은 자본통제가 가능한 나라이고, 환율도 정부가 고시한다. 무엇보다 중국의 외환보유액은 3조 달러가 넘어 전 세계 1위 규모다. 당시 소로스는 위안화 환율이 6.6위안을 넘으면 수익이 나는 통화옵션 투자를 한 것으로 알려졌는데 6.5위안대에서 이 선을 넘을 듯 못 넘으면서 손실을 본 것으로 추정되었다. 하지만 투기자본의 위안화약세 베팅이 그치자 중국정부는 위안화약세 정책으로 돌아섰고 2016년 하반기에는 위안화 환율이 7위안대에 육박하게 되었다. 소로스의 위안화약세 베팅이 1년 넘게 이어졌다면 분명 엄청난 수익을 보았을 것이다. 하지만 중국 대 소로스의 대결은 중국정부가 승리한 것으로 알려졌다. 중국정부를 자극하지 않고 소로스가 조용히 투자했다면 큰돈을 벌었을 베팅이었다.

하지만 이 방식도 우리나라는 쉽지 않다. 외환보유액으로 쌓여 있는 달러를 환율이 오른다고 함부로 내다 팔기는 어렵다. 우리나라에서 외환보유액은 일종의 트라우마다. 외환위기 때 외환보유액이 바닥나는 사태를 경험했기 때문이다. 1997년 11월 우리나라 외환보유액은 39억 달러까지 떨어졌었다. 최근 서울외환시장에서 하루 평균거래량이 80억 달러가 넘는 점을 고려하면 절반도 안 되는 수준이었던 것이다.

환율조정을 넘어선 거시건전성 정책

이처럼 당국이 언제까지 환율을 방어할 수는 없다. 그래서 우리 정부는 2008년 금융위기 이후 '자본유출입 3종 세트'라는 것을 만들었다. '선물환포지션' '외환채권과세' '외환건전성부담금(은행세) 부과' 등을 담은 조치다. 이를 시장에서는 '거시건전성 3종 세트'라고도 부른다.

이는 외국인투자자금이 단기적으로 마구 들고나는 것을 미리 관리해보자는 차원에서 만든 조치다. 해외 차입도 단기 차입을 줄이고 장기 차입으로 전환해서 급할 때 바로 안 갚아도 되는 상황을 만들고자 했다.

먼저 선물환포지션 제도는 은행이 거래할 수 있는 종합포지션(현물환+선물환)을 정해놓고 자기자본 대비 30% 이내로 유지하도록 한 것이다. 그러면 과도하게 선물환포지션을 받는 일이 없어 투기적인 선물환거래를 막을 수 있다. 선물환은 환율변동성이 커질 때 미리 미래의 환율을 정해진 환율로 매매하는 거래를 말한다. 나중에 달러를 받을 게 있는데 환율이 내릴 것 같으면 미리 정해진 레벨로 팔아놓는다. 그러면 나중에 환율이 내리더라도 약속한 레벨로 거래할 수 있다. 은행은 선물환거래를 하고나면 그걸 바로 현물환 거래를 해서 포지션의 균형을 맞춘다. 이때 은행은 현물환거래를 위해 단기로 외화를 빌리게 된다. 선물환포지션을 규제하면 이런 과정을 제한함으로써 과도한 선물환매수·매도로 인한 환율 급등락을 막고, 단기 차입도 줄일 수 있다.

외국인 채권과세는 외국인이 우리나라 채권에 투자하는 데 세금을 매기는 것이다. 원래는 지난 2009년부터 외국인투자자에 대해서는 우리나라 채권에 많이 투자하라고 세금을 면제해주었다. 그랬더니 채권자금이 너무 많이 들어와서 달러-원 환율이 급락했고, 채권금리도 급락했다. 이렇게 들어온 채권자금은 위기 상황이 생기면 또 한꺼번에 빠져나갈 수 있어 불안요인이 될 수 있다. 그래서 다시 세금을 매김으로써 과도한 유동성 유입을 제한한 것이다. 다시 세금을 매긴다고 해서 '외국인 채권투자 과세환원'이라고 부르기도 한다.

정부는 외환건전성부담금이라는 것도 은행에 부과했다. 은행이 단기로 자금을 조달하기 위해 외화부채를 두는데 이게 많아지면 은행들의 건전성이 나빠진다. 그래서 외화부채에서 외화예수금을 뺀 나머지 금액(비예금성 외화부채)에 대해 부담금을 내게 한다. 은행들은 외화예금을 많이 받으면 부담금을 줄일 수도 있다. 이 역시 목표는 과도한 외화차입을 줄이려는 데 있다.

어느 나라든 환율을 조정하려는 노력을 한다. 전 세계 국가에서 통용되는 달러의 나라인 미국도 환율 걱정에서 자유로울 수 없다. 대부분의 나라는 무역을 할 때는 자국통화가 약세이길 바란다. 수출할 때 가격경쟁력도 좋아지고, 수익도 많아지기 때문이다.

‘원-위안’ 직거래 시장에 대해 공부해보자

우리나라는 일찌감치 원-위안 직거래 시장을 추진했다.
위안화를 달러로 바꾸지 않고도 바로 바꿀 수 있다.

서울외환시장은 주로 달러-원 환율을 거래한다. 그런데 직거래하는 통화가 하나 더 생겼다. ‘원-위안 시장’이다. 국제기준으로 보면 ‘위안-원 환율’이라고 부르는 편이 낫다. 하지만 편의를 위해 서울외환시장에서 부르는 대로 ‘원-위안’이라고 부르기로 한다.

위안화와 원화의 국제화 첫걸음

원-위안 직거래 시장은 아직 태어난지 2년 6개월 밖에 안 된 신생 시장이다. 원-위안 직거래가 한국에서 이루어진 것은 지난 2014년

12월 1일부터이며, 서울과 베이징 두 곳에서 거래한다. 당초에는 상하이를 거점으로 추진되었지만 국내은행들의 중국 법인이 베이징에 몰려 있어 외환딜러들이 베이징에서 주로 거래하게 되었다.

아직은 서울외환시장에서 달러-원 환율처럼 적극적으로 거래가 이루어지지는 않고 있다. 하루 평균거래량이 14억~15억 달러 정도다. 이처럼 거래량이 많지 않은 시장은 그대로 두면 고사하고 만다. 이런 초창기 외환직거래 시장은 투기적 거래도 중요하다. 투기적 거래가 있어야 안정적으로 가격이 움직일 수 있다.

정부는 이미 지난 1996년 원-엔 직거래 시장을 열었다가 4개월 만에 문을 닫은 적이 있다. 시장이 죽은 이유는 유동성 부족 때문이었다. 이는 당연한 일이다. 시장참가자가 적은 시장은 돈이 돌지 않고, 추후에 누군가 거래를 하려고 해도 시장 시스템이 제대로 작동하기 어렵다. 그러면 시장을 찾는 사람이 줄어들고, 점차 고사의 길로 접어드는 것이다.

원-위안 시장은 시장조성자를 통해 운영되고 있다. 시장조성자(마켓메이커)는 12개 은행 정도가 포함되어 있다. 이 은행들이 하는 역할은 위안화 또는 원화를 사고파는 일을 계속함으로써 시장을 유지시키는 것이다. 그래야 다른 시장참가자들이 원-위안 직거래 시장에서 거래를 할 수 있기 때문이다. 하지만 이 역할도 쉽지 않다. 외환시장에서 통화를 사고팔 때는 브로커 수수료가 든다. 초기에는 하루에 수천만 원의 수수료를 내는 곳도 있었다. 은행 입장에서는 정부 시책에 대한 협조와 중국 시장에 대한 비전을 갖고 투자하는 셈이지만 비용이 만만치 않다. 그래서 정부는 시장조성 은행에 외환건전성부담금도 일부 감면해주고, 수수료도 깎아준다.

국제결제통화가 아닌 원화와 위안화

원-위안 직거래 시장이 열렸음에도 불구하고 아직까지 위안화거래는 쉽지 않다. 위안화는 국제결제통화로 발돋움하고 있지만 아직 달러처럼 자유롭게 유통되는 통화는 아니기 때문이다. 직거래를 하려면 외환시장 결제를 해줄 은행이 필요하다. 이에 위안화를 공급하고 바꿔주는 역할을 하는 '청산결제은행'을 둔다.

한국에서는 중국 교통은행이, 중국 베이징에서는 우리은행·KEB하나은행이 청산결제은행으로 선정되었다. 이들 은행은 직거래 시장에서 자유롭게 위안화를 사고팔 수 있도록 위안화유동성을 공급하고 결제해주는 역할을 한다. 초반에 은행권에서는 원-위안 청산결제은행이 되기 위한 물밑 경쟁이 치열했다. 지금은 재미를 보지 못하더라도 미래에 외환시장이 더 커진 후에는 분명히 수익이 날 것이라는 계산 때문이었다. 다소 비쌌던 원-위안 수수료까지 물어가며 은행들이 적극적으로 시장에 뛰어든 것은 미래를 위한 투자였다고 할 수 있다.

원-위안 환율표기는 CNH/KRW로 하며, 호가 단위는 0.01원이다. 최소 거래단위는 100만 위안(약 1억 6천만~1억 8천만 원)정도였다.

이 시장은 어디까지나 한국과 중국정부가 서로의 정책적 필요로 만든 것이다. 중국은 위안화의 위상을 강화하고, 외환보유액의 부담을 덜기 위해 위안화 국제화를 추진하고 있다. 한국정부도 오랫동안 원화의 국제화를 과제로 삼아왔다. 양국의 이해관계가 맞아떨어지면서 원-위안 직거래 시장이라는 접점이 생긴 것이다.

▼ 원-위안 일 평균 거래비중

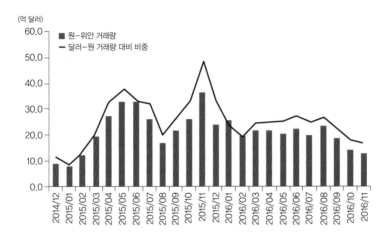

원-위안 직거래 시장은 2014년 12월 개설 이후 2년간 일 평균 20억 달러 안팎에 거래된 것으로 집계되었다. 아직은 실물량이 많지 않아 시장조성자를 두고 거래하고 있다.

그렇다면 원-위안 직거래는 무엇인지 좀더 알아보자. 보통 기타 통화와의 거래는 '재정환율'이라는 것으로 거래된다. 재정환율은 기준이 되는 특정국의 환율을 2차적으로 계산한 환율이다. 예를 들어 서울외환시장에서 엔화를 거래하려면 어떻게 해야 할까? 달러-원 환율과 달러-엔 환율을 거래함으로써 두 통화의 재정환율이 형성된다. 달러-원/달러-엔으로 엔-원 재정환율이 계산된다. 달러-원 환율이 1,150.00원이고, 달러-엔 환율이 115엔이면 둘을 나누어서 100엔당 1,000원의 환율이 된다. 엔-원 재정환율로 봤을 때 엔화를 매수하고 싶다면 원화는 매도하는 쪽이 된다. 달러-엔 환율에서는 달러 매도, 엔화 매수를, 달러-원 환율에서는 달러 매수, 원화 매도를 하는 셈이다. 이렇게 되면 엔-원 매수포지션이 생긴다.

원-위안 환율도 마찬가지다. 직거래 시장이 없다면 달러-위안 환율과 달러-원 환율을 동시에 거래해야 한다. 종전대로 두 환율을 거래할 수 있지만 그런 과정이 번거로운 기업들은 대부분 달러를 선호한다.

원-위안 직거래로 거래하면 그 즉시 환전이 가능하다. 다만 국내시장에서 원-위안 환율은 아직 초창기인 만큼 가격은 달러-위안, 달러-원 환율에 연동되어서 움직인다.

정부가 이 시장을 적극적으로 유지하는 데는 이유가 있다. 기업들이 위안화 결제를 좀더 저렴한 비용으로 쉽게 하려는 목적이 크기 때문이다. 그리고 과도한 달러의존도를 낮춤으로써 금융위기가 발생해도 기업들이 달러가 부족해 발을 동동 구르는 사태가 발생하지 않도록 미연에 방지하는 효과도 있다. 물론 아직은 시장조성 은행들만 열심히 거래하고 있다. 기업들이 직거래에 활발하게 참여하기 위해서는 더 많은 홍보가 필요한 실정이다.

외환시장은
언제 마감하고 휴장하나?

나라마다 외환시장의 개장·마감시간은 모두 다르다.
우리가 잠든 시간에도 해외 외환시장은 돌아가고 있다.

글로벌 외환시장은 24시간 연결되어서 돌아간다. 쉬지 않고 돌아
간다고 해도 과언이 아니다.

한국시간을 기준으로 호주·뉴질랜드에서 시작해 아시아를 거
쳐 오후 4시에 유럽시장, 그리고 밤 10시 이후 뉴욕시장, 다시 새
벽 6시에 호주시장 등이 번갈아가면서 배턴터치를 한다. 주요 시
장이 겹치고 맞물리며 돌아가기 때문에 전 세계 외환시장이 모두
닫히는 경우는 없다.

때때로 겹치는 시간대의 외환시장은 서로 연동된 환율흐름을 보
일 때도 있다. 어떤 때는 서울외환시장에서 반영되지 않은 이슈가
유럽외환시장으로 넘어가서 뒤늦게 반영되는 경우도 있다. 세계 각

국의 외환시장에서 달러·유로·엔화 등 주요 선진국 통화는 24시간 거래되기도 하지만 우리나라 원화의 경우는 그렇게 자유롭게 거래되지는 않는다. 앞서 언급했듯 원화는 서울외환시장에서는 현물환거래로, 역외외환시장에서는 NDF의 형태로 거래된다.

마감시간을 늘려주세요

서울외환시장의 거래시간은 오전 9시부터 오후 3시 30분까지다. 원래 3시까지였는데 2016년 8월부터 30분을 늘렸다. 외환시장의 마감시간은 수차례 바뀌어왔다. 지난 2004년부터 2005년까지 오후 4시로 변경된 후 2005년부터는 오후 3시로 쭉 이어져왔다. 하지만 최근에 다시 30분을 늘렸다.

거래시간을 30분 늘린 이유는 국내 주식시장 마감시간이 오후 3시 30분까지로 연장되었기 때문이다. 주식시장이 거래시간을 늘렸다고 외환시장도 거래를 늘려야 하는가? 그렇다. 늘려야 한다.

시장에서 어떤 거래가 이루어지려면 돈이 돌아야 한다. 환전은 막아놓고 주식만 사고팔라고 할 수는 없다. 주식시장에서 활발히 거래하는 외국인 입장에서는 환전이 묶여 있으면 마지막 30분간 돈을 못 넣고 못 빼는 리스크가 커지기 때문에 거래를 꺼리게 된다. 즉 외국인투자자들이 주식을 30분 연장해서 거래하려면 환전도 30분 연장해줄 필요가 생긴 것이다.

여기에는 사연이 있다. 우리나라 정부는 옛날부터 MSCI(Morgan Stanley Capital International, 모건스탠리캐피탈인터내셔널) 선진국지

수 편입을 추진해왔다. 그런데 MSCI 측에서 매번 한국은 외환거래의 접근성이 좋지 않다는 둥, 외국인 통합결제계좌가 잘 안되어 있다는 둥, 한국 주식시세 활용권을 달라는 둥 이런저런 이유를 대며 편입을 미루어왔다. 그래서 정부가 외국인의 증시거래가 원활하게 이루어지도록 외국인 등록제도도 바꾸고, 거래시간도 연장한 것이다.

또한 선진국지수에 끼려면 외환시장거래, 즉 환전이 쉽게 되어야 한다는 조건도 필요했다. 정부는 이런 MSCI의 조건을 맞추려고 외환거래시간을 늘렸다. 사실 거래량을 늘리겠다는 포석도 있었지만 30분 차이로 거래량이 크게 늘지는 않았다.

이렇게 해서 우리나라 외환시장은 오전 9시부터 오후 3시 30분까지 한다. 홍콩·싱가폴·도쿄외환시장도 우리와 비슷한 오전 9시부터 오후 4시 까지가 가장 활발하다. 중국은 한국시간을 기준으로 하면 오전 10시 30분(북경시간 오전 9시 30분)부터 한시적으로 새벽 12시 30분(북경시간 오후 11시 30분)까지 연장해서 열린다.

다음 차례로 배턴은 유럽시장으로 넘어간다. 영국·독일·프랑스·스위스·스페인 등 유럽은 한국시간으로 오후 4시(런던은 오후 5시) 이후면 대부분 개장해 다음날 오전 1시 30분까지 쭉 열린다. 그사이에 오후 10시쯤 뉴욕시장이 개장한다. 뉴욕외환시장은 한국시간으로 오전 6시에 끝난다. 오전 6시부터 오전 8시 정도면 샌프란시스코나 웰링턴시장이 열리고, 이후 아시아시장이 줄줄이 열린다. 시드니·도쿄·홍콩·싱가포르·바레인 등이 오전 8시부터 오후 6시 무렵까지 열린다. 그사이 오전 9시가 되면 서울외환시장도 열린다.

하루중 이들 시장의 거래가 한꺼번에 겹치는 시간대는 거래가 특히 활발하다. 딜러들은 거래가 가장 활발한 시간을 '런던 4pm 픽싱'이라고 부른다. 영국 런던시간으로 오후 4시쯤 런던외환시장이 마무리되고, 미국시장이 열리는 시간은 거래가 가장 집중된다. 한국시간으로 치면 오후 10시 이후부터 오전 1시 30분 정도까지다.

최근 서울외환시장의 외환딜러들은 이 시간에 거래를 많이 하지는 않는다. 글로벌 규제가 생기면서 미국계은행들의 자본금 규정이 엄격해져 밤사이에 파생상품거래를 하기가 쉽지 않기 때문이다. 밤 시간대에 거래를 하려면 미국계은행들을 거쳐야 한다. 그런데 규제 때문에 적극적으로 하기가 어렵다. 그래서 옛날처럼 밤잠 못 이루고 거래하는 딜러는 이제 많지 않다고 한다.

각국 외환시장의 휴장

24시간 돌아가는 시장이라고 해도 나라별로 돌아가며 쉬기도 한다. 외환시장은 명절이나 국경일 등에는 휴장한다. 서울외환시장은 설·추석·국경일·크리스마스·선거일 등 임시공휴일, 연말 마지막 거래일 등에는 장을 쉰다. 개장시간이 늦추어지는 경우도 있다.

우리나라는 특이하게도 '수능시험일'에 외환시장의 개장시간을 오전 10시로 늦춘다. 이날은 수험생들과 학부모들에게는 운명의 날이나 다름없다. 학생들이 시험장에 원활히 갈 수 있도록 배려하는 의미에서다. 새해 첫 거래일 역시 개장시간은 오전 10시로 늦춘다. 1월 1일은 휴장한다.

외환시장의 휴장은 꽤 의미 있다. 거래가 이루어지지 않기 때문에 휴장을 전후해 변동성이 커지거나 휴장에 임박해 거래가 한산해지기도 한다.

미국 뉴욕외환시장은 콜럼버스 데이, 베테랑스 데이(퇴직군인의날), 크리스마스, 부활절 등에 휴장 또는 조기 폐장한다. 부활절이나 크리스마스 등은 미국과 영국·프랑스·독일·스페인 등과 아시아 일부 국가인 홍콩·싱가포르·필리핀 등이 대거 휴장한다.

중국 외환시장의 휴장일 중 시장에서 가장 주목받는 날은 '춘절'이다. 우리나라 설 연휴 같은 날이다. 무려 일주일 넘게 쉰다. 그 기간 동안 중국 외환시장이 움직이지 않으면서 춘절을 전후해 변동성이 커진다.

일본 도쿄외환시장의 휴장일 중 눈에 띄는 것은 '골든위크'다. 통상 4월 29일부터 5월 초에 걸쳐 약 1주일을 쉰다. 이 기간은 여행하기에도 좋지만 금융시장도 휴장이다. 쇼와의 날, 헌법 기념일(5월 3일), 숲의 날(5월 4일), 어린이날(5월 5일) 등이 이어진다. 그 밖에도 체육의 날(10월 두 번째 월요일), 산의 날(8월 11일) 등 여러 휴장일이 있다.

다만 우리나라 외환시장과 달리 중국과 일본은 크리스마스에는 휴장을 하지 않는다.

이슬람국가의 휴장일도 눈에 띌 때가 있다. 이슬람교의 유명한 금식축제인 라마단이 끝나는 날을 축하하는 '하리 라야 푸아사(Hari Raya Puasa)' '이드 알 피트르(Eid Al-Fitr)', 성지순례가 끝나는 날인 '하리 라야 하지(Hari Raya Haji)' 축제 등이 대표적이다. 이 휴장을 챙기는 이유는 이슬람국가의 외환시장이 특별히 의미가 있어

서라기보다 아시아에서 외환거래가 많이 이루어지는 싱가포르시
장이 휴장하기 때문이다.

외환 딜러들의 긴장감은 이루 말할 수 없다

계산이 확실하고, 빈틈없을 것 같은 외환딜러들.
하지만 거래 긴장감 해소 차원에서 의외로 미신을 좋아한다.

"어느 대형은행 트레이딩 헤드의 책상 밑에는 1달러짜리 한 장이 붙어 있다."

설마! 돈도 많이 벌 것 같은 외환딜러가 1달러를 슬쩍 빼두지는 않았을 것이고, 초 단위로 수백만 달러가 오가는 시장에서 겨우 1달러라니, 그 소소한 스케일에 웃음도 날 것이다. 왠지 빳빳한 새 돈일 것 같은 느낌도 든다.

이 돈의 용도는 무엇일까? 매사에 합리적이고, 계산이 확실할 것 같은 외환시장에도 빈틈은 있다. 그것은 바로 '미신'이다. 큰돈을 다루는 사람의 심리가 그런 걸까? 왠지 마음의 짐을 징크스나 미신에 의존해 덜고 싶어지는 모양이다.

딜링룸 입구에 큰 어항을 설치한 이유

예전에 SC제일은행 딜링룸에 인터뷰를 하러 간 적이 있다. 고불고불 구중궁궐같이 입구로 가는 길이 복잡해서 안내해준 내부 직원이 자기도 처음 간다고 했던 기억이 난다. 딜링룸 문 앞에 도착했을 때 제일 먼저 눈에 띈 것은 커다란 어항이었다. 아니, 수조라고 하는 편이 좋겠다. 형형색색의 멋진 물고기들이 수조 안에서 헤엄치고 있었다. 그리고 금으로 된 코끼리 조각상이 놓여 있었다.

"일종의 미신이죠. 물이 있으면 돈이 모인다고 해서 입구에 수조를 놓는 거에요."

직원이 말해주었다. 코끼리 조각상도 비슷한 의미다. 앞서 말한 딜링룸 헤드의 책상 밑에 붙은 1달러짜리도 같은 의미다. 돈이 착 붙으라는 의미다.

한 미국계은행 딜링룸에는 뒷문이 없다. 돈이 나가는 문을 원천 봉쇄한 것이다. 돈이 모이게 하려는 딜러들의 고군분투는 여기에서 그치지 않는다.

세계 유수의 은행들도 딜링룸만큼은 풍수지리에 관심을 기울인다. 딜링룸의 위치는 물론 건물의 모양까지 신경을 쓴다. 동서양 할 것 없이 금융기관들은 일부러 비용을 들여 풍수학자를 모셔다놓고 주변 여건 등 여러 가지 조건을 최대한 고려해 책상을 배치하고 방향을 잡는다고 한다.

홍콩의 '중국은행타워'라는 건물은 아예 칼 모양이라고 한다. 한 딜링룸에는 실제로 칼을 걸어두기도 한다. 칼이 부정을 막고, 재물을 불러오기를 기원하는 의미다.

한국의 중앙은행인 한국은행도 마찬가지다. 길 하나를 건너 외자운용원을 배치하면서 이른바 '터'를 둘러싼 말이 많았다. "옛 상업은행 본점 자리인데 오각형 건물모양이 '살기'를 품고 있다고 해서 방위별로 모두 문을 내기도 했다."고 한다. 남산 3호 터널이 개통된 뒤에는 '장영자사건' '명동지점장 자살사건' 등 대형 악재들에 시달렸다. 그래서 "터널과 비슷한 위치였던 4층의 행장실 집기를 터널을 등지게 했다."는 전언도 있다. 한국은행 역시 소공로 쪽으로 문을 내는 게 좋다는 이야기에 그리했다고 하니 금융과 풍수지리는 마냥 무시할 관계는 아닌 듯하다.

책상에 둔 백과사전과 선인장의 의미

하루하루 큰돈이 들고나는 곳이니 외환딜러들의 긴장감은 이루 말할 수 없다. 바이오리듬, 오늘의 운세 등을 동원하는 것은 기본이고 징크스도 많다.

어떤 베테랑 딜러는 "아침 출근준비 때 물건을 떨어뜨리는 것을 가급적 피한다."고 한다. "아침을 먹지 않으면 수익이 시원찮아 꼬박꼬박 아침을 먹는다."는 딜러도 있다. "월요일은 딜링이 잘 안되어서 가급적 포지션을 적게 잡으려 한다."거나 "아침에 면도할 때 피를 보면 대박이 난다."는 경우도 있다. 시장이 격하게 움직일 것 같은 날은 실적이 좋았던 날의 파란색 넥타이를 부적처럼 매기도 한다. 심지어 "머리카락에 기름기가 없이 깨끗해야 딜이 잘되어서 린스를 많이 쓴다."는 딜러도 있다.

한 베테랑 딜러는 소주도 가려먹는다. 롱포지션을 잡으면 '처음처럼'을, 숏포지션을 잡으면 '참이슬'을 먹는다고 한다. 처음처럼 잘 오르라고, 이슬처럼 뚝뚝 떨어지라고.

이런 징크스는 하루 이틀 만에 생기지 않는다. 오랫동안 계속 반복되는 과정에서 본인도 모르게 믿음이 생겨 지키게 되는 것이다. 가끔은 기대치를 낮추려고 일부러 담담한 말도 해본다. 괜히 혼자만 예민한 어떤 것이 있을 수도 있다. 오죽하면 걸을 때 오른발이 먼저 나가나 왼발이 먼저 나가나도 중요할까. 모든 것이 절박함에서 비롯된 것이라 할 수 있다.

전쟁터 같은 외환시장에서 투자심리만큼 예민한 것이 있을까? 마음먹기에 따라 생존여부가 엇갈린다. 직접 트레이딩을 하지는 않으니 실감하기는 어렵지만 펀드나 주식투자에서 마이너스가 나도 속이 타는 걸 떠올려보면 짐작할 법하다. 내 돈도 아닌 은행 돈을 수천만 달러씩 거래하는 입장에서 잠을 설칠 수밖에 없다.

외환딜러들은 심리관리에 특별히 공을 들인다. "새해 초에 넉넉히 벌어두면 일년 내내 여유 있게 트레이딩을 할 수 있다."는 말도 있다. 벌고 시작하면 자신감이 붙어서 포지션 플레이도 배짱 두둑하게 할 수 있다. 하지만 잃고 시작하면 자신감은 바닥을 친다. 조금만 환율이 흔들려도 버티지 못하고 포지션 정리를 하고 만다. 그만큼 투자심리가 중요하다.

딜러 출신의 딜링룸 헤드들은 이런 딜러들의 심리를 잘 알기에 자신의 뷰를 말하지 않는다고 한다. 상사가 달러가 오른다고 말하면 숏포지션을 보유한 딜러는 그만큼 위축될 가능성이 크다. 환율에 대한 전망을 말하는 것 자체가 압박이 되는 셈이다. 그러니 작은 징크스나 미신도 가볍게 여길 수 없다. 트레이딩 하는 동안 조금이라도 마음의 안정을 가져다준다면 기꺼이 신경을 쓸 일이다.

항간에는 "딜링룸 책상에 백과사전과 선인장이 필요하다."는 우스갯소리도 있었다. 백과사전은 달러-원 환율이 내려갔으면 할 때 쓴다. 자신의 포지션이 숏인데 환율이 튀면 곤란하다. 그럴 땐 무거운 백과사전을 모니터 위에 올려놓는 것이다. '내려가라, 내려가라!' 기원하는 마음이 반영된 것이다. 반대로 선인장은 모니터 아래에 놓는다. 환율이 떨어질 때마다 따끔거려서 올라가게 만들고 싶을 때 쓴다. 처음 들었을 때는 너무나 터무니없어 웃음을 터뜨렸다. 하지만 가만히 생각해보면 이해 못할 일도 아니다. 외환딜러들의 긴장과 간절한 마음을 담은 아주 소중한 선인장 화분과 백과사전이기 때문이다.

알면 도움되는
외환시장 이야기

• • •

외환시장의 모습은 서울외환시장을 벗어나면 좀더 치열해진다. 얼굴 한 번 본 적 없는 외국의 거래상대방이 더 많으니 인간적인 따뜻함을 기대하기는 쉽지 않을 것이다. 하지만 치열함을 만들어내는 것은 비대면 거래의 삭막함 때문이 아니다.

글로벌 외환시장은 각국의 외환정책·신기술 등이 맞물리는 경쟁의 장이다. 글로벌 금융기관은 온갖 새로운 기술을 도입해 좀더 효율적으로 외환거래를 하고, 수익을 내려 한다. AI와 알고리즘트레이딩이 활발해지면서 외환시장은 또 다른 전기를 맞았다. 아직 로봇이 외환트레이딩을 하는 시대가 오지는 않았지만 5년 이내에 그런 시대가 도래할 것이라는 전망도 나오고 있다. 그만큼 글로벌 외환시장은 빠르게 변화하고 있다.

뿐만 아니다. 자국통화의 환율을 놓고 치열한 접전이 벌어지는 곳도 글로벌 외환시장이다. 환율은 각국의 경제력을 좌우하는 중요한 열쇠가 된다. 안전자산과 위험자산으로 분류된 각국 통화들은 저마다의 입지를 갖는다. 그리고 수많은 나라들은 어떻게 하면 환율조작국 의혹을 받지 않고, 환율이 자국에 유리한 방향으로 흘러가도록 할지를 고민한다. 위기가 왔을 때를 대비해 외환보유액을 쌓는 일도 게을리 하지 않는다.

글로벌 외환시장은 각국의 외환정책이 부딪치는 접전지다. 그렇기에 환율은 때때로 고위 정치인들의 협상 테이블에 오른다. 각국의 지도자들은 겉으로는 너무나도 평화롭게 "시장수급에 맞추어 환율이 움직이는 게 맞다."고, "그게 바로 자유로운 시장질서다."라고 주장한다. 하지만 물밑에서는 다르다. 누구보다 절실하게 환율에 손대고 싶어한다. 환율에 태연할 수 있는 나라는 없다. 심지어 기축통화국인 미국조차도 말이다.

• • •

외환시장에
로봇 딜러가 등장하다

알고리즘에서 AI까지, 미래형 딜링룸에 대한 고민이 한창이다.
정말 로봇이 FX트레이더를 대신하는 시대가 올까?

이제는 좀 세련되고 최첨단스러운 이야기를 해볼까 한다. 도쿄의
츠타야 서점에 갔을 때의 일이다. 예쁜 서점이어서 돌아다니며 기
분 좋게 구경을 하고 있었다. 그러다 2층 다른 건물로 건너가는 입
구에서 그 녀석을 만났다.

  하얀 몸통에 까만 눈동자를 가진 그 녀석은 나를 빤히 바라보았
다. 로봇이었다. 녀석과 1분 정도 마주 보고 서 있었다. 난생 처음
인간형 로봇과 마주하는 순간, 처음 든 생각은 '저 녀석이 나를 공
격하면 어쩌지?'였다. 침묵이 흘렀다. 그 순간 어떤 여자아이가 로
봇에게 다가와 다정하게 인사했다. "곤니찌와~" 로봇은 너무 친절
하게 인사를 받았다. 그랬다. 녀석은 나의 인사를 기다리고 있었

던 것이다. 사람의 목소리에 반응하고 작동하는 인간형 로봇 '페퍼 (pepper)'였다.

2016년 3월, 구글이 개발한 알파고(alphago)라는 AI(Artificial Intelligence, 인공지능) 프로그램과 세계적인 바둑기사 이세돌이 공개적으로 바둑대결을 펼쳤다. 이 사건은 인공지능과 인류의 미래를 가늠케 하는 세기의 사건이었다. 전 세계의 이목이 대결에 집중되었고 결과적으로는 인간 이세돌이 인공지능에 패했다. 한 수 한 수 바둑을 둘 때마다 그 상황을 학습하는 인공지능의 위력은 놀라웠다. 당시 상금은 100만 달러였는데, 고정환율로 계약했다는 사실이 전해지면서 세기의 대결에 대한 상금이 너무 적다고 뒷말이 무성하기도 했다.

알고리즘트레이딩의 급부상

금융시장도 한바탕 난리가 났다. 앞서 미신을 신봉하는 부분과 180도 다른 양상이 펼쳐졌다. 증권사는 물론 은행들도 AI 투자자문시스템인 '로보어드바이저(robo-advisor)' 도입에 나섰다. 외환시장에서는 알고리즘트레이딩이 어느 정도까지 활용 가능한지 논란이 일었다.

외환딜링에서 알고리즘트레이딩이 주목받는 사이 은행과 증권사들은 서둘러 로보어드바이저라는 것을 우선 도입했다. 로보어드바이저는 로봇(robot)과 투자전문가(advisor)를 합친 말로 고객이 투자상담을 하면 로봇이 그에 맞추어 대답을 해주는 것이다. 은행 입장에서는 인력감축은 물론이고 장시간의 상담업무에 시달리지 않아도 되니 얼마나 편리한가.

2013년에 발표된 옥스퍼드대 논문이 외환시장에 빠르게 퍼져나 갔다. 당시 논문은 미국 일자리의 47%가 컴퓨터에 대체되거나 형태가 바뀔 것으로 내다봤다. 공인회계사 같은 지식에 기반한 직업은 로봇에 의존하게 될 것이라는 불길한 전망도 나왔다. 특히 이 논문은 알고리즘이 의사결정(decision-making)을 하거나 인간 트레이더보다 훨씬 많은 정보를 처리할 수 있는 상황에 대해 언급했다. AI 로봇 딜러가 외환시장에 등장하는 순간, 시시각각 환율이 달라질 때마다 탐욕과 공포 사이에서 갈등하는 인간 외환딜러의 한계를 뛰어넘는 셈이다.

바야흐로 제4차 산업혁명의 불꽃이 일기 시작했다. 효율적이고 안정적인 트레이딩을 위해서라면 비용을 기꺼이 투자하는 딜링룸이 기술진보에 돈을 안 쓸 리 없다. 국내은행 딜링룸만 해도 홍채·지문·정맥인증 등으로 출입을 관리할 정도로 새로운 기술들이 속속 반영되고 있다.

로봇 딜러는 비용절감에 나서야 하는 금융회사입장에서는 상당히 매력적인 분야다. 주니어 외환딜러 한 명을 갖추는 데 약 3억 원 이상의 비용이 든다는 말이 있다. 고액의 연봉은 물론 각종 장비구입, 포지션 플레이를 위한 기본자금 등을 주어야 하기 때문이다. 그리고 그 비용이 전부 고도의 전문성을 갖춘 딜링업무를 위한 것은 아니다. 주니어 딜러가 단순업무만 처리하면 그만큼 효율성은 떨어진다.

다만 베테랑 외환딜러를 대체하기에는 아직 갈 길이 멀다. AI가 얼마나 큰 위력을 갖고 있는지, 얼마나 신기한지를 이세돌-알파고 바둑대결을 통해 전 세계 사람들이 목격했을 뿐이다. 외환시장에서는 더욱 그렇다. 빅데이터와 뉴스 등에 의존한 채 시스템트레이딩, 알고리즘트레이딩이라는 이름으로 활용되고 있을 뿐이다. 이는 AI에는 아직 못 미치는 수준이다. 그것도 몇몇 글로벌 대형은행만 G7 통화를 중심으로 이종통화거래에 이 기법을 도입했다고 한다. 예를 들어 뉴스에서 특정 단어가 몇 번 이상 나오거나 어떤 레벨을 몇 번 건드리면 매수하거나 포지션을 정리하는 식이다. 하지만 한계도 있다. 만약 잘못된 시그널을 인식하면 큰일이다. 자칫 시장에서 주문이 폭주하거나 가격이 현저하게 시장가와 괴리될 우려도 있다.

물론 로봇 트레이딩은 아직 초기단계다. 아직은 로봇 트레이딩에 대한 신뢰가 형성되지 않은데다 기술개발도 이제 막 도약을 위한 출발선에 섰다. 하지만 AI·로봇기술·생명과학 등이 주도하는 제4차 산업혁명시대의 딜링룸 모습은 어느새 성큼 우리 옆에 다가와 있을지도 모른다. 이미 로봇 트레이딩의 초기단계인 알고리즘 트레이딩을 활용하기 시작한 글로벌 대형은행들은 점차 기술력을 키워나갈 것이다.

로봇 딜러와 인간 딜러의 공존

2014년에 구글에서는 축구장 2배 넓이라는 세계 최대의 딜링룸의 비교 사진이 나돌았다. 예전에는 드넓은 트레이딩룸을 가득 메웠던 딜러들이 완전 한산한 모습으로 바뀐 사진이다.

금융위기 전만 해도 미국 월가에서는 딜링룸 확장 경쟁이 벌어졌다. 골드만삭스는 900명의 트레이더가 들어갈 수 있는 딜링룸을 갖추기도 했고, 스위스계투자은행인 UBS의 미국 코네티컷주의 딜링 플로어는 건물 전체 넓이가 2만 평에 달해 한때 기네스북에 오를 정도였다. 이 정도면 딜링'룸(room)'이 아니다. 월가에서는 이곳을 '트레이딩 플로어(trading floor)'라고 불렀다.

각종 가격지표가 나오는 모니터들로 장벽을 친 자리마다 트레이더들이 빽빽이 들어찼다. 시시각각 고성과 탄식이 오가고, 어마어마한 수익을 냈을 때는 축제분위기를 방불케 했을 것이다. 신입 트레이더는 수많은 딜러들 사이에서 조그만 책상을 하나 받는 것에 엄청난 자부심을 느꼈을 것이다. 그렇게 유명했던 UBS의 트레이딩 플로어는 금융위기를 거치면서 텅텅 빈 채 원래 가격보다 헐값에 팔릴 처지가 되어 경매에 부쳐졌다. 3만 8천m²라는 모건스탠리의 홍콩 고층 트레이딩 플로어도 빈자리가 많아졌다.

대형은행들은 점점 트레이더를 줄이고, 전자거래를 이용하는 추세로 바꾸어가고 있다. 스위스계은행인 크레디트스위스(CS)는 이미 아시아에서 이루어지는 트레이딩의 절반 가까이를 컴퓨터로 처리한다고 한다. UBS의 텅 빈 트레이딩 플로어는 금융위기 전과 후의 풍경이었지만 혹자는 AI의 도입 전과 후가 이런 모습이 될 것이라고 평가했다.

트레이더만 줄어드는 것은 아니다. 외환시장에서 브로커의 역할도 새로운 전기를 맞았다. 전산 플랫폼을 통한 거래가 활발해지면서 중간에 사람이 전화를 받아 중개하는 보이스 브로커가 점차 줄어들 것이라는 전망이 나오고 있다. 전산 플랫폼에 가격을 입력해 자동으로 거래가 체결되는 시대가 되면 전화로 가격을 부를 필요가 없다는 것이다.

외환시장참가자들은 이미 글로벌 외환시장의 80%에 가까운 거래가 전산시스템으로 이루어지고 있다고 보았다. 그럼에도 아직 보이스 브로커의 활용도를 무시할 수 없는 이유는 사람이 직접 연결하는 것에 대한 신뢰가 크기 때문이다. 거액의 거래가 전산시스템으로 바로바로 이루어지면 편리성은 높아지는 반면, 오류가 발생했을 때 즉시 대처하기가 어렵다. 혹시 모를 전산오류에 대한 트레이더의 불안은 일일이 적합한 가격을 찾아주는 브로커의 중개서비스를 유지시켜주는 원동력이라 할 수 있다.

현물환거래는 물론 이종통화·스왑시장 등에서도 브로커가 조만간 없어질 것이라고 한다. 다만 한 중개회사 대표의 말에 의하면 종국에는 옵션 브로커만 남을 것이라고 한다.

AI와 알고리즘트레이딩이 빠르게 확산될수록 트레이딩룸은 사람보다 기계가 많아질 것이라는 관측이 나오고 있다. 외국계은행들은 트레이딩 규모를 제한하는 미국 SEF(swap execution facilities)와 유럽 금융규제가 알고리즘트레이딩을 부추길 것으로 보고 있다. 거래에 대한 판단이 필요하지 않은 소규모의 잦은 고객거래는 알고리즘트레이딩이 안성맞춤이라는 것이다. 오히려 고액 연봉을 주고 외환딜러를 쓰는 것보다 효율적인 셈이다.

외환딜링룸은 전자거래를 기본으로 하기 때문에 각종 장비에 대한 투자를 아끼지 않는다. 주요 은행들은 딜링룸을 배치할 때 층고가 높은 곳에 별도로 둔다. 사용하는 전선이 너무 많아서 바닥을

30센티미터 정도 높인 공간에 넣어야 하고, 키패드나 모니터·전화기 등도 각별히 튼튼하고 성능 좋은 제품으로 비치해둔다. 100만 원이 훌쩍 넘는 딜링폰을 구비하고, 외환딜러들이 장시간 앉아 있는 의자를 500만 원 넘게 주고 구입하기도 한다. 가끔 전화기를 던지거나 모니터를 치는 딜러가 있어 튼튼한 제품을 고른다고 은행 관계자들은 설명했다. 이 모든 투자는 간발의 차이로 수익이 좌우되는 딜링업무의 특성을 고려한 것이다.

제4차 산업혁명시대가 무르익으면 딜링룸의 모습도 달라질 수 있다. 알고리즘트레이딩뿐 아니라 AI 딜링을 둘러싼 경쟁이 본격화될 수도 있다. 일부 외환딜러들은 미래에는 로봇 딜러가 베테랑 딜러의 자리를 위협할 수 있을 것이라고 한다. 단시간에 수많은 데이터와 경험치가 쌓일 뿐 아니라 이를 스스로 학습하는 AI가 어느 순간에는 일부 딜러들을 대체할 가능성도 배제할 수 없다.

물론 아직은 미래의 이야기다. 알고리즘트레이딩을 도입하는 것도 은행들은 꺼리고 있다. 로봇이나 알고리즘에 큰돈을 맡기기에는 미덥지 못하다는 뜻이다. 그러나 그 미래가 얼마나 빨리 현실이 될지는 아무도 모른다. 예전에는 상상만 하던 일들, 이를테면 휴대폰으로 시시각각 통화를 하고, 카드로 택시비를 내고, 인터넷뱅킹으로 돈을 송금하는 일도 불과 몇 년 사이에 우리에게 현실이 되지 않았던가.

⑤€£¥ 안전자산 vs. 위험자산

외환시장은 안전한 통화와 위험한 통화를 구분한다.
리스크를 선호할지 여부에 따라 선호하는 통화도 달라진다.

안전자산과 위험자산은 외환시장에서 돈의 흐름을 좌우한다. 단순하게 보면 의미는 말 그대로다. 조금 안전한 통화와 조금 위험한 통화다. 글로벌 투자자들이 안전자산을 선호하느냐, 위험자산을 선호하느냐에 따라 자금의 물결은 크게 달라진다.

안전자산은 국가별로는 미국·일본 등을 의미하며, 자산별로는 채권을 의미하는 경우가 많다. 위험자산은 신흥국을, 자산별로는 주식에 무게를 둔다.

모든 것이 완벽해보이는 남자주인공의 허점

안전자산과 위험자산을 쉽게 설명하기 위해 드라마 속의 남자주인공에 비유해보자. 안전자산은 집안도 좋고(국가), 인기가 많고(선호도), 직업도 좋은(수익률), 이른바 3박자를 갖춘 남자주인공이다. 모든 사람들이 보았을 때도 나쁘지 않은 조건을 갖추고 있다.

미국 달러는 집안(미국)도 좋고, 인기가 많고(선호도가 높고), 돈도 잘 버는(수익률도 높은) 통화라 할 수 있다. 특히 집안이 글로벌 외환시장은 물론 온갖 금융시장을 꽉 쥐고 있다. 웬만한 나라에서는 그냥 대놓고 명함을 내밀면 통한다.

물론 때로는 돈을 못 벌기도 하고, 나라 상태가 이상할 때도 있고, 너무 많이 풀리기도 한다. 그럴 때는 또 푸대접을 받는다. 하지만 기축통화 1번이기 때문에 안전자산으로 꼽힌다.

엔화도 안전자산으로 거론된다. 나름 탄탄한 가정환경(일본)을 자랑한다. 그리고 인기가 많다. 위험한 일이 있을 때마다 투자자들이 습관적으로 찾는 통화다. 엄마가 '와타나베 부인'이라고 외환시장에서 큰손으로 유명하다.

스위스 프랑도 안전자산으로 꼽히는 통화 중 하나다. 스위스 프랑은 유로화가 위기에 몰리거나, 파운드화가 흔들리면 어김없이 강세를 보이곤 한다. 경제가 탄탄하고 선진국이라는 점 때문에 집안이 건실한 주인공이다. 달러나 엔화처럼 전면에 부각되지는 않지만 유럽지역 내에서 으뜸으로 거론되는 안전통화다.

반면 유로화는 널리 통용되는데도 안전자산으로 분류되지는 않는다. 집안(유럽)이 좀 복잡하다. 그런데 전통 있는 집안이라 외환시장에서 달러와 맞먹는 몇 안 되는 통화다. 얼굴은 잘생긴 듯한데 (선호도 있음), 직업이 좀 불안정(수익률이 불안정함)하다. 조건이 나쁘지는 않다. 복잡한 집안 내력이 하루 이틀 만에 해결될 일은 아니어서 안전자산으로 분류되지는 않는다.

그럼 '신흥국통화'라고 분류되는 통화들은 어떨까? 지금은 별로 가진 것이 없지만 미래가 촉망되는 남자주인공이라고 보면 된다. 이 통화는 안전자산과 상대적인 의미로 위험자산으로 분류된다. 갑자기 돈을 엄청 많이 버는 통화도 포함된다.

우리나라 통화인 원화는 집안(한국)이 한때 가난했지만 고속성장해서 중산층에 들어가고, 외모는 평균(선호도가 있음)이고, 직업 (수익률)이 꽤 좋다. 물론 그때그때 다를 때도 있다.

요즘은 인도네시아 루피아화도 주목받는다. 집안(인도네시아)에 원자재가 많다. 외모는 꾸미면 좀 괜찮을 듯하다(선호도는 보통). 요즘에 갑자기 돈을 잘 번다(수익률이 좋음).

비록 위험자산에 속하지만 원화와 인도네시아 루피아화도 사정이 나쁘지 않은 편이다. 때로는 안전자산보다 투자하기에 좋을 수도 있다.

안전통화의 인기비결

지금까지는 드라마 속 남자주인공에 비유해서 안전통화와 위험통화에 대해 쉽게 알아봤다. 이제는 좀더 자세히 알아보기로 하자.

금융시장에서 안전하다는 것은 무엇일까? 일단 신용리스크가

▼ 통화별 분류

안전자산		미국 달러, 일본 엔, 스위스 프랑 등
위험자산	신흥국 통화	한국 원화, 대만 달러, 홍콩 달러, 태국 바트, 중국 위안, 말레이시아 링깃 등
	원자재 통화	호주 달러, 캐나다 달러, 러시아 루블, 뉴질랜드 달러, 남아공 랜드 등

적어야 한다. 그 통화를 쓰는 나라가 선진국이면 매우 안전한 느낌이 들 것이다. 그 통화가 속한 국가는 물론 통화에 대한 선호도, 그 통화로 이루어진 자산(채권·주식 등)도 좋아야 한다.

미 달러화는 '기축통화'다. 기축통화란 금과 더불어 국제 간 결제나 금융거래에서 기준이 되는 통화를 말한다. 지난 1960년대 벨기에 경제학자였던 로베르 트리핀(Robert Triffin)이 사용한 개념이다. 미국 달러와 영국 파운드 등이 주로 기축통화로 꼽힌다. 과거에는 영국 파운드화가 주축이었으나 미국의 경제규모와 무역규모가 커지면서 미 달러화로 무게중심이 옮겨왔다. 그 밖에 기축통화에 준하는 통화로 유럽의 유로화, 영국 파운드화, 일본 엔화 등이 있다.

최근에는 중국 위안화도 기축통화가 되기 위해 분발하고 있다. 중국은 위안화를 국제결제통화로 포함시키기 위해 안간힘을 써왔다. 위안화는 달러에 이어 세계에서 무역규모가 두 번째로 큰 중국의 통화라는 점에서 무역결제비중 순위가 4~5위 수준으로 껑충 뛰어올랐다. 또 위안화는 2016년 10월부터 IMF의 특별인출권(SDR; Special Drawing Right)에도 공식 편입되어 주요통화로 이름을 올렸다. 그렇지만 기축통화는 기축통화고, 기축통화 수준에 도달했다고 해서 모두 안전자산인 것은 아니다. 리스크요인이 큰 통화들이 있기 때문이다.

주로 달러화와 엔화는 안전자산으로 꼽힌다. 미국 달러화는 세계 최고 메이저 통화여서 무슨 일만 생기면 대부분의 투자자들이 달러를 확보하려 한다. 일단 달러가 없으면 유동성에 구멍이 생기니까 우선순위로 두는 통화다. 게다가 최근에는 미국이 금리인상에 나서면서 달러 선호도가 더 높아졌다.

일본 엔화는 펀더멘털은 별로지만 전통적인 안전자산으로 꼽힌다. 일본은 '잃어버린 20년'이니 '부러진 화살'이니 하면서 경제상황이 좋지 않은 것이 이미 알려져 있다. 그런데도 엔화는 왜 안전자산으로 이름을 올릴까? 이는 일본이 세계 1위의 순채권국인 영향이 크다. 즉 일본은 전 세계적으로 줄 돈보다 받을 돈이 많다는 뜻이다. 외환보유액 대비 단기외채비율은 2016년 2분기 기준 205%로 미국 4400%에 이어 상당히 높은 편이다. 하지만 이 비율은 기축통화국 대부분이 높다. 일본의 경우 국내 기관투자자들이 대부분 국채를 보유하고 있어 국가채무에 대한 상환부담이 다른 나라보다 훨씬 적다.

일본투자자들의 해외투자가 많은 점도 엔화의 안전자산 지위에 한몫한다. 이른바 와타나베 부인이라고 불리는 유명한 아주머니들은 해외 외환시장에서 큰손으로 통한다. 이들은 무슨 일이 생기면 일본으로 엔화를 가져가려 하는 엔화매수요인이 된다. 이에 리스크요인이 생길 때마다 안전자산으로 엔화가 주목받는다.

이 밖에도 기축통화는 아니지만 스위스 프랑도 안전자산으로 꼽는 통화다. 스위스는 선진국으로 알려져 있으며 세계에서 상위권의 순채권국에 속한다. 유럽 내에서 유로화가 아니라 스위스 프랑이 안전자산으로 이름을 날린 이유는 유럽의 재정위기와 2008년 금융위기 때문이다. 스위스 프랑은 지난 2008년 금융위기 이후 미국이 양적완화(QE; Quantitative Easing)에 나서면서 달러가치가 하락했을 때 투자자금이 몰리면서 급격히 강세를 보였다. 그리스를 비롯해 남유럽 재정위기가 발생했을 때도 투자자들은 스위스 프랑을 사모았다. 스위스중앙은행은 과도한 스위스 프랑강세로 수출이 악화되는 것을 막으려고 유로당 1.2프랑으로 환율을 고정했다. 하지만 몰려드는 자금을 막지 못하고 지난 2015년 1월에 고정환율제를 포기했다. 당시 스위스 프랑은 유로 대비 30% 이상, 달러 대비로도 30% 가까이 폭등하기도 했다.

외환시장에서 안전자산이란 '그나마 사정이 괜찮은, 가치가 폭락할 염려없는' 통화다. 미 달러화는 최근에는 더욱 인기다. 금융위기가 마무리되었고 미국 혼자 경제상황이 좋아서 부양책을 접는 단계로 가고 있기 때문이다.

그렇다면 유로화나 위안화는 왜 안전자산으로 거론되지 않을까? 일단 유로화는 유로존을 이루는 국가들의 경제상황이 제각각인데다 한차례 재정위기를 겪은 적이 있다. 그 후로도 그다지 경제상황이 좋은 편은 아니다. 최근에는 영국마저 유로존을 탈퇴하는 브렉시트 결정을 하면서 불확실성이 컸다. 영국 파운드화도 변동성이 확대되면서 안전자산으로 인식되지 않고 있다.

위안화 역시 마찬가지다. 위안화는 최근에 국제무대에서 종횡무진하고 있지만 대부분 정부주도의 흐름이다. 중국 경제가 글로벌 시장에서 차지하는 비중은 미국 다음으로 클지 모르지만 위안화의 지위가 단숨에 올라가기는 어렵다는 평가를 받는다. 아울러 중국 역시 그동안의 고성장 기조에서 연 6.7%의 성장이 고착화되는 시대로 접어들었다. 앞으로 어찌될지는 확신할 수 없다. 세계금융시장이 중국주도로 이루어진다는 것이 확실해질 때까지 안전자산 지위는 머나먼 여정을 거쳐야 한다.

조금 위험한 통화의 매력

이제는 위험통화 이야기를 해볼 차례다. 안전자산에 대한 상대적인 의미로 위험통화라는 이야기지 여기에도 여러 가지가 갈린다. 우리나라 원화는 '이머징 통화'에 속한다. 일본을 제외한 아시아에 속하는 통화다. 한국 원화, 중국 위안화, 태국 바트, 홍콩 달러, 대만 달러, 말레이시아 링깃, 싱가포르 달러, 인도 루피, 인도네시아 루피아 등이 여기에 속한다. 이들 통화는 역외투자자들이 한 바구니(바스킷)에 담아서 거래하는 경우가 많다. 이 중에 특이하게 유독 강세(약세)를 보이는 통화가 있다면 따로 운용할 수 있겠지만 아직은 차별화 정도가 그리 크지 않다.

이밖에도 남아프리카 랜드화, 브라질 헤알화, 러시아 루블화 등도 적극 거래된다. 하지만 이들 통화 역시 위험통화로 분류된다. 호주 달러, 러시아 루블화 등 원자재가 많이 나는 나라들의 통화는 이른바 '원자재 통화'로 다른 대우를 받기도 한다. 이들 통화는 국제 원자재가, 중국의 수요에 따라 희비가 엇갈리는 경우가 많다.

글로벌 리스크요인이 불거지면 역외투자자들은 아무래도 이들 통화에 대한 투자를 줄이려고 한다. 투자를 줄이려면 팔아야 한다.

그래서 안전자산선호심리가 불거지면 상대적으로 아시아 통화나 이머징 통화는 약세를 보인다. '위험회피' '리스크오프' 역시 안전자산선호와 같은 의미다.

글로벌 외환시장에서 투자심리가 매우 안정적이고, 여러 가지로 눈돌릴 여유가 있을 때 이머징 통화 같은 위험자산이 강세를 보인다. 즉 '리스크온' '위험선호'의 상황이다. 물론 이들 통화의 개별적인 요인으로 인해 특이하게 강세를 보일 때도 있다.

외환보유액,
많으면 무조건 좋은 것일까?

위기를 지날 때마다 우리나라는 외환보유액을 늘리자는
목소리가 힘을 얻는다. 하지만 비용부담이 적지 않다.

"전쟁이 나면 원화는 소용이 없어. 모두 달러를 찾지. 1달러짜리 물
한 병이 있는데 너한테 100달러짜리밖에 없어. 전쟁이 난 판국에
거스름돈 99달러를 줄 것 같아? 어림도 없지. 그냥 그 물은 100달
러짜리가 되는 거야"

한 선배기자는 이렇게 말했다. 당시에 그 선배가 한 말의 결론은
전쟁에 대비해서 소액권 달러를 많이 보유하고 있으라는 것이었
다. 다소 엉뚱한 주장이었지만 상당히 그럴 듯한 말이었다.

2008년 금융위기가 터졌을 때 아니나 다를까, 전 세계 국가들은
달러를 찾았다. 글로벌 달러유동성은 급격히 말랐고, 우리나라는
단기외채를 갚을 걱정에 전전긍긍했다. 1998년 외환위기를 한 번

겪어보았지만 위기는 위기일 뿐이었다. 최악의 상황에 어떻게 되는지 겪어보았다는 것이 그나마 경험국으로서의 차이였을까?

환율은 또 폭등했다. 외환위기 때 외국인의 자본유출뿐 아니라 기업과 은행이 단기외채를 갚는 달러 수요까지 겹치면서 달러-원 환율이 2,000원에 육박한 바 있다. 이번에도 달러가치는 폭등했다.

우리나라는 달러를 조금이라도 더 확보해놓기 위해 안간힘을 썼다. 혹시라도 돈이 빠져나가면 막아야 했기 때문이다. 환율폭등을 막으려면 외환당국도 달러가 필요했다. 달러를 팔아야 했다. 달러유동성이 부족해진 은행들은 정부에 외환보유액을 풀어달라고 요청하기에 이르렀다. 우리나라 외환보유액은 2천억 달러가 간당간당할 정도로 줄었다. 정부는 2천억 달러가 마지노선이 아니라고 주장했지만 사실 그 수준이 깨지는 순간, 시장심리는 급격히 얼어붙을 게 뻔했다. 정부는 2008년 10월에 미국과 300억 달러를 한시적으로 쓸 수 있는 카드인 통화스왑을 맺었다. 그리고 그 돈을 경쟁입찰을 받아 은행들에 융통해주었다. 당시 한-일 통화스왑, 한-EU 통화스왑 등을 두루 맺으며 유사시에 외화유동성을 조달하기 위한 통로를 계속 열었다.

위기에 처했을 때 달러 한 장의 의미

위기 속에서 달러라는 통화는 그런 존재였다. 그리고 외환보유액은 식구가 많은 가난한 집의 쌀통 같은 것이다. 조금 형편이 나아졌다고 생각했지만 위기가 오면 별 수 없었다. 쌀통은 이내 비었고,

▼ 주요국의 외환보유액

(단위: 억 달러)

순위	국가	외환보유액	순위	국가	외환보유액
1	중국	30,536(+240)	6	러시아	4,057(+47)
2	일본	12,519(+96)	7	홍콩	4,027(+26)
3	스위스	7,643(+141)	8	인도	3,801(+68)
4	사우디아라비아[1]	5,002(−84)	9	**한국**	**3,785(+19)**
5	대만	4,403(+18)	10	브라질	3,765(+15)

• 주: 1) 2017년 4월 말 기준(나머지 국가들은 2017년 5월 말 기준임), 2) ( ) 안은 전월말 대비 증감액
• 자료: 한국은행

주요국의 외환보유액을 보면 우리나라의 외환보유액은 전 세계에서 9위 수준이다. 중국이 1위로 3조 달러 안팎의 외환보유액을 보유하고 있다.

결국 이웃에 쌀을 꾸러 나가야 했다. 우리나라 외환보유액을 둘러싸고 많네 적네 하면서 논란이 계속되는 것도 그래서다. 달러는 금융위기 속에서 반드시 필요한 통화라는 것을 경험칙에 의해 배운 것이다.

외환보유액은 한국은행이 갖고 있는 '외환보유액'과 정부의 '외국환평형기금', 해외에 보유한 '보유금' 등이 포함된다. 2017년 5월 말 기준 우리나라 외환보유액은 약 3,800억 달러다. 이는 전 세계 9위 수준이다. 아시아 신흥국들과 비교하면 그래도 적지 않은 수준이다.

세계에서 외환보유액이 제일 많은 나라는 중국이다. 중국은 3조 500억 달러대의 외환보유액을 갖고 있다. 일본도 1조 2천억 달러대를 보유하고 있다. 그리고 스위스가 7천억 달러대, 사우디아라비아가 5천억 달러대, 대만이 4,400억 달러대를 보유중이다.

8위부터 10위까지는 대부분 3천억 달러대 국가들이다. 러시아·

홍콩·인도·한국·브라질 순이다. 2016년 10월 1일부터 위안화가 IMF의 특별인출권에 편입되면서 10위였던 홍콩 외환보유액 순위가 껑충 뛰었고, 그 후 인도가 채권자금 유입 등으로 외환보유액이 늘면서 우리나라 순위가 9위로 내려온 것이다.

외환보유액은 일종의 비상금이다. 외환위기나 금융위기가 닥쳤을 때 긴급하게 써야 한다. 그렇다고 해서 마냥 쌓아두면 손해다. 돈이 있으면 굴려서 수익을 내고 키워야 한다. 그것도 큰 손실 없이 안정적으로 굴려야 한다.

재무성이 직접 관리하는 것으로 알려진 일본을 제외한 대부분의 나라들은 중앙은행이 외환보유액을 보유하고 운용한다. 우리나라도 한국은행이 보유 및 운용한다. 한국은행은 외자운용원을 따로 두고 이를 관리한다.

외환보유액 운용에서 가장 기본은 안정성과 유동성이다. 특히 급할 때 바로 꺼내 쓸 수 있는 유동성은 외환보유액 운용에서 매우 중요하다. 그래서 외자운용원은 안정적인 몇몇 국가의 국채나 주택저당증권(MBS; Mortgage Backed Securities), 우량 회사채에 투자한다. 일부는 한국투자공사나 주요 증권사 등에 위탁해 주식에 투자한다. 2016년 말 기준 외환보유액의 정부채 비중은 36.9% 수준이다.

외환보유액 운용 통화 역시 제한적이다. 2016년 말 기준 외환보유액에서 미 달러화 비중은 70.3%에 달한다. 이 밖에는 엔화·유로화·파운드화·호주 달러화 등으로 운용하며, 위안화 자산도 보유하고 있다.

외환보유액 중에서도 외환시장 안정을 위한 목적의 자금이 따로

▼ 외환시장 안정용 국가채무 현황

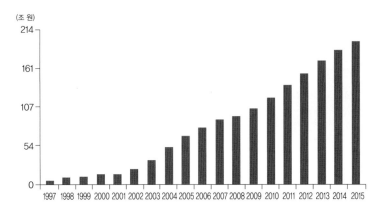

▼ 외환시장 안정용 국가채무 현황

(조 원)

• 자료: 국가통계포털

있는데 이것이 외국환평형기금이다. 이 자금은 외환보유액에 일정 부분 포함되지만 일부는 정부가 보유한다. 외환시장 개입용 자금 이라고 생각하면 된다. 환율이 급등하면 정부가 달러를 내다팔아 야 하는데 외환보유액과 별도의 방법으로 평소에 이 자금을 원화 기금과 외화기금 계정으로 나누어놓는다.

기획재정부는 해외에 나가 '외국환평형기금채권(외평채, foreign exchange stabilization bond)'이라는 것을 발행해서 달러를 쌓아둔 다. 정부는 지난 1998년 40억 달러의 외국환평형기금채권을 발행 했고, 2005년·2006년에는 각각 4억 달러, 5억 달러씩 발행하다가 지난 2009년에는 무려 30억 달러어치를 발행하기도 했다. 통상 한 번 발행할 때 외국환평형기금채권은 5억~10억 달러씩 발행하며, 만기가 도래했을 때 재발행하지 않고 간혹 그냥 외국환평형기금 에서 갚기도 한다. 국가통계포털에서 정부가 외환시장 안정용으로

▼ 외화자산 구성비율

(단위: %, %포인트)

	2014	2015(A)	2016(B)	증감(B−A)
1. 자산별				
현금성자산	4.3	4.5	4.7	0.2
직접투자자산	80.5	80.0	77.3	−2.7
위탁자산	15.2	15.5	18.0	2.5
2. 통화별				
미국 달러화	62.5	66.6	70.3	3.7
기타통화	37.5	33.4	29.7	−3.7
3. 상품별				
예치금	3.8	5.9	6.5	0.6
유가증권				
정부채	37.1	35.7	36.9	1.2
정부기관채	22.5	22.7	21.0	−1.7
회사채	17.5	16.4	14.8	−1.6
자산유동화채	13.0	13.1	13.1	0.0
주식	6.2	6.3	7.7	1.4
계	100.0	100.0	100.0	−

• 주: 2016년 연말 기준
• 자료: 한국은행

한국은행은 외환보유액의 70.3%를 달러화로 가지고 있다. 유사시에 달러자산이 제일 유용하기 때문이다.

보유하고 있는 채무를 살펴보면 2015년에는 198조 3천억 원이다. 물론 이는 부채 측면에서 집계한 수치일 뿐이다.

정부가 해외에서 발행하는 외국환평형기금채권의 발행금리가 어떤지는 늘 주목을 받는다. 이를 '외국환평형기금채권 가산금리'라고 하는데 우리나라 신용리스크에 대한 평가가 얼마나 되는지를 가늠하는 잣대가 되며, 달러 라이보 금리에 어느 정도 올려주는지에 따라 정해진다. 우리나라는 신용등급이 2016년 8월 S&P 기준으로 AA로 상향 조정되었다. 영국·프랑스와 같은 레벨이다. 그래서 금리수준이 1%대 초반으로 낮다. 정부가 10억 달러 이상의 외국환평형기금채권을 발행하면 그 금리는 우리나라 다른 국책금융기관이나 공공기관의 조달금리에도 벤치마크가 된다.

이렇게 외환시장 안정을 위한 기금이 우리나라에만 있는 것은 아니다. 전 세계 기축통화국인 미국에도 '외환안정기금'이라고 해서 따로 있다. 일본은 '외국환특별회계', 영국은 '외환평형계정' 등이 있다.

외환보유액은 항상 글로벌 금융시장의 위기가 고조될 때마다 수면 위로 떠오른다. 관리는 잘 하고 있는지, 금액은 부족하지 않은지 등이 이슈가 된다. 특히 '가용외환보유액(usable reserve)'이라는 게 있다. 우리나라가 지급불능사태(디폴트)에 빠지려고 하면 단기간에 국내에서 동원할 수 있는 자금을 말한다. 총 외환보유액에서 국내 금융기관 해외점포에 예치된 외화자산을 뺀 금액을 말한다. 이 해외점포 자산을 빼는 이유는 금융기관이 굴리고 있어 당장 회수해서 쓰기가 쉽지 않기 때문이다.

한국은행은 외환보유액을 어디에 얼마나 투자했는지, 수익률은 어떤지 그리 소상하게 밝히지는 않는다. 정부채·회사채·주식 등 어떤 종류의 자산을 보유하고 있는지만 밝힌다. 참고로 달러 비중은 과거에 비해 다소 늘었다.

외환보유액, 적정수준이 좋다

언뜻 생각해보면 외환보유액은 많으면 많을수록 좋을 것 같다. 사실 많아서 나쁠 것은 없다. 어찌되었든 위기가 닥쳐도 걱정이 없으니 말이다. 그러면 정부나 한국은행이 평소에 적금 붓듯이 열심히 모아두면 되지 않을까? 왜 더 많이 모아두지 않는 것일까? 중국은 3조 달러나 있다는데 우리는 그렇게 하면 안 되나 싶을 것이다.

외환보유액은 저금리를 받는 적금통장을 장기간 갖고 있는 것이라고 보면 된다. 큰돈을 그냥 갖고 있는 것인데 투자처는 한정되어 있다. 마음 같아서는 브라질 국채도 사고, 부동산도 사고 싶지만 위기가 닥쳤을 때 써야 하는 돈이라 그러면 안 된다. 돈을 묵혀두는 것은 그만큼 기회비용이 된다.

외환보유액을 늘리는 것은 그냥 되는 것이 아니다. 국민의 세금이 추가되는 것은 물론, 달러를 사는 원화비용을 지불해야 한다. 이 원화비용은 한국은행이 통화안정채권 등을 발행해서 충당하게 되는데 이 과정에서 이자율 차이에 따른 손실이 발생한다. 예를 들어 통화안정채권이나 국채를 2%대에 발행해서 원화를 조달한 후 외화자금을 약 1%대로 운용한다면 그만큼 이자율 역마진이 생긴다. 통상 원화 조달금리가 더 높다는 점에 기인한다. 외환보유액을 늘리는 것만으로도 일단 이자율 손실이 생긴다고 보면 된다.

그러면 '수익성을 늘리는 게 좋지 않을까?' 생각할 수도 있다. 하지만 외환보유액의 투자처는 엄격히 관리된다. 브라질 국채수익률이 높다고 해서 덜렁 그 쪽에 투자하지는 않는다. 안정적이고, 언제든 빼쓸 수 있는 유동성 높은 자산에 투자한다는 원칙을 고수한다.

그렇다 보니 마음껏 수익률을 높이기도 쉽지 않다.

때로는 손실을 볼 수도 있다. 실제 운용에 따른 비용은 물론 기회비용을 고려하면 외환보유액이 너무 많은 것도 100% 좋은 것만은 아니다. 운용비용은 고정적이거나 더 늘어나는 반면, 수익은 투자처가 제한되어 있어 증가한다는 보장이 없다. 그래서 적정수준을 보유하는 게 좋다고들 한다.

One Point Lesson

달러가 없는 나라끼리 서로 돕는 계약인 '통화스왑'

글로벌 금융위기를 지나는 동안 기축통화국이 아닌 나라들은 달러의 필요성을 절실히 깨달았다. 위기가 왔을 때 달러유동성 부족은 채무불이행(디폴트)으로 이어질 가능성도 있었다. 그래서 달러를 보유하기 위해 외환보유액을 쌓는 한편, 달러가 필요한 여러 나라들끼리 서로 '통화스왑'이라는 계약을 맺었다. 통화스왑 계약은 나라 간에 서로 외환부족 사태가 오면 자국통화를 담보로 상대국통화 또는 미 달러화를 지원해주기로 약속하는 계약이다. 로컬통화로 계약하는 것은 무역결제를 지원하기 위한 용도다. 미 달러화를 포함시키는 계약은 유사시에 달러유동성을 보완하기 위한 안전망이다. 물론 웬만한 긴급상황이 아니고서야 통화스왑으로 자금을 인출하는 경우는 흔치 않다. 우리나라도 글로벌 금융위기 발생 이후 한동안 한-미 통화스왑의 일부를 집행한 적이 있다. 시장 심리를 안정시키고, 벼랑 끝까지 가지 않도록 최후의 보루를 마련해놓는 이른바 '외환안전망'이라 할 수 있다.

통화스왑은 무역결제에 활용되는 경우가 일반적이다. 금융위기로 기업들이 달러자금을 결제하는 데 어려움을 겪을 경우 도산하지 않도록 서로의 자국통화로 결제할 수 있도록 하자는 차원이다. 그러면 무역에서의 달러의존도를 낮출 수 있고, 달러유동성으로 어려워져도 그 부담을 덜 가능성이 크다.

우리나라는 2017년 3월 현재, 중국 · 호주 · UAE(아랍에미리트) · 말레이시아 · 인도네시아 등과 통화스왑을 맺고 있다. 글로벌 금융위기 때는 미국과도 한때 통화스왑을 맺기도 했다. 중국과 일본과도 통화스왑을 맺었으나 정치적 이슈가 불거지면서 통화스왑 연장을 둘러싼 갈등을 빚었다.

▼ 우리나라의 통화스왑 체결 현황

대상	우리나라의 통화스왑					미국 달러화 통화스왑
	중국	UAE	말레 이시아	호주	인도네시아	CMI 다자화
규모 (미국 달러 기준)	3,600억 위안/ 64조 원 (약 560억 달러)	200억 디르함/ 5조 8천억 원 (약 54억 달러)	150억 링깃/ 5조 원 (약 47억 달러)	100억 호주 달러/ 9조 원 (약 77억 달러)	115조 루피아/ 10조 7천억 원 (약 100억 달러)	384억 달러[1]
최근 체결 · 연장일	2014년 10월 11일	2013년 10월 13일	2017년 1월 25일	2017년 2월 8일	2017년 3월 6일	2014년 7월 17일
만기	2017년 10월 10일	2016년 10월 12일	2020년 1월 24일	2020년 2월 7일	2020년 3월 5일	–

• 주: 1) 2017년 3월 10일 기준으로 CMI 다자화 총 재원은 2,400억 달러이며 우리나라의 수혜 및 분담규모(16%)는 384억 달러다.
• 자료: 한국은행

우리나라는 5개국과 자국통화로 된 통화스왑을, 치앙마이이니셔티브다자화협상 (CMIM)을 통해 384억 달러 규모의 달러화 통화스왑을 맺고 있다.

엄격한 외환규제가
또 다른 리스크를 낳다

2008년 금융위기의 원인으로 과도한 레버리지를 활용한
투기성 파생포지션이 부각되면서 트레이딩이 도마에 올랐다.

트레이딩에 엄격한 바젤 규제

2008년 전 세계를 강타한 금융위기는 외환시장의 많은 것을 바꾸어놓았다. 금융위기의 원인이 과도한 레버리지를 활용한 투기성 파생상품포지션이었다는 것이 부각되면서 트레이딩은 아주 위험한 투자분야로 분류되었다.

세계 각국은 글로벌하게 적용되는 규제를 만들었다. 은행들이 파생상품투자를 어떻게 하는지, 가격조작은 하지 않는지, 과도하게 투기한 포지션을 갚을 자산은 있는지 등을 엄중하게 관리하기로 했다. 리스크가 있는 파생상품포지션에 걸맞는 자본금을 쌓으라는

차원이다.

그래서 생긴 것이 바로 '바젤Ⅲ 규제'다. 바젤은행감독위원회는 2019년부터 은행계정과 트레이딩계정 간의 규제차익 방지와 시장리스크 측정방법을 개선하면서 자본금 규정을 한층 강화하기로 했다.

이 규제가 도입된 것은 2008년 금융위기 때다. 금융위기가 투자은행들의 무분별한 파생상품트레이딩과 레버리지(지렛대)효과로 리스크 관리가 제대로 이루어지지 않은 결과 초래되었다는 공감대가 형성되면서 글로벌 금융시장에서도 자본금 규제가 이슈화되었다.

여기서 주목받은 곳이 각 투자은행의 딜링룸이다. 바젤위원회는 특히 트레이딩계정은 단기매매로 차익을 내는 파생상품거래나 외환포지션 등을 위한 것이어서 자본금을 좀더 강하게 적용시키기로 했다. 즉 지갑에 돈을 두둑히 갖고 있어야 트레이딩도 할 수 있는 셈이다. 자본금이 많지 않은 상황에서 이른바 레버리지(지렛대)효과에 기대투자규모를 늘리는 것을 사전에 막기 위한 조치라 할 수 있다.

이는 파생상품거래가 과도하게 확대되어 금융시장의 위험요인이 되는 것을 방지하기 위한 방안이다. 그러나 트레이딩포지션을 보유하는 은행으로서는 그에 상응하는 자본금을 쌓아야 하는데, 자본금을 쌓는 일이 생각만큼 쉽지 않은 일이라 부담이 커진다. 그러니 울며 겨자 먹기로 트레이딩포지션을 줄이는 것이다.

트럼프가 지적한 미국의 도드-프랭크법

미국은 '도드-프랭크법(dodd-frank rule)'이라는 법을 만들었다. 미국 버락 오바마 행정부가 금융위기가 다시 발생하지 않도록 만든 금융개혁법이다. 이 법안은 금융회사에 대한 규제·감독을 강화하고, 상업은행과 투자은행의 업무를 분리했는데 트레이딩을 제한하는 일명 '볼커룰(volcker rule)'이 포함되어 있다.

이후 도널드 트럼프 행정부가 들어서면서 도드-프랭크법을 손질하게 되었다. 이에 금융시장은 다시금 규제리스크에 빠져들었다. 트럼프 미국 대통령은 도드-프랭크법 도입으로 인한 심한 규제로 은행권의 수익이 악화될 수 있다는 입장이다. 악화를 막기 위해 자본규제를 완화하고, 위험투자를 제한해온 볼커룰도 폐지하겠다고 밝힌 상태다. 즉 은행권의 투자를 제약하는 규제를 풀자는 취지다. 금융위기로 촉발된 위험투자를 줄이는 각종 복잡한 규제들을 줄이느냐, 아니면 종전대로 조금 불안해도 투자를 활성화시키느냐를 놓고 저울질이 한창이다. 최근 미국은 외국계은행에 대한 볼커룰 적용을 1년간 유예하기로 결정했다.

남유럽 금융위기를 겪은 유럽도 금융규제에 나섰다. 유럽은 바젤III를 바탕으로 유럽자본규제법(CRR)을 두고 금융기관의 자본금을 규제하기 시작했다. 이 중 유럽시장인프라규제(EMIR)는 파생상품 관련 보고의무 등을 관리한다. 이와 함께 유럽은 '베일 인(bail-in) 규정'을 만들었다. 은행이 위기를 맞으면 민간차원에서 채권자들이 우선 책임을 지는 법안이다.

2016년 1월부터 EU 내 단일 정리체제가 발동되면서 유럽부흥

개발은행(EBRD; European Bank for Reconstruction and Development)의 베일 인 규정이 효력을 발휘하기 시작했다. 은행권이 공적자금 투입(bail-out)을 하기 전에 부실 상각 등에 따른 손실을 채권자가 우선 부담하는 것이 원칙이다. 규제는 또 다른 리스크를 낳았다. 유럽계은행의 채권자라는 지위만으로 책임이 생기면서 돈을 빌려주려는 기관이 많지 않았던 것이다.

이처럼 금융규제가 많아지면서 해외 투자은행이나 상업은행 등은 제각기 살길을 찾아야 했다. 그만큼 외환거래는 운신의 폭이 좁아졌다. 더 조심스럽고 안전한 범위 내에서 투자하려는 금융기관들이 많아졌다. 이 기관들은 규제를 피하면서도 안정적 수익을 낼 수 있는 방안을 모색하기 시작했다.

딜링룸에서 핸드폰 못하는 외환딜러들

외환딜러들에 대한 규제도 많아졌다. 국제결제은행은 '글로벌 외환시장 행동규범'이라는 걸 만들어 공표했다. 특히 윤리와 정보공유 항목은 우선적으로 두었다. 거래실행과 관리체계, 리스크 관리 및 준법감시, 거래확인 및 결제 등의 항목도 있다.

이 때문에 외환딜러 간에 이루어지는 정보공유는 더욱 엄격해졌다. 특히 외환딜러들은 업무중에는 메신저나 휴대폰을 쓰지 못하게 되었다. 친한 딜러들끼리 정보를 주고받는 일이나 담합, 가격조작의 가능성을 차단하기 위해서다. 심지어 딜링룸에 들어갈 때 휴대폰을 맡기고 나갈 때 찾아가야 하는 일도 생겼다.

딜러들에 대한 관리는 점점 더 엄격해져서 외국계금융기관들은 외환딜러 친선모임인 포렉스클럽 등에서 탈퇴하기도 했다. 비용도 줄이고, 딜러들 간의 정보교류도 막으려는 조치다. 모여서 가격담합을 할 가능성을 사전에 차단하는 셈이다.

가격담합과 위험투자를 제한함으로써 금융위기의 재발가능성을 막으려는 의도로 시작된 각종 글로벌 금융규제는 외환시장에서 문화적 변화를 가져왔다. 메신저나 카카오톡 등으로 대화를 주고받던 외환딜러들이 기록에 민감해지기 시작했다.

일부 해외 투자은행은 아예 한국어 전담 직원을 뽑아 딜링룸 직원들의 메신저와 전화를 관리했다. 의심스러운 단어나 대화가 있을 경우 내부적으로 단속하는 식이다.

외환시장에서는 메신저 저장내용을 한꺼번에 삭제할 수 있는 텔레그램 같은 새로운 대화수단이 각광받기도 했다. 가격담합을 막기 위한 대화단절 시도와 소통욕구는 서로 부딪쳤다. 하지만 그런 변화 역시 새로운 외환시장의 흐름이 되었다. 딜러들의 세대 교체로 젊은 딜러들이 새롭게 외환시장의 문화를 만들었다. 온갖 규제가 등장하면서 메신저 대화를 중심으로 재빠르게 움직이던 외환시장의 풍경도 조금씩 바뀌어 갔다.

플라자합의의 망령에
주목하자

모든 나라가 환율을 자국에 유리하도록 유지하고 싶어 한다.
플라자합의 때 목표 국가가 일본이었다면 다음은 어디일까?

외환시장에서 오랫동안 입에 오르내리는 유명한 합의가 있다. 1985년 미국 뉴욕의 플라자호텔에서 이루어진 '플라자합의'다. 이 합의는 글로벌 달러강세 기조가 극에 달했던 시기에 외환시장 흐름에 대한 큰 결단을 내린 사건이었다. 미국·영국·독일·프랑스·일본으로 구성된 G5 재무장관은 1985년 9월 22일 플라자호텔에 모여 일본 엔화와 독일 마르크화의 가치를 절상시킬 것을 합의했다. 내용은 간단했다. '미 달러화 가치를 내릴 수 있도록 노력하고, 대외 불균형 축소를 위해 재정·통화정책에 공조한다.'

합의보다 통보에 가까웠던 플라자합의

미국은 1970년대 베트남전쟁과 달러의 국제화, 오일파동 등으로 대규모 재정지출에 나서면서 재정적자가 커졌다. 달러강세마저 지속되면서 미국 무역수지는 적자를 면치 못했다. 여기에 오일쇼크까지 겹치면서 재정적자와 무역적자, 이른바 '쌍둥이 적자'에 시달리던 미국은 견디다 못해 글로벌 달러강세에 제동을 걸어야 한다고 판단했다. 미국은 G5 국가의 재무장관을 불러 모아 더이상은 달러강세를 방관할 수 없음을 지적했다. 이 곳에서 미국의 무역수지 적자를 해소하기 위해 평가절상시킬 통화를 정하게 된다.

타깃이 된 통화는 독일 마르크화와 일본 엔화였다. 전해지는 이야기로는 플라자합의는 '합의'라기보다 '통보'에 가까웠다고 한다. 플라자합의 이후 독일 마르크화와 일본 엔화는 10%에 가깝게 절상되었다. G5 국가는 6주 이내에 달러가치를 내리기 위해 약 180억 달러의 개입공조에 나서기로 했다. 그렇세 미국은 본격적으로 달러약세를 유도하기 시작했다. 이후 외환시장에는 어떤 일이 일어났을까?

처음에 일본은 유례없던 엔화강세를 축복으로 여겼다. 일본인들이 본격적으로 해외여행에 나서기 시작했고, 미국 록펠러센터 등 유명한 랜드마크 건물이 일본인 소유가 되었다. 일본 외환당국자들도 무역 보복관세 등으로 미국과 통상마찰을 겪는 것보다 10% 정도 엔화 절상에 나서는 편이 나을 것이라고 판단한 결과였다.

하지만 그렇게 시작된 엔화강세가 일본의 '잃어버린 20년'의 시작점이 되었다. 엔화는 3년 동안 40% 넘게 절상되었다. 미국시장에서 인기몰이를 하던 일본 가전제품이나 자동차 등은 엔화강세로 수출경쟁력이 급격히 떨어졌다. 내수를 살리기 위해 일본정부는 금리를 낮게 유지했는데 저금리정책은 부동산버블을 낳았다. 부동산버블은 이후 금리인상으로 급격히 꺼졌고, 일본경제는 침체일로로 치달았다. 독일의 경우 플라자합의 이후 유로화 체제로 들어가면서 그나마 충격이 덜했다. 오히려 유럽 내에서 금융위기 당시에도 유일하게 경제상황이 좋은 나라로 꼽혔다.

플라자합의 사례를 보면 환율이 얼마나 무서운 역할을 하는지 가늠할 수 있다. 전적으로 환율 탓만 할 수는 없지만 당시 잘 나가던 일본경제가 한 순간에 맥을 놓은 것은 환율의 전방위적인 역할 때문이었다.

달러약세는 당장은 미국의 수출에 유리할지 모른다. 하지만 글로벌 외환시장에서 다른 나라들의 통화가 절상되면서 투자자금이 미국에서 빠져나간다. 미국에도 100% 좋은 것만은 아니다.

극단적인 환율갈등의 표출

플라자합의의 사례는 극단적인 환율갈등의 표출이라 할 수 있다. 미국의 적자가 지속되고, 글로벌 달러강세가 이어진다면 또다시 불거질 수 있는 일이다. 이 때문에 플라자합의의 사례가 완전히 남의 나라 일이라고 볼 수만은 없는 상황이다. 과거에 일본 엔화와 독일 마르크화가 압박을 받았다면 이번에는 어느 나라의 통화가 타깃이 될까? 중국이나 한국·대만 등 대미 무역흑자국이 그 리스트에 거론되고 있다.

중국의 경우 대미 무역흑자가 3,561억 달러에 달하고, 한국과 대만이 한 해 동안 미국으로부터 벌어들이는 무역흑자가 각각 2016년 기준 302억 달러, 136억 달러 정도다. 무역흑자 수준에 비해 통화는 그다지 절상되지 않았다는 지적이다. 이들 국가의 환율조작여부를 판단해 자국통화를 절상시키도록 하겠다는 것이 플라자합의 때와 비슷한 기류다.

하지만 수치로 보면 같은 기간 중국·독일·일본은 대미 흑자규모가 훨씬 크다. 큰 나라들이 미국에서 막대한 무역흑자를 벌어들이면서도 완화적 통화정책으로 자국통화를 약세로 유도한 상황은 외면한 채 한국·대만과 같은 작은 나라들만 타깃으로 삼은 셈이다.

글로벌 금융위기 이후 주요국의 양적완화책이 도미노처럼 이어지면서 달러약세 국면이 나타났다. 신흥국 주가와 통화는 올랐고, 이는 투기성 자금을 부추겼다. 신흥국은 통화절상과 더불어 물가가 하락하면서 저물가 기조가 나타났다. 성장은 뒤따르지 않는 버블이 기다리고 있었다. 주요 선진국의 정책이 글로벌 환율흐름을 주도했는데 환율조작이라는 굴레는 신흥국이 덮어쓰는 양상이다.

플라자합의 같은 상황이 재현되기 위해서는 주변국들의 공조가 중요하다. 특정 국가를 목표로 통화를 절상시키는 상황에 대비하기 위해서다. 선진국 간의 의견마저 엇갈릴 경우 플라자합의 수준의 효과를 내기는 어렵다. 자칫 타깃으로 삼은 나라의 통화가 오히려 불안한 투자심리를 유발하면서 미국의 의도와 달리 글로벌 달러강세, 신흥국 통화약세로 갈 우려도 있다.

글로벌 달러와 우리나라 외환보유액의 관계

글로벌 달러와 우리나라 외환보유액 규모는 보통 반대의 경향을 보인다. 글로벌 달러가 강세를 보이면 외환보유액이 감소하고, 글로벌 달러가 약세면 외환보유액이 늘어나는 것이다.

이유는 우리나라 외환보유액이 달러화로 환산한 금액으로 발표되기 때문이다. 앞서 언급했듯 한국은행은 외환보유액의 60~70%를 미 달러로, 나머지를 기타통화로 보유한다. 기타통화에는 유럽의 유로화, 일본 엔화, 영국 파운드화, 호주 달러 등이 포함된다.

외환보유액을 미 달러화로 환산할 경우 달러로 보유하는 부분은 그대로지만 나머지 통화들의 달러화 환산액이 달라진다.

글로벌 달러약세로 기타통화들이 대부분 절상되었다고 가정하자. 이때 기타통화로 보유한 외환보유액 금액의 달러환산액이 많아진다. 예를 들어 유로화강세, 달러약세(유로-달러 환율상승)라면 유로로 보유한 부분은 달러환산액이 늘어나는 셈이다. 엔화도 마찬가지다. 엔화강세, 달러약세(달러-엔 환율하락)라면 엔화로 보유한 외환보유액의 달러환산액이 증가한다.

반대로 글로벌 달러가 강세를 보인다면 외환보유액은 감소한다. 기타통화를 미 달러화로 환산한 금액이 줄어들기 때문이다.

물론 외환보유액의 절대금액이 변한 것은 아니다. 미 달러로 환산한 금액이 달라지는 것이지만 외환보유액의 증감에 민감한 우리나라에서는 나름 의미를 가진다.

그렇다면 주요 선진국이 기준금리를 인상할 경우에는 외환보유액이 어떻게 달라질까? 금리인상 이슈는 국채금리상승, 채권가격하락을 부른다. 해외 채권투자를 주로 하는 외환보유액의 투자성향으로 볼 때 금리인상 기조는 그리 반가운 일은 아니다.

외자운용원은 금리인상 이슈가 있는 나라의 채권투자시 낮은 금리의 채권을 팔고, 높은 금리의 채권으로 갈아탈 수 있다. 이 경우 단기적으로 수익률은 하락하지만 높은 금리로 꼬박꼬박 이자 수익이 들어오면서 다시 외환보유액 운용

수익이 안정을 되찾는 효과가 있다. 외환보유액을 운용하는 관계자에 따르면 이 경우 수익률 곡선이 나이키 로고 모양이 된다고 한다.

주요국 금리인상에 따른 글로벌 달러방향은 외환보유액 증감에서 중요한 변수다. 만약 미국 중심의 금리인상, 긴축기조로 인해 미 달러화가 나홀로 강세로 간다면 외환보유액은 줄어든다. 하지만 주요 선진국이 긴축에 나서면서 유럽의 유로, 영국 파운드, 호주 달러 등이 강세를 보이고, 미 달러가 상대적으로 약세를 보인다면 우리나라 외환보유액은 증가할 가능성이 크다.

끝나지 않는
환율전쟁

• • •

이제는 글로벌 외환시장에서 벌어지는 총성 없는 전쟁에 대해 살펴볼 차례다. 플라자합의 이후 어느 정도 마무리되는 듯하던 환율싸움은 금융위기를 거치면서 더욱 확대되었다.

전 세계적으로 경기부양을 위해 통화유동성을 늘리는 양적완화가 경쟁적으로 이어졌다. 완화적 기조에 발맞추어 어느 나라의 통화가 더 절하되느냐를 둘러싼 눈치작전도 치열했다. 그리고 다시 경쟁적으로 풀린 유동성을 거두어들일 시점을 저울질했다. 환율전쟁은 끝날 줄 몰랐다.

도대체 왜 그렇게 환율 때문에 싸우는 것일까? 환율은 돈의 교환가치를 의미한다. 환율에는 마법 같은 힘이 있다. 환율 하나로 무역에서 훨씬 유리한 입지를 차지할 수 있기 때문이다. 같은 값에 더 많은 재화를 끌어올 수 있게 하며, 같은 재화를 더 경쟁력 있는 가격에 팔 수 있도록 만들기도 한다. 가만히 있어도 환율변동만으로 훨씬 유리해진다. 그만큼 돈은 더 들어온다. 결국 환율전쟁은 '돈의 전쟁'이라 할 수 있다.

환율에는 헤게모니를 부여하는 힘도 있다. 미국 달러가 글로벌 환율의 기준이 되면서 전 세계의 환율은 미국경제에 따라 움직인다. 아니, 순서가 다를 수도 있다. 미국을 중심으로 전 세계가 움직이면서 미국 달러가 전 세계 외환시장의 중심축이 되었다. 중요한 것은 헤게모니를 누가 쥐느냐다. 미국이 중국 위안화의 성장을 견제하는 배경은 헤게모니 전쟁의 일환이라 할 수 있다.

환율전쟁 한복판으로 들어가보자. 금융위기 이후 주요국은 어떻게 자국통화 강세를 방어했는지, 환율조작국이라는 비난을 서슴지 않으며 첨예하게 맞붙는 이유가 무엇인지 6일차에서 조금이나마 알아보기로 한다.

• • •

금융위기 이후 벌어진
제3차 환율전쟁

양적완화가 끝나고 이제 수도꼭지를 잠글 시간이 왔다.
그러자 다시 외환시장이 큰 변화의 흐름에 직면했다.

금융위기 이후 글로벌 경제는 침체 속으로 빠져들었다. 그래서 미국을 비롯한 일본·유럽 등의 국가들은 너도나도 돈을 풀기 시작했다. 경쟁적이고 연쇄적인 양적완화시대가 도래했다. 이전과는 확연히 달라진 방식의 통화정책이라고 해서 이를 '비전통적 통화정책'이라고 부른다. 경기를 살리기 위해 주요국은 돈을 찍어 풀었고, 전 세계는 유동성의 홍수를 맞았다. 기준금리는 낮추다 못해 마이너스 금리시대로 접어들었다.

각국의 치열한 양적완화정책

미국은 하늘에서 돈을 뿌리듯 양적완화에 나섰다. 벤 버냉키 전 미국 연방준비제도(Fed; Federal Reserve System) 의장의 이른바 '헬리콥터 머니'정책이다. 하늘에서 돈다발이 내리는 일은 상상만으로도 행복한 사건이지만 이 정책이 그렇게 완벽한 축복은 아니었다. 2008년 금융위기로 이미 연방준비제도의 금리는 제로금리로 치달았다. 금리를 더 내릴 수도 없게 되자 채권매입을 통해 매달 850억 달러 정도를 풀어야 했다. 이렇게 시작된 미국의 양적완화는 QE1, QE2, QE3으로 3단계에 걸쳐 이어졌다. 달러 홍수는 2008년부터 약 7년간 이어졌고, 그 결과 미국에서 풀린 달러유동성은 글로벌 외환시장으로 넘쳐났다.

이처럼 압도적인 속도로 돈을 풀었던 미국은 2014년에야 양적완화 종료, 즉 '테이퍼링(양적완화 축소)'에 나섰다. 미국이 그동안 풀린 돈을 거두어들인다는 소식에 글로벌 외환시상은 또 한번 발칵 뒤집혔다.

유럽도 상황은 비슷했다. 미국이 어마어마한 금액의 달러유동성을 풀어 달러약세가 이어지는 상황에서 손 놓고 있다가는 유로강세에 시달릴 지경이었다. 2012년 7월에 마리오 드라기 유럽중앙은행총재는 이렇게 말했다. "유로존을 지키는 데 필요한 모든 것을 할 준비가 되어 있다. 나를 믿어달라." 리먼브라더스가 망했을 때도 유동성공급에 적극적이지 않던 유럽은 2010년 국채매입을 전격 결정했다. 금리를 낮추고 또 낮추었지만 마이너스금리까지 가도 침체된 경기는 좀처럼 살아나지 않았다. 양적완화는 말할 것도 없었다. 유럽중앙은행은 2015년 3월부터 매달 600억~800억 유로씩 돈을 풀었다. 각종 채권매입을 통해 유동성을 공급하면 각 회원국 중앙은행이 지분별로 채권을 매입해 손실이 생기면 회원국들이 약 20% 수준까지 공유했다.

일본도 다급해졌다. 달러·유로화 모두 양적완화로 약세를 보이자 엔화강세가 불가피했다. 심지어 안전자산이라는 이름하에 투자자들이 엔화로 몰리기 시작하자 일본 역시 양적완화에 나섰다. 그 결과 유명한 윤전기 발언이 나왔다. 2012년 당시 차기 총리로 당선된 아베 신조 전 자민당 총재는 "윤전기를 돌려 돈을 찍어내겠다."고 말했다. 그렇게 매달 7조~14조 엔이 풀렸다. 아베 총리는 '아베노믹스'를 내걸며 경기부양에 나섰다. 그는 '3개의 화살'이라는 정책을 내놓았는데 엔화약세, 재정확대, 경제구조개혁이었다. 이 정책을 3개의 화살이라고 부른 것은 옛날이야기 한 토막 때문이다. 모리 모토나리라는 한 다이묘가 아들 셋에게 화살 하나씩을 부러뜨려보라고 한 후 3개를 한꺼번에 부러뜨리기는 힘들다며 서로 힘을 합칠 것을 가르친 고사에서 '힘을 모아야 함'을 강조한 것이다.

하지만 이 정책은 뜻대로 되지 않았다. 엔화강세에 재정적자, 경제활동인구 급감과 고령화까지 겹치면서 '부러진 3개의 화살'이라는 비난을 받기도 했다.

그야말로 글로벌 돈 잔치가 수년간 이어졌다. 외환시장에서 주로 통용되는 기축통화를 가진 미국·유럽·일본의 경쟁적 양적완화로 돈은 점점 불어나 신흥국으로 넘쳐흘렀다. 이들 국가가 적극적으로 양적완화에 나설수록 신흥국들은 곤란해졌다. 초저금리를 등에 업은 글로벌 투자자금이 금리가 높고 변동성이 큰 신흥국으로 몰려들었다. 졸지에 선진국 통화는 약세를 이어가고, 신흥국 통화는 강세를 이어가는 상황이 되었다. 선진국 간의 환율전쟁은 선진국과 신흥국 간 양대 구도로 번지기 시작했다.

신흥국의 외국자본에 대한 방어

신흥국은 쏟아져 들어오는 글로벌 투자자금을 효과적으로 막을 방안을 찾아야 했다. 안 그러면 자국통화강세에 수출경쟁력 악화는 물론, 물가하락과 디플레이션까지 일어날 수도 있었다. 그래서 '거시건전성정책'을 만들었다. 자본유출입 규제를 하고, 외국인투자자금에 세금을 매기는 등의 조치를 취한 것이다. 그렇지만 선진국의 통화절하에 대응하기 위해서는 경쟁적 통화절하가 불가피했다. 외환시장에 개입함으로써 환율급등락을 막았다.

신흥국들은 경쟁적으로 금리인하흐름에 동참했다. 한국은 물론이고 태국·호주·말레이시아 등등 대부분의 신흥국이 금리인하에 나섰다. 금리를 내려서 꺼져가는 경제성장률을 되살리겠다는 목표였다. 하지만 이는 또 다른 부작용을 낳고 말았다. 투자자금이 몰려오니 통화가치가 자꾸 절상되고(환율이 하락하고), 수출경쟁력은 나빠졌다. 뿐만 아니라 수입물가하락으로 물가상승률이 낮아지는 저물가 기조마저 나타났던 것이다. 여기에 낮은 금리로 인해 돈을 빌린 투자자들이 부동산에 대거 투자하면서 부동산버블의 부작용도 뒤따랐다.

주요국	양적완화(QE)	내용
미국	• 2008년 11월~2014년 10월 • 총 3회 QE실시	• (1차 QE) 2008년 금리 0~0.25% 로 인하, 3천억 달러 국채, 2천억 달러 공공기관채, 총 1조 2천500억 달러 모기지담보증권(MBS) 매입 • (2차QE) 2010년 매달 750억 달러 장기국채 매입 • (3차QE) 2012년 매달 400억 달러 MBS무제한 매입 • (테이퍼링) 2013년 12월부터 100억 달러씩 축소, 2014년 10월 종료
유럽	• 유럽중앙은행 • 2010년 5월~2012년 8월 국채매입 프로그램 • 2014년부터 마이너스 금리 도입	• 재정위기국가 중심의 국채매입 • 2014년 예치금리에 마이너스 적용 • 유로화 사용 19개국 대규모 자산매입 프로그램 • 2015년 3월부터 매달 600억 유로 채권 매입 • 2016년 3월부터 매입규모 월 800억 유로로 증가, 예치금리 3월부터 마이너스 −0.40%, 기준금리 0%
일본	• 2012년 아베정권 취임 이후 양적·질적완화(QQE) • 2016년 1월 마이너스 금리 도입	• 상장지수펀드(ETF), 부동산투자신탁증권(REIT)도 매입 • 2013년 4월 본원통화규모 연 60조~70조 엔 유지 • 2014년 80조 엔 확대, ETF와 REIT 매입 3배 증가 • 2016년 1월 마이너스 금리 도입

저금리·저물가·저성장이 경제를 짓누르는 상황을 사람들은 '뉴노멀(new normal)시대'라고 이름 붙였다. 시대에 따라 새로운 기준이 생긴다는 의미다. 2008년 금융위기 이후 저성장, 저소비, 높은 실업률, 규제강화, 미국의 경제역할 축소 등 새로운 변화가 세계 경제질서를 새롭게 이끌었기 때문이다. 이는 세계적 채권운용사인 '핌코'의 무하마드 엘 에리언(Mohamed El-Erian)이 『새로운 부의 탄생』이라는 책에서 언급하면서 새 시대를 통칭하는 말로 쓰이기 시작했다.

이런 시대에 환율전쟁을 멈추는 일은 도태를 의미했다. 물론 환율전쟁이라는 말이 너무 과도하다는 지적도 있다. 새로운 경제정책이 가져온 새로운 질서를 환율경쟁으로 일반화하기도 쉽지 않다. 하지만 분명한 점은 자유변동환율제라는 이유로 아무것도 하지 않은 채 시장에 내맡긴 국가는 많지 않았다는 것이다. 선진국이라 해도 예외는 없었다. 나라 밖의 요인에 의한 환율충격이 가져오는 부작용을 고스란히 감내하는 것은 미국조차 견디기 어려운 리스크였다.

환율조작국이란
무엇인가?

게임의 룰은 공정해야 하지만 누군가 조작하는 순간,
공정한 룰은 의미를 잃고 공정함의 의미도 달라진다.

자유변동환율제를 둔 나라들도 환율에 어느 정도 손을 댄다. 환율이 적정한 수준과 변동성을 유지할 수 있게 외환당국이 살짝 달러를 사고파는 것이다.

환율조작은 왜 하는지 의문이 생길 수 있다. 환율은 각국의 수출입물가와 경상수지 흑자에 영향을 미친다. 달러 대비 자국통화가 너무 절상되면 수출하는 기업들의 가격경쟁력이 떨어진다. 물론 최근 환율과 수출이 직결되지 않는다는 것이 중론이다. 환율이 상승한다고 해서(자국통화절하) 반드시 수출이 잘되는 것은 아니라는 것이다. 경상수지 흑자 유지를 위한 원화절상 방어를 해왔는데 그게 별로 효과가 없다는 이야기다.

원화절상을 막으면 다 환율조작인가?

하지만 외환당국이 원화절상을 막는 건 단순히 수출지원만으로 볼 수는 없다. 원화가 과도하게 절상되면(환율이 과도하게 하락하면) 다른 부작용도 있다. 우선 물가하락에 영향을 준다. 수입물가가 하락하면서 국내 소비자물가상승률이 낮아질 가능성이 있다. 이렇게 되면 저물가 기조와 경기부진에 시달릴 우려가 있다.

원화만 과도하게 강세를 보이면 투기세력들은 가만히 있지 않는다. 아무래도 강세통화에 투자하고 싶어질 것이다. 그렇게 되면 원화자산에 투자하는 해외투자자가 많아진다. '돈이 들어오는 것이 무슨 문제인가?'라고 생각할 수 있다. 문제는 일시에 이 돈이 빠져나갈 경우다. 단기간의 통화강세에 베팅한 투자금은 환율을 뒤흔들어놓고 빠져나갈 가능성이 크다. 그렇게 되면 달러-원 환율의 변동성이 커지고, 외환시장의 불안도 커진다.

뿐만 아니라 과도한 통화강세는 내국인들의 해외소비를 늘린다. 해외여행·해외소비 등이 많아지면서 국내소비는 위축될 수도 있다. 가만 보면 여행 많이 가고, 돈 많이 쓰면 좋을 것 같지만 그렇지 않다. 여행수지 적자폭이 커질수록 경상수지 흑자폭도 줄어든다.

환율이 과도하게 급등해도 문제다. 수출입물가가 오르고, 원화약세로 투자자의 발길이 끊길 수도 있다. 앞으로 원화가 별 볼 일 없다는 생각에 이미 원화자산에 투자한 투자자는 자금을 뺄 것이다. 막대한 자본유출을 유발할 수 있는 요인이다.

이런 부작용을 막기 위해 외환당국이 종종 외환시장에서 환시개입, 스무딩오퍼레이션(미세조정)을 한다. 이런 외환당국의 개입이

현저한 대미 무역흑자	상당한 경상흑자	지속적 일방향 시장개입
대미 흑자 200억 달러 초과	경상흑자 GDP 대비 3% 초과	GDP 대비 순매수 비중(%) 2% 초과

한국은 2가지 요건 중 현저한 대미 무역흑자와 상당한 경상흑자 요건에 해당한다는 평가를 받았다.

과도하다고 지적할 때 '환율조작'이라는 용어를 적용한다.

그런데 미국이 툭하면 여기에 딴지를 건다. 과도하게 자국통화를 절하시켜서 수출입의 이익을 보는 나라는 혼내주겠다고 선언한 것이다.

미국은 이를 위해 해마다 상반기와 하반기에 환율보고서를 발표한다. 미국 재무부는 중국·독일·일본·멕시코·한국·이탈리아·인도·프랑스·대만·스위스·캐나다·영국, 이렇게 미국의 주요 교역상대국인 12개 나라를 분석·평가한다. 평가요건은 3가지다. 현저한 대미 무역 흑자, 상당한 경상 흑자, 지속적인 일방향 개입이다. 이 조건 중 2가지 이상을 충족하면 '관찰대상국' 내지 '환율조작국'으로 분류된다.

미국이 무역법을 강화하면서 환율보고서를 만들기 시작한 이후 한국은 1988~1989년에 3회에 걸쳐 '심층조사국(환율조작국)'으로 지정되었다.

미국은 교역상대국의 불공정한 환율과 경제정책을 조사해서 환율조작국이라고 생각되면 시정하도록 압박을 가하는 '종합무역법'을 두고, 불공정 무역국가에 보복조치 차원에서 시장개방협상을 할 수 있는 '슈퍼 301조'를 신설했다. 그 배경은 1985년 플라자합의 이후 일본과 독일의 달러 대비 통화가치가 상승했지만 미국의 무역수지 적자가 개선되지 않았기 때문이다. 그래서 보호무역주의가 심해지면서 아시아 신흥국인 한국·대만 등을 환율조작국으로 지정해 압박을 가했다. 그 결과 미국 무역수지 적자가 점차 줄어들었다.

당시 부시 행정부는 데이비드 멀포드 미 국제문제 담당 재무차관을 통해 한국이 교역상의 이득을 얻기 위해 환율을 조작하는 것을 중단하도록 설득했다. 그리고 1989년 11월 25일 달러-원 환율은 무려 70전이나 올랐다. 그 해 최저수준이 665.90원이었는데 673원대로 상승했다. 당시에는 서울외환시장에서 환율이 거의 움직이지 않았기 때문에 0.70원 상승은 급등세라 할 만했다.

미국이 세 번째로 한국을 환율조작국으로 지정할 때 재무부 보고서는 이렇게 분석했다. "한국의 원화는 지난 1985년 9월 플라자협정 이후 33% 절상되었는데 1989년 들어 4월 24일까지 2.74% 절상되었다." 당시 보고서를 발표하기 직전 6개월 사이 원화가치가 절하되면서 그 해 들어 현재까지는 원화절상률이 2%에 그쳤다는 것이다. 즉 달러-원 환율이 내리긴 했지만 덜 내렸다고 꼬투리를 잡은 셈이다. 미국 입장에서는 원화가 강세고 달러가 약세인 쪽이 무역에 유리하니까 원화강세를 압박하는 빌미를 찾는 것이다. 그래서 한국의 원화 절하가 세계적인 무역불균형을 조장한다고 마구 비난을 퍼부었다.

그로부터 27년이 지난 지금도 미국은 여전히 환율압박을 계속하고 있다. 미국 재무부는 환율보고서를 업그레이드했다. 이제는

3가지 조건을 정해놓고 환율조작도 단계를 나누어서 분류해둔다. 이번에 우리나라는 관찰대상국으로 분류되었으며, 여기에는 중국· 일본·대만·독일·스위스도 들어갔다.

환율조작국으로 지정되면 무역제재 우려된다

미국이 환율조작국으로 분류하는 근거는 다음의 3가지다. 대미 무역 흑자가 연간 200억 달러를 넘는 국가이며, 전 세계 대상 경상수지 흑자(그 나라 GDP의 3% 초과)이며, 자국통화 저평가개입을 통해 연간 GDP 대비 2% 이상의 외환을 초과 순매수하거나 8개월 이상 순매수한 경우다.

환율조작국 지정을 이토록 신경쓰는 이유는 무역보복조치 때문이다. 현재 관찰대상국에 대해서는 따로 제재를 하지는 않고 "너 조심해라. 지켜보고 있다." 정도의 경고장을 날린 셈이라고 보면 된다.

환율조작국으로 지정되기 전에는 경고지만 일단 지정되면 상황이 좀 복잡해진다. 미국과 경상수지나 환율조정에 대한 합의를 거치고, 1년간 시정되었는지 확인한 후 무역제재에 들어갈 수 있기 때문이다. 물론 대미 수출을 하는 나라라면 냉큼 어느 정도 환율을 조정할 것이다. 자국통화강세를 용인하는 쪽이다. 무역제재 단계까지 가는 것은 정부 입장에서도 피하고 싶은 일일 것이다.

환율조작국으로 지정되고 나면 외환당국은 운신의 폭이 크지 않다. 자국통화를 절상하는 편이 나을 수 있다. 왜 미국이 시키는 대로 하냐고 묻는다면, 무역제재라는 국면까지 가지 않기 위해서다.

따라서 일정 부분 절상을 하는 것이다. 이 경우 글로벌 외환시장에서도 절상 기대가 나타날 것이고, 환율이 생각했던 수준보다 훨씬 더 내릴 수도 있다. 그래서 미국 재무부를 찾아가기도 하고, 한국이 환율에 그다지 개입하지 않고 있다고 누차 설명하기도 한다. 사전에 예방하는 차원이다.

그 밖에도 환율지적에 대한 다양한 대비책이 나타날 수 있다. 우리나라는 환율조작국 지정이 이슈화되자 대미 흑자를 줄이는 방안도 검토하고 있다. 미국이 그토록 주장하는 불공정무역 상태를 어느 정도 완화시켜주려는 시도다. 미국으로부터의 수입을 늘리는 방안을 통해 대미 무역 흑자를 다소 줄임으로써 환율 차이에 대한 주장을 누그러뜨리고 있다.

시장의 메인 플레이어들을 모아 외환시장에 대한 의견을 듣는 방안도 있다. 수급은 일방향으로만 발생하지 않으며, 굵직한 물량을 보유한 기업은 환율변동성을 키울 수 있다. 이를 참고하는 방안도 있다.

최근 미국은 대미 흑자국을 대상으로 다시 환율조작국 지정 가능성을 내비치고 있다. 도널드 트럼프 미국 대통령이 당선되면서부터다. 트럼프는 후보자 시절 연설에서 중국을 겨냥하면서 환율조작을 응징하겠다는 입장을 나타냈다. 다소 과격한 발언이었지만 미국 기업과 국민의 호응은 컸다. 중국은 환율조작국 지정으로 관세를 높이는 등의 조치를 취하면 미국 국채를 팔겠다고 맞대응하고 있다. 중국에 이어 한국·대만·싱가포르 등도 환율조작국 도마에 올랐다.

One Point Lesson

IMF가 집계하는 한국은행의 선물환포지션

IMF는 각국 중앙은행의 외환보유액에서 선물환포지션을 정기적으로 보고받는다. 이 포지션으로 각국의 외환시장개입여부를 판단한다.

이 포지션은 IMF 홈페이지에서 Data and Statistics에 정기적으로 업데이트된다. 'International Reserves and Foreign Currency Liquidity'에서 찾아볼 수 있다. Data Query로 들어가서 Country를 선택하면 나라별로 살펴볼 수 있다. 해당 자료를 클릭한 후 II. Predetermined short-term net drains on foreign currency assets 항목에서 2. Aggregate short and long positions in forwards and futures in foreign currencies vis-a-vis domestic currency(including the forward leg of currency swaps) 항목을 보면 된다.

이 선물환포지션은 한국은행과 외국환평형기금의 선물환거래와 외화자금시장에 공급한 스왑포지션을 의미한다. 우리나라의 경우 외환당국은 주로 스왑시장에서 달러공급 사이드다. 그래서 포지션은 주로 순매수를 기록한다. 즉 외환당국이 스왑시장에서 달러 현물환을 매도하고, 선물환을 사는 '셀앤드바이'거래로 달러를 공급하면 선물환매수포지션이 커진다. 반대로 '바이앤드셀'을 하거나 앞서 구축한 포지션의 만기연장을 하지 않으면 순매수포지션은 줄어든다. 외환당국이 스왑시장에서 달러를 공급하려면 그만큼 달러가 있어야 한다. 이는 통상적으로 서울외환시장에서 현물환으로 달러를 매수개입(원화약세 유도)한 후 스왑시장에 달러를 공급하는 흐름으로 연결된다. 그렇기에 선물환포지션이 줄어들면 외환당국의 외환시장개입이 줄어든 것으로 해석된다.

IMF와 바젤의 실질실효환율이란 어떤 것인가?

국제결제은행의 실질실효환율은 경제여건이 다른 나라들의
통화가치를 지수화해 비교하는 장치다.

환율조작국이라고 비난하려면 각국의 환율이 공정하게 비교되
어야 한다. 주요국의 환율을 비교할 때 단순히 달러 대비 각국 통
화의 환율 비교는 실제 두 나라의 경제여건 차이를 반영하지 못
한다. 그래서 외환시장에서는 '실질실효환율(REER; Real Effective
Exchange Rate)'이라는 개념이 쓰인다. 각국의 물가나 교역규모 등
을 적용해서 환율의 실제 가치가 어느 정도인지를 비교하는 것이
다. 실질환율은 명목환율을 물가변동을 고려한 구매력으로 나타낸
환율이고, 실효환율은 명목환율을 주요 교역상대국의 교역량으로
가중평균한 환율이다.

실질실효환율로 통화의 실제 가치를 가늠한다

실질실효환율의 사전적 의미를 보면 '한 나라의 화폐가 상대국 화폐에 비해 어느 정도 실질 구매력을 갖고 있는지를 보여주는 환율'이라고 나와 있다. 교역량이나 물가변동 등을 두루 반영해 통화가치를 평가하는 것이다. 어느 나라의 통화가 얼마나 절상되고 절하되어 있는지를 좀더 나라별 경제규모 차이를 적용시켜서 객관적으로 살펴보려는 수치라고 보면 된다.

이 실질실효환율은 주로 국제결제은행이 주기적으로 발표한다. 국제결제은행의 실질실효환율은 http://www.bis.org/statistics/eer.htm을 보면 알 수 있다. 페이지 오른쪽의 ZIP파일로 된 실질실효환율 통계자료를 열어보면 거대한 엑셀파일이 펼쳐진다. 각국 통화를 연도별로 비교해놓았다. 2010년을 100으로 놓고, 100보다 더 큰 숫자면 평가절상을 의미하고, 100보다 낮은 숫자면 평가절하를 의미한다. 주로 61개국 통화를 대상으로 하며, 1994년부터 데이터가 집계되어 있다. 그럼에도 2010년을 기준으로 하는 이유는 2008년 금융위기의 여파가 어느 정도 마무리된 시점이기 때문으로 추정된다. 정확하게 기술되어 있는 부분은 아니다. 실질실효환율은 보통 'broad' 데이터를 참고한다. 2016년 11월을 보면 원화는 110.44로 100보다 다소 평가절상된 상태다. 이미 원화가치가 고평가되어 있다는 의미다.

IMF는 매해 대외부문 평가보고서를 통해 실질실효환율을 분석·발표한다. IMF에 따르면 2016년 6월 한국 원화의 실질실효환율은 2015년 평균보다 4% 절하된 것으로 나온다. IMF는 무역가중기준

▼ 국제결제은행의 실질실효환율

연도	국가										
	아이슬란드	인도	인도네시아	아일랜드	이스라엘	이탈리아	일본	한국	라트비아	리투아니아	룩셈부르크
2016년 3월	121.82	96.62	92.98	89.78	103.02	95.45	76.11	**106.98**	100.7	101.49	99.0
2016년 4월	122.75	96.84	91.11	90.53	104.22	95.52	77.64	**108.87**	100.75	101.77	99.2
2016년 5월	123.66	97.6	90.2	90.69	103.86	95.79	78.82	**106.84**	101.36	101.7	99.3
2016년 6월	124.73	98.16	90.95	90.99	103	95.46	81.45	**107.37**	101.02	101.48	99.3
2016년 7월	127.81	99.67	93.13	91.02	104.3	95.33	82.58	**110.22**	100.52	100.56	98.1
2016년 8월	131.34	99.2	91.75	91.22	104.8	95.69	84.36	**112.01**	99.93	100.24	99.3
2016년 9월	135.2	99.16	92.45	90.77	105.38	95.47	83.8	**112.88**	100.3	100.79	99.4
2016년 10월	137.79	100.4	94.1	90.35	105	94.99	83.31	**111.81**	100.46	100.65	99.1
2016년 11월	142.79	100.76	94.23	89.59	105.73	94.63	80.79	**110.44**	100.71	101.1	99.0

• 자료: 국제결제은행

국제결제은행의 실질실효환율을 찾아보면 엑셀파일로 나오는데 여기서 KOREA를 찾아 2016년 11월 데이터를 검색해보면 110.44가 나온다. 즉, 2016년 11월 기준 달러화 대비 원화는 평가절상된 상태임을 보여준다.

으로는 2015년에 2014년 평균보다 1.5% 절상되었다며 2012년 이후 꾸준히 절상 추세를 보이고 있다고 기술했다.

한국 원화의 실질실효환율은 국제결제은행 기준으로는 절상되어 있지만, IMF 기준으로는 절하되어 있다. 이런 차이가 생기는 이유는 기준으로 삼는 연도가 다른 데다 적용하는 모델이 다르기 때문이다.

양국의 실질실효환율 시각차

여기서 문제가 발생한다. 한국 외환당국은 국제결제은행을 기준으로 실질실효환율을 판단한다. 그런데 미국은 IMF를 기준으로 실질실효환율을 본다.

미국 재무부는 환율보고서에서 실질실효환율 기준 원화가치가 경제 기초여건에 따른 적정수준보다 낮다고 주장한다. IMF의 실질실효환율을 인용한 것이다. 반면에 한국정부의 입장은 다르다. 원화는 충분히 절상될 만큼 절상된 상태라고 주장한다. 이는 국제결제은행 실질실효환율을 근거로 한 주장이다.

미국은 IMF 기준으로 원화를 더욱 절상하라고 압박하고, 환율보고서까지 내는데 한국은 계속 현재 원화는 충분히 절상되어 있다고 항변하는 상황이다. 이런 상황이 얼마나 지속될 수 있을까?

한국 외환당국도 이런 상황을 인지하고 IMF의 보고서에 유념하고 있다. 아무 대책 없이 있다가는 환율압박이 가중될 가능성이 있기 때문이다. 사전에 원화의 평가수준을 감지하고 지속적으로 모니터링하는 한편, 적절한 수준을 유지하도록 스무딩오퍼레이션에 나서기도 한다. 그럼에도 불구하고 양국의 실질실효환율 시각차는 쉽게 좁히기 어려운 부분이다.

빅맥지수, 라떼지수,
신라면지수는 무엇인가?

통화가치는 글로벌 인기 상품의 가격으로 재평가되기도 한다.
나라별 물가수준·생활수준·구매력 등이 다르기 때문이다.

구매력평가환율이 필요한 이유

환율은 화폐가치를 반영한다. 달러-원 환율은 '달러가치와 원화가치를 교환하는 비율'이라고 봐야 한다. 달러-원 환율이 1,000.00원이면 1달러짜리 한 장에 1천 원이라고 설명했다. 그렇다면 뉴욕에서 1달러 한 장으로 살 수 있는 물건이 우리나라 원화 1천 원으로 살 수 있는 양일까?

여기서 의문이 발생한다. 물건가격이 같아야 한다. 그럼 같은 물건인데 서울에서 팔리는 원화로 된 가격과 뉴욕에서 팔리는 달러로 된 가격이 정확히 환율 차이를 반영하고 있을까? 즉 서울에서

246

▼ 나라별 빅맥지수

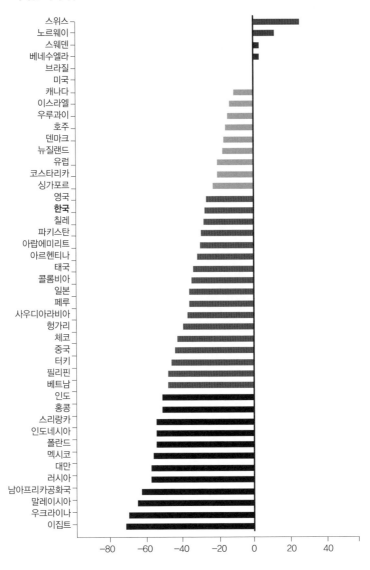

• 주: 2017년 1월 기준
• 자료: 이코노미스트

왼쪽으로 갈수록 해당 통화의 구매력이 떨어지는데, 이는 저평가 되었음을 의미한다. 오른쪽으로 갈수록 해당 통화의 구매력은 증가하는데, 이는 고평가 되었음을 의미한다.

저평가	고평가	한국(2017년 1월)
■■ 〉50% ■■■ 25–50% ■■■ 10–25%	■■ ±10%	■■ 10–50% ■■ 50–100% ▨ 〉100%	가격: 3.68달러(약 4,400원) 실질지수: 27.3% 저평가 실제환율: 1,196원 평가환율: 869.57원

• 자료: 이코노미스트

오른쪽 South Korea부분 주석을 보면, 가격은 3.68달러(4,400원), 실질지수는 27.3% 저평가, 실제환율은 1,196원, 평가환율은 869.57원으로 나와 있다.

파는 스타벅스 라떼 한 잔과 뉴욕에서 파는 라떼 한 잔 값의 차이도 우리가 알고 있는 환율 차이와 같을까? 그렇지 않다.

나라마다 물가가 다르고 국민의 생활수준도 다르다. 때문에 그 나라 돈이 갖는 구매력도 달라질 수밖에 없다. 단순히 환율 차이로만 표기하기는 어려운 실제구매력을 살펴보려고 똑똑한 사람들이 '구매력평가환율(PPP; Puchasing Power Parity)'이라는 것을 만들었다.

구매력평가환율은 글로벌 시장에서 판매되는 동일한 상품의 가격을 나라별로 비교해 통화별 구매력 차이는 물론, 이를 통해 나라별 물가수준과 생활수준 등을 가늠하는 데 쓰인다. 구매력평가환율이라고 하면 재미없으니까 이를 좀더 재미있게 응용해 빅맥가격이나 스타벅스 라떼 톨 사이즈, 우리나라의 신라면, 애플의 아이팟, 삼성 애니콜 등을 지수화하기도 한다.

서울과 뉴욕의 빅맥지수가 중요한 이유

빅맥지수는 각국에서 팔리는 빅맥버거의 가격으로 통화가치와 물가수준 등을 판단하는 것을 말한다. 이때 관세나 운송비 등의 비용은 제외한다. 회사별 가격 방침도 제외한다. 이를 통해 나라별 가격은 얼마나 차이가 나는지, 실제 환율을 기준으로 추정한 환율은 어느 정도인지를 비교한다. 신문기사에서 인용할 때는 나라별로 어디가 제일 비싼지, 어디가 제일 싼지 물가를 비교할 때 쓴다.

2017년 1월 빅맥지수를 살펴보면 미국에서 빅맥 한 개는 5.06달러에 팔리고 있다. 한국 매장에서는 3.68달러(약 4,400원)에 팔리고 있다. 달러-원 환율은 1,196.00원 수준이고, 빅맥지수로 본 적정 환율은 869.57원이다.

계산이 나오는 과정은 이렇다. 달러-원 환율을 고려하면 우리나라에서 4,400원에 팔리는 빅맥을 달러로 환산한 가격은 '4,400원/1,196.00원 = 약 3.68달러'다. 지금 미국에서 빅맥 한 개가 5.06달러에 팔리고 있다. 우리나라에서 빅맥 한 개를 살 수 있는 돈으로 미국에 가면 같은 것을 살 수 없다. 미국에서 빅맥을 사려면 3.68달러에 1.38달러를 더 내야 한다. 그렇게 되지 않으려면 환율이 조정되어야 한다. 4,400원이 5.06달러의 가치가 되려면 환율은 869.57원

▼ 빅맥지수로 비교한 환율

2017년 1월	빅맥가격	실제 환율	빅맥지수로 본 환율
미국	5.06달러	1,196.00원	869.57원
한국	4,400원		

이 적용되어야 한다.

적정수준의 환율 869.57원보다 실제 달러-원 환율 1,196.00원은 높은 셈이다. 원화가 그만큼 저평가된 것으로 볼 수 있다. 달러보다 원화의 구매력이 떨어진다는 의미다.

스타벅스의 라떼 톨 사이즈도 같은 원리로 적용된다. 현재 미국 시애틀지점과 서울 모처의 스타벅스 라떼가격을 비교해 환율 차이를 알아본다. 그리고 어디가 더 비싼지, 싼지를 살펴본다.

하지만 글로벌 시장에서 판매되는 동일한 상품이라고 해서 모두 이렇게 지수화가 되는 것은 아니다. 면세점 화장품이나 명품백가격은 지역별 편차가 꽤 크다. 면세점 화장품은 입점시기의 평균환율이나 면세점끼리의 가격방침 등이 적용되면서 현재수준의 환율이 제대로 반영되지 않는 경우가 많다. 예를 들어 유로화가 약세를 보여도 프랑스 화장품 가격이 내리지는 않는다. 오히려 환율은 내리는데 가격이 인상되는 경우도 있다.

One Point Lesson

샤넬백가격으로 실질실효환율을 추정해보기

명품백가격은 사실상 명확하게 물가를 반영한다고 보기 어렵다. 개인적인 생각이지만 글로벌 시장에서 같은 제품이 팔리지만 나라마다 가격 적용방침이 다른 듯하다. 과거 샤넬백가격은 '샤테크'라는 말이 나올 정도로 유럽 현지의 가격이 쌌다. 한국에서는 비싸게 받을수록 더 잘 팔린다는 이상한 원칙도 영향을 주었을 가능성이 있다. 유럽 현지에 가서 사와도 비행기 표값을 뽑고도 남는다는 말이 있을 정도였다. 샤넬은 지난 2015년 715만 원에 팔리던 클래식 점보백을 600만 원으로 인하했다. 면세점 가격도 6천 180달러에서 4천 870달러로 낮추었다.

가격조정이 이루어졌으니 샤넬 클래식 점보백 가격을 나라별로 비교할 수는 있겠다. 샤넬프라이스닷컴(http://www.chanelprices.com) 사이트에서 비교해 본 2016년 기준 샤넬 클래식 플랩백가격은 다음과 같다.

▼ 샤넬백가격 비교

국가	가격	국가	가격
미국	4,900달러	프랑스	4,260유로
한국	598만 원	일본	54만 5,400엔
영국	3,990파운드	태국	17만 9,100바트
중국	3만 3천 위안		

- 주: 2016년 12월 기준
- 자료: 샤넬프라이스닷컴

2016년 12월 기준 미국에서 팔리는 샤넬백가격이 4,900달러, 한국에서의 가격은 598만 원이다. 우리나라 돈 598만 원으로 같은 백을 미국에서 살 수 있을까? 2016년 연말 달러-원 환율은 1,207.70원이었다. 598만 원을 환율로 환산한 가격은 4,951.5달러다. 미국에서 샤넬백을 하나 사고도 거스름돈이 남는다. 가격으로 추정한 적정 환율은 598만 원이 4,900달러가 되려면 달러-원 환율은 1,220.40원이어야 한다. 실제 환율은 1,207.70원이었으므로 원화가 고평가된 것으로 볼 수 있다.

물론 '샤넬백지수' 이런 것은 없다. 샤넬백으로 환율을 비교해본 것은 추정해서 설명한 것일 뿐이다. 아무래도 명품가격은 각국 물가수준을 반영하기에는 너무 비싸고, 소비자층이 제한되어 있다. 재미로 계산해봤지만 물가수준과는 별개로 보는 것이 맞는 듯하다.

글로벌 외환시장을 뒤덮은
달러 쓰나미

달러유동성은 외환시장의 최대 축이자 각국 환율변동성을 유발하는 변수다.
달러유동성은 너무 넘쳐도, 모자라도 문제가 생긴다.

시작은 넘쳐나는 달러였다. 아니 어쩌면 시작은 금융위기였고, 그 이전으로 거슬러 올라가면 무분별하게 넘쳐나던 레버리지였는지도 모른다.

'물극필반(物極必反)' '달이 차면 기운다'라는 말은 금융시장의 상황을 설명하기 좋은 고사성어다. 과도한 경기호황과 투자가 극에 달하면서 금융위기를 불렀고, 이전으로 돌아가려는 노력으로 인해 오히려 부작용만 꼬리를 무는 형국이 되었다. 10년 주기로 금융위기가 반복된다는 말도 같은 맥락이다. 사물의 전개가 극에 달하면 반드시 반전한다는 물극필반의 교훈은 금융시장에 딱 맞는 말이었다.

한국, 달러가 넘쳐나 문제였던 시절

2008년으로부터 8년. 넘쳐나던 글로벌 유동성과 글로벌 달러약세에 한국은 고전해야 했다. 외환시장에서 달러-원 환율은 지난 2009년 3월 6일 1,597.00원 고점을 찍고, 2014년 7월 4일 1,008.40원 저점까지 떨어졌다. 5년 반 동안 588.60원 하락했다.

저금리와 양적완화에 기반한 글로벌 달러약세는 투자자들의 발길을 이머징마켓으로 돌렸다. 미국을 비롯해 일본·유럽 등에 투자해봤자 금리가 터무니없이 낮다. 제로금리, 심지어 마이너스금리인 곳도 있는 만큼 상대적으로 고금리인 이머징 통화는 투자하기에 더할 나위 없이 좋은 여건이다.

한국 외환당국은 비상이 걸렸다. 가장 큰 문제는 원화강세 기대가 과도하게 형성되는 것을 막는 일이었다. 경상수지 흑자, 3%대 경제성장률, 재정건전성 등은 외국인투자자의 원화강세 기대를 한껏 부풀렸다. 이머징 통화 중에서도 펀더멘털이 좋은 원화는 글로벌 투자자들이 투자하기에 매력적인 통화였다. 그러다보니 글로벌 자금이 한국에 급격히 유입되었다. 달러-원 환율은 계속 빠졌다. 환율이 하락할 때마다 수출기업은 실적악화로 곡소리를 냈다.

▼ 외국인 연도별 증권투자자금

(단위: 원)

기간	2010년	2011년	2012년	2013년	2014년	2015년	2016년
순매수	22조 8,939억	-9조 5,731억	17조 6,300억	4조 7,240억	6조 2,850억	-3조 4,590억	12조 1,090억

• 자료: 금융감독원

외국인 자금유입은 금융위기 때 빠져나간 금액을 메우고도 남았다. 금융감독원에 따르면 외국인투자자들은 국내 증권시장에서 2009년 32조 3천억 원, 2010년 22조 8,939억 원을 순매수했다. 2년간 합친 금액이 55조 원인데 이는 금융위기가 있었던 2007~2008년 순매도액인 60조 5천억 원의 90% 이상의 돈이 재유입된 것이었다.

2011년에는 외국인이 9조 6천억 원어치를 순매도했으나 2012년에는 17조 6천억 원 순매수해 또 전액 재유입되었다. 외국인투자자들은 2013~2014년에는 각각 국내 증권시장에서 4조 7,240억 원, 6조 2,850억 원 규모의 주식을 순매수했다. 이후 2015년에는 3조 4,590억 원 순매도했으나 2016년에는 12조 1,090억 원 순매수로 돌아섰다. 외국인자금이 증시를 중심으로 쏟아져 들어오면서 달러-원 환율은 하락압력을 받았다.

외환당국은 환율 방어를 위해 1,150.00원, 1,100.00원 등 주요 레벨에서 달러매수개입에 나섰다. 가파른 원화절상을 막기 위한 대응이었다. 그리고 달러를 사서 환율하락을 막음으로써 수출기업의 환차익을 보전해주었다는 비난을 감수해야 했다. 그 결과 달러-원 환율은 글로벌 유동성의 충격에도 가까스로 1,000원선을 유지했다. 외환당국 구두개입에도 1,010원선을 내주었던 환율은 차츰 매도압력이 줄면서 지난 2014년 7월 4일 1,008.40원에서야 하락세에 제동이 걸렸다.

금리차 확대만으로도 선진국과 신흥국 통화 간의 선호도 차이는 분명해졌다. 달러·엔·유로 등은 제로금리나 다름없지만 신흥국 통화는 달랐다. 적게는 2%대에서 많게는 10%대까지 가는 신흥국 통화의 고금리는 통화절상 조건을 더욱 탄탄하게 만들었다. 달러약세, 신흥국 통화강세흐름이 오랫동안 이어졌다. 그러다 그 기조가 서서히 바뀌기 시작했다. 헬리콥터로 돈을 풀겠다던 벤 버냉키 전 미국 연방준비제도의장이 드디어 브레이크를 밟았다. 이른바 '테이퍼링', 즉 양적완화 축소였다. 글로벌 환율전쟁의 또 다른 막이 올랐다.

글로벌 긴축전쟁, 누가 승자일까?

글로벌 환율전쟁에 이어 이번에는 긴축전쟁이었다. 누가 먼저, 어떤 방식으로, 어떤 속도로 긴축에 나설지가 관건이었다. 물론 선두주자는 미국이었다.

　미국은 앞선 양적완화로 경제상황이 매우 좋았다. 처음에는 예상만큼 적극적인 긴축정책이 쉽지는 않았지만 글로벌 금융시장은 이내 모두 알아챘다. 잘 나가는 곳은 미국뿐이고 그것이 이번에는 글로벌 달러강세 국면을 만들 것임을 말이다.

　미국은 양적완화 축소, 금리인상으로 방향을 튼 반면 유럽·일본은 아직 경기부양을 위한 양적완화를 지속해야 한다는 입장을 여전히 고수했다. 통화정책에서 선진국 간의 격차가 벌어진 셈이다. 이를 '통화정책 다이버전스'라고 한다. 양적완화로 약세를 보이던 달러화의 운명도 바뀌었다. 달러는 점점 강세로 치달았다. 고래 사이에서 계속 등 터지며 오랫동안 달러약세와 싸워왔던 새우 신세의 신흥국들은 다시금 환경변화에 시달렸다. 이번에는 달러약세가 아닌 달러강세였다.

글로벌 달러강세는 또다시 신흥국에 악재가 되었다. 제로금리였던 달러화의 금리가 높아진다는 것은 신흥국 통화의 고금리 매력도가 급격히 떨어질 수 있다는 것을 시사했다. 그러면 지금까지 신흥국으로 유입된 자금은 어떻게 될까? 한 외국계은행 서울지점 대표는 "마치 수영장에 가득 채운 물을 빼는 것처럼 소용돌이가 일고 그 수영장 바닥의 구멍에서는 난리가 날 것"이라고 말했다.

달러강세의 소용돌이는 주요국 중앙은행을 고민에 휩싸이게 했다. 미국과 함께 금리를 올려서 금리격차를 유지할 것인가, 경기를 살리기 위해 계속 인공호흡을 하며 돈을 풀 것인가? 딱히 대안은 없었다. 미국의 경제는 안정을 되찾고 있었지만 유럽·일본·중국 등은 여전히 경제부담이 컸다.

글로벌 달러강세는 신흥국 자본이탈은 물론, 각국 통화의 약세를 유발했다. 그리고 이것은 단기간에 끝나는 것이 아니라 미국의 수출을 압박하고, 미국이 주요국을 압박하면 다시 통화절상압력이라는 부메랑이 될 수 있었다. 자국통화강세는 상대적으로 수출단가를 높여 경쟁력을 악화시킨다. 달러강세로 미국도, 나아가 전 세계 국가들도 모두가 피해자가 될 수 있었다.

미국 달러강세로 전 세계의 돈은 다시 미국으로 향했다. 미국에서 풀려난 달러의 파도가 쓰나미가 되어 미국으로 돌아가는 형국이었다. 뉴욕증시는 연일 사상 최고치를 찍었다. 다우지수와 S&P지수, 그리고 나스닥지수도 사상 최고치를 경신했다. 자금이 몰리고 시장이 활기를 띠면서 달러는 더욱 강세가 되었다.

미국 국채수익률이 뛰어오르면서 글로벌 달러는 14년 만에 최고수준을 찍었다. 미국이 금리를 올릴 것이라는 기대는 투자자들을 설레게 했고, 너도나도 돈을 빼서 미국에 투자하게 만들었다. 전 세계 금융시장이 미국만 바라보는 상황이었다. 때마침 도널드 트럼프 미국 대통령이 당선되면서 미국의 제조업을 살리고, 재정정책을 확대해 미국 경기를 부양하겠다고 공언하면서 미 달러는 더욱 강세로 치달았다. 미국의 금리인상은 '비정상의 정상화'를 위한 조치였지만 다른 나라에는 또 다시 비정상적인 금융시장이 펼쳐졌다. 수년간의 양적완화로 유동성을 풀어온 비정상적인 상황을 되돌리는 미국의 조치는 다시금 외환시장을 극단으로 치닫게 했다.

미국 금리인상과 트럼프, 그리고 환율

• • •

환율을 이해하는 것은 결국 미국 달러를 이해하는 과정이기도 했다. 달러값이 어떻게 바뀌는지, 그에 따라 자금이 어떻게 움직이는지를 따라가는 과정이다. 그렇게 하면 환율을 좀더 쉽게 받아들일 수 있다. 이제는 미국 돈인 달러화가 어떤 경제상황을 기반으로 움직이는지를 살펴볼 차례다.

그러려면 미국의 경제·정치 등을 알아야 한다. 옛날에 미국의 한 재무부장관의 유명한 말이 있다. "달러는 미국 돈이지만, 당신들의 문제다." 맞다. 달러는 미국 돈인데 글로벌 외환시장 전체를 흔드는 중요한 문제다.

도널드 트럼프 미국 대통령이 당선 이후 "중국과 일본이 무슨 짓을 했는지 보라. 우리는 바보처럼 지켜보고만 있었다."라고 말했을 때 각국의 환율당국자들은 또다시 환율전쟁을 직감했다. 각국은 글로벌 달러강세 때문에 자국 통화가 약세를 보인 것이지 환율정책에 의한 것이 아니라고 즉각 반박했다. 다시 환율조작국을 둘러싸고 치열한 눈치보기와 설전이 벌어졌다. 외환시장에서 다시금 미국발 환율전쟁의 전운이 감돌았다. 미국의 정책이 변하고, 그로 인해 전 세계가 출렁이는 상황은 미국 달러가 기축통화인 한 계속 반복될 수 있다.

미국의 금리를 정하는 연방준비제도는 어디까지나 미국중앙은행일 뿐이라는 것도 염두에 둘 필요가 있다. 실제로 연방준비제도는 자신들은 미국의 중앙은행이라고 명시적으로 언급했다. 미국을 위한 정책, 미국을 위한 정치가 지속되는 것이지 미국의 정책이 글로벌 금융시장과 신흥국 여파 등을 고려해 이루어질 가능성은 크지 않다는 의미다.

그런 점에서 트럼프 행정부 출범 이후 달러-원 환율을 둘러싼 글로벌 금융시장의 여건은 어떻게 변해갈까? 이제 그 속으로 들어가본다.

• • •

$€£¥

유동성 파티,
마침내 끝나다

한 중앙은행 관계자는 유동성을 줄이는 일을 두고 "칵테일 파티에서
펀치보울을 치우는 일"이라고 했다. 누군가는 파티의 종료를 알려야 하니 말이다.

미국의 금리인상에 왜 이렇게 호들갑일까? 얼마나 큰 충격을 불러
오는 일이기에 글로벌 금융시장이 발칵 뒤집혔을까?

미국의 금리인상은 금융위기 이후 지속되어 온 초저금리와 양
적완화 기조를 멈추는 일이었다. 한 중앙은행 관계자는 유동성
을 줄이는 일은 "한껏 분위기 좋은 칵테일 파티에서 큰 펀치보울
(punch bowl)을 치우는 일"이라고 표현했다. 그야말로 산통을 깨는
일이 아닐 수 없다. 4조 5천억 달러 규모의 돈 잔치! 미국 양적완
화로 떠받친 시장이 이제 파티를 끝내고 집으로 돌아갈 시간을 맞
은 셈이다.

미국이 파티종료를 알리자 금융시장이 불안해졌다. 1929년 미

국 대공황의 시작점이던 '검은 목요일(10월 24일)'이나 1987년 '블랙먼데이(10월 19일)'가 재현될 것이라는 불길한 전망도 제기되었다. 거대한 유동성으로 여기저기에 투자해놓은 시장참가자들은 고민에 빠졌을 것이다. '일단 팔고 정리하자. 그리고 달러를 사자.'

결국 달러밖에 대안이 없다

외환시장에서는 불안한 증세가 있을 때 달러가 명약이다. 기축통화이자 미국이라는 든든한 배경까지 갖추었으니 달러만한 게 없다. 그래도 불안하면 엔화를 산다. 일본경제는 시원찮지만 엔화는 유동성이 좋다. 그렇게 '안전자산선호'나 '위험자산회피'라는 명분을 내세우면서 달러·엔화자산으로 투자자들이 몰린다. 그런데 일본은 계속 양적완화 기조를 유지하겠다고 한다. 달러강세와 엔화약세가 나타나면서 달러-엔 환율은 올랐다. 결국 달러밖에 대안이 없다.

미국은 지난 2015년 12월에 금융위기 이후 7년 만에 첫 금리인상을 단행했다. 그때도 분명 시장이 발칵 뒤집혔는데 생각보다 빨리 안정되었다. 이미 금리를 올리겠다는 예고편을 너무 많이 보여주면서 시장이 예상할 수 있도록 시간을 주었기 때문이다. 그 후 미국은 2016년 한 해 동안 금리를 4차례 올릴 것으로 전망했지만 12월에서야 한 차례 금리를 올렸다.

금융시장의 관심은 온통 미국이 얼마나 빠른 속도로 금리를 올릴 것인가에 집중되어 있다. 이에 미국 FOMC의 점도표가 주목을 받기 시작했다. 점도표는 미국 연방준비제도 위원들이 예상하는 금리수준을 점으로 표시한 도표다.

점도표는 2017년 미국이 3차례 금리를 올릴 것으로 전망했다. 미국의 경제지표가 호조를 보이고 있어 금리인상 속도는 더 가파를 수 있을 것으로 예상되었다. 미국은 3월과 6월에 금리를 각각 25bp씩 인상했다. 이런 이유로 금융시장에서 미국 FOMC의 점도표는 나올 때마다 집중조명을 받는다.

미국 금리인상 시그널, 경제지표

미국이 빠르게 금리를 올리려면 고용지표·물가지표 등이 두루 좋아야 한다. 그래서 외환시장참가자들은 미국이 혹시라도 금리를 올리는 데 방해가 될까 싶어 미국 경제지표가 안 좋게 나오면 촉각을 곤두세웠다.

외환시장이 '미국 금리인상＝달러강세'에 집중하면서 미국 경제지표 결과는 다양한 해석을 낳았다. 외환시장은 미국 금리에 의한, 미국 금리를 위한, 미국 금리의 흐름을 유지했다. 고용지표가 악화되면 금리를 못 올릴 정도는 아니라고 해석했고, 고용지표가 좋으면 금리인상 기대를 불러일으켰다.

국제 유가도 미국 금리인상과 달러강세의 영향권에 놓였는데 보통 달러와 반대로 움직인다. 전 세계적으로 석유는 달러를 매개로 거래되는데, 달러가 강세를 보이면 상대적으로 유가가 비싸게 느껴져 수요가 감소한다. 수요가 감소하면 유가는 하락한다.

반대로 달러가 약세면 원유수출국가들은 같은 양의 원유를 팔아도 수익이 줄어든다. 원유가격이 싸게 느껴지는 셈이다. 그러면 원유생산국들이 원유가격을 올리게 된다.

그런데 미국 금리인상이 불러일으킨 달러강세는 유가와 달러가 반대로 움직이는 관계도 뒤집어놓았다. 시장은 유가하락에 달러강세를 예상했다. 보통의 공식대로 말이다. 그런데 유가가 상승해도 외환시장참가자들은 달러강세를 기대했다. 그 이유는 무엇일까? 유가가 반등한다는 것은 그만큼 원유 수요가 기대되는 것이고, 경제가 좋아질 것이라는 전망을 반영한다는 것이다. 그러니 금리인상 가능성이 높을 것이고, 달러도 강세를 보일 것이라는 논리다. 결국 시장은 달러강세라는 큰 흐름을 예상하면서 보고 싶은 것만 보고, 듣고 싶은 것만 듣고 있었던 것이다. 그럼 여기서 궁금증이 생긴다. 미국이 금리를 올리면 달러-원 환율은 어떻게 될까?

앞서 설명한대로 미국 금리인상은 기본적으로 달러강세요인이다. 보통 어느 통화의 금리가 올라간다는 것은 해당 통화를 보유하면 그만큼 이자를 더 받는다는 의미다. 이는 해당 통화의 수요를 자극하게 된다.

1.25%에서 만난 한국과 미국 금리

미국과 우리나라의 금리를 비교해보자. 2016년 말 0.50~0.75%였던 미국 금리는 2017년 들어 2차례 금리가 인상되면서 레인지 상단이 1.25%에 도달했다. 한국의 기준금리 연 1.25%와 같은 수준

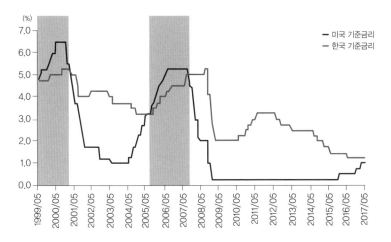

보통은 미국 금리보다 한국 기준금리가 높다. 하지만 두 나라의 금리는 과거 역전된 적도 있다.
2017년 7월 현재는 미국의 기준금리가 2차례 인상되면서 한국 기준금리인 연 1.25%와 같아졌다.

이다. 두 금리가 역전될 시점이 도래한 것이다.

　미국은 보통 한번 금리를 올리기 시작하면 꾸준히 올리는 모습을 보여왔다. 지난 1994년 미국은 1년 만에 7번이나 금리를 올렸다. 25bp씩 7번 올리면서 금리가 무려 1.75%나 올랐다. 금리가 급등세를 타면서 금리가 오를수록 가격이 내리는 채권시장은 난리가 났다. 1994년은 '채권대학살의 해'로 전해졌다.

　이처럼 미국이 금리인상 속도를 더하면 투자자는 어디에 투자하겠는가? '난 금리가 높은 게 너무 좋아. 조금 덜 안정적이어도 0.25%p라도 더 받아야지.' 이런 생각을 갖고 있는, 한국을 너무나 사랑하는 투자자도 있겠지만 대부분의 투자자는 그렇지 않다. 거액을 투자하면서 이왕이면 금리도 괜찮고 안정성도 있는 통화를 택하는 편이 나을 것이다. 그리고 대부분의 투자자가 그렇게 생각하면 그 통화(여기선 달러)는 앞으로도 강세를 보일 가능성이 크다. 그러면 미국 증시, 미국 국채에 투자하고 싶은 투자자들이 늘어날 수밖에 없다. 미국 자산에 투자해야 하니 너도나도 달러를 바꾸고 싶어하면 달러를 사는 수요가 많아지고, 달러는 강세를 보인다.

달러-원 환율로 보면 달러강세, 원화약세다. 달러가 고공행진을 펼치니 자연스럽게 원화는 기가 죽을 수밖에 없다. 그렇다고 해서 원화가 완전 의기소침해 있는 것은 아니다. 원화는 이머징 통화 중에서도 제법 잘나가는 통화이기 때문이다. 경상수지 흑자를 57개월째 내고 있는데다 유동성도 꽤 좋은 통화다. 증시도 저평가되어 있는 것으로 알려져 투자자들이 쉴 새 없이 들고난다.

게다가 중국 위안화와 한 바구니에 담는 세트로 투자되는 경우도 많다. 이른바 '프록시 통화'라고 부른다. 프록시 통화는 A통화의 유동성이 적을 때 그 통화와 가장 연동된 흐름을 보이는 유동성 좋은 B통화가 있으면 A 대신 B를 사고팔아서 포지션을 헤지하는 통화를 말한다. 즉 위안화가 유동성이 떨어져 거래를 원활하게 하기 어려운 외국인투자자들이 원화를 대신 사고팔아서 전체 이머징 통화포지션을 조절한다. 위안화에 투자하고 싶은 투자자들이 늘어날수록 원화투자도 함께 늘어날 가능성이 있다. 현재로서는 한국과 미국의 금리가 같아졌다고 해서 자본이 유출되지는 않고 있다. 한국 코스피는 2,400대로 사상 최고치를 경신했다. 오히려 국내 금융시장으로 외국인투자금이 들어오는 상황이다. 글로벌 경기회복세에 수출여건도 개선되었다.

266

이처럼 원화를 둘러싼 펀더멘털이 아주 나쁘지는 않다. 다만 북한 관련 지정학적 리스크, 한-미 금리차 확대에 따른 자본유출 우려 등은 원화약세요인이 될 수 있다.

한-미 금리가 역전되면 일어나는 일

물론 미국 금리와 한국 금리가 역전되었던 시절도 있었다. 2005년 8월부터 2007년 8월까지 2년간이다. 미국은 지난 2004년 6월부터 2006년 7월까지 기준금리를 연 1.00%에서 5.25%까지 인상했다. 반면 한국은 2004년 8월과 2004년 11월에 금리를 인하했고, 2005년 10월이 되어서야 금리를 올렸다. 두 나라의 통화정책이 반대로 가면서 금리가 역전되었다.

▼ 2005년 원화 및 엔화 환율 추이

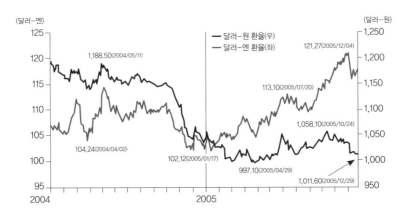

• 자료: 연합인포맥스

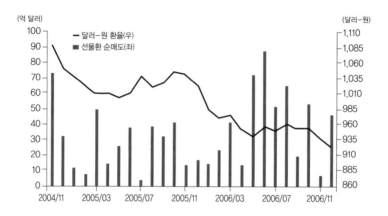

▼ 2006년 국내기업의 선물환거래 추이

(억 달러)   (달러-원)

— 달러-원 환율(우)
■ 선물환 순매도(좌)

• 자료: 한국은행

국내기업의 선물환거래를 보면 순매도가 많을수록 달러-원 환율이 하락한다.

　　한-미 금리가 역전된 시기에 달러-원 환율이 이론대로 급등한
것은 아니다. 왜냐하면 당시 원화는 아주 호시절이었기 때문이다.
특히 2005년은 국내 수출기업들의 헤지거래가 본격화된 시기였
다. 삼성전자는 물론이고 조선업황도 좋아서 중공업체 네고물량이
물밀 듯 밀려들었다. 미래의 달러가치가 떨어질 것을 염려해 미리
선물환매도에 나서는 업체들이 부지기수였다. 미국 금리인상으로
환율이 오를 때마다 수출기업들이 고점매도에 나서면서 네고물량
에 번번이 막혔다. 글로벌 달러는 강세였는데 달러-원 환율은 무
겁기만 했다.

　　이런 흐름은 금리역전기가 지나고 미국이 금리를 인하한다는 말
이 나오자 급격히 심해졌다. 글로벌 달러약세에 수출업체 네고물
량이 겹치면서 지난 2007년 10월 31일 달러-원 환율이 899.60원

268

▼ 선박 신규수주 및 인도예정 물량

(단위: 건, 억 달러, 기)

	2014	2015	2016	2017	2018
신규수주	328	288	**59**	–	–
금액	332	240	**39**	–	–
인도예정 물량[1]	332	361	356	328	**108**
LNG운반선	–	–	27	29	**26**
해양플랜트	–	–	8	9	**6**
기타[2]	–	–	301	290	**76**

- 주: 1) 2014~2016년은 실적
      2) 대부분이 상선
- 자료: 기획재정부

에 저점을 찍는다.

　이처럼 금리역전기에도 달러-원 환율이 별로 오르지 않던 때가 있었다. 하지만 그때와 지금은 상황이 좀 다르다. 조선업은 불황이다 못해 '수주절벽'과 '구조조정'의 악재를 맞았다. 월말이 되어도 더이상 네고물량이 집중되지 않고 있다. 삼성전자 · 현대차 등이 벌어들이는 수출대금도 외환시장에 직접적으로 유입되는 규모가 줄었다. 과거처럼 한-미 금리가 역전되어도 원화강세를 유지해주던 수출기업들의 활약은 상대적으로 줄었다. 물론 경상수지 흑자규모는 그때보다 커졌다. 하지만 기업들은 선물환으로 달러를 팔기보다 조금씩 외화예금통장에 모아놓기를 좋아하게 되었다. 환율 레벨을 불문하고 선물환매도에 나서던 과거의 모습과는 다소 달라진 양상이다. 미국 금리인상으로 달러-원 환율이 오르더라도 달러매도물량이 과거처럼 쏟아질 정도로 적극적이지 않다.

One Point Lesson

미국 연방준비제도의 점도표 보는 법

▼ FOMC 점도표

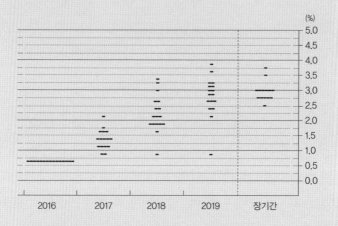

• 주: 2016년 12월 14일 기준
• 자료: 미국 연방공개시장위원회

표에서 2017년에 점이 제일 많은 곳을 따라가본다. 다수의 미국 연방준비제도 위원들이 예상하는 금리수준은 연 1.25~1.5% 레인지다. 이 레벨은 2016년 12월 수준보다 약 75bp 높다. 보통 금리는 한 번에 25bp씩 조정한다.

미국 금리는 레인지로 표시된다. 2016년 12월에는 연 0.50~0.75%였다. 그래서 점도표를 볼 때도 이 레인지로 된 금리를 생각해야 한다.

먼저 표에서 2017년을 찾고 가장 많은 점이 몰려 있는 구간의 금리수준을 보면 된다. 그 수준이 현재 금리수준보다 얼마나 높은지를 두고 금리인상 속도를 가늠한다. 2017년도에 가장 많은 점이 몰려있는 구간은 1.25~1.5% 구간이다. 2016년 말 기준 0.50~0.75%보다 75bp(0.75%포인트) 높다. 그렇다면 약 3칸 올라야 한다. 한 번에 조정하는 25bp로 계산할 때 3회 인상이 된다.

외환시장에 돌발변수는 큰 충격을 준다

시장은 때로는 불확실성에 베팅하고, 불확실성을 즐긴다.
하지만 돌발변수의 충격은 불확실성의 차원을 넘는다.

10%의 확률이 주는 충격

2016년의 외환시장은 이벤트의 홍수였다. 충격적인 투표결과가 줄을 이었다. 그 사건들 속으로 들어가보자.

2016년 6월 24일. 영국이 유럽연합을 탈퇴하기로 결정했다. 브렉시트는 국민투표라는 아주 민주적인 절차에 의해 가결되었다. 영국인들은 신사적일 것이고, 유럽의 대표 국가 중의 하나인 만큼 절대 유럽을 등지지 않을 것이라던 시장의 기대는 보기 좋게 빗나 갔다. 영국인들은 점잖은 얼굴로 유럽에서 발을 빼는 데 찬성했다. 브렉시트는 말도 안 된다며 베팅조차 하지 않던 서울외환시장도 발칵 뒤집혔다. 달러-원 환율은 전일 대비 29.70원이나 폭등했다. 유로존이 무너질 수도 있다는 비관론도 제기되었다.

브렉시트는 누구도 쉽게 예상하지 못한 일이었다. 말도 안 된 다고 생각했던 일은 그렇게 외환시장을 강타했다. 그것도 서울외환시장 장중에 투표결과가 나왔다. 정말 아이러니한 일은 브렉시트가 가결되고 나서 구글에 가장 많이 검색된 질문이 "EU가 뭔가요?"였다는 점이다. EU가 뭔지 모르는 사람들조차 브렉시트 가결에 표를 던진 것이다. 이 투표 결과는 난민과 재정악화, 책임분담 등에서 벗어나고 싶은 영국인들의 속마음이 고스란히 모습을 드러냈다.

EU를 등진 영국을 손가락질하며 흉보던 미국인들도 결국은 속마음을 내보였다. 2016년 11월 9일. 미국 대통령 선거가 있었다. 이번에도 선거결과가 서울외환시장 장중에 나올 예정이었다. 아침에만 해도 힐러리 클린턴 전 민주당 후보의 당선 확률이 90%대로 치솟았다. 그때까지만 해도 선거결과는 힐러리 클린턴 후보의 당선이 기정사실이나 다름없게 여겨졌다. 하지만 이번에도 시장은 뒤통수를 맞았다.

90%의 가능성은 90%일 뿐 100%가 아니었다. 단 10%도 안 되는 확률이 기존의 상식을 뒤엎고 현실화되었다. 도널드 트럼프 후보가 당선된 것이다. 미국 지역구별로 불이 들어오는 지도를 열어놓고, 외환딜러들은 "설마! 설마!"를 외쳐댔다. 그리고 그 설마는 현실이 되었다. 도널드 트럼프 후보가 대통령에 당선되었다. 그러자 이번에는 달러-원 환율이 14.50원 급등했다. 장중 저점이 1,128.70원, 고점이 1,157.30원이었으니 사실상 하루 변동폭은

▼ 돌발변수와 환율

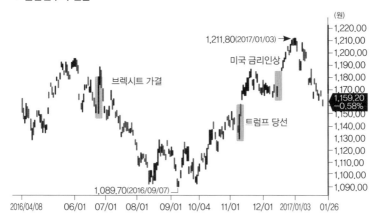

• 자료: 연합인포맥스

브렉시트 투표 가결, 도널드 트럼프의 미국 대통령 당선은 금융시장에 큰 이변이었다. 기존의 질서에 대한 큰 변화는 글로벌 금융시장 전체의 흐름을 뒤흔들 수도 있다.

28.60원에 달했다.

대선 TV토론에서도 압승했고, 구구절절 야무진 발언을 이어가던 힐러리 후보를 제치고, 트럼프 후보가 당선되면서 시장은 패닉에 빠졌다. 각종 성희롱 발언을 일삼은 전력과 멕시코 이민자를 막기 위해 멕시코가 낸 돈으로 장벽을 쌓겠다는 공약까지 내걸었는데 어떻게 트럼프 후보가 대통령으로 당선이 된 것일까? 사람들은 선거결과를 놓고 갑론을박을 벌였다. 기존 정치권에 대한 반발심리라는 평가와 '아메리칸 퍼스트(american first)'를 내건 지도자는 변화를 원하는 미국 국민들에게 매력적인 선택지였다는 분석도 나왔다. 대놓고 말하기는 뭣하지만 속마음은 트럼프를 지지했던 미국인들을 놓고 '샤이 트럼프'라는 별명이 붙기도 했다.

불확실성이 도처에 자리잡다

2016년에 일어난 이 2가지 사건은 글로벌 금융시장의 또 다른 전환점이 되었다. 2008년 금융위기 이후 글로벌 공조를 통해 위기를 헤쳐 나가자던 국가들은 어느새 자국 중심의 반세계화흐름으로 돌아섰다. 먹고살기 팍팍한 국민들의 인내심이 바닥난 셈이다. 그들은 변화를 택했다. 각자도생의 시간이 온 것이다.

이는 서울외환시장의 달러-원 환율에도 큰 변화를 가져왔다. 브렉시트의 충격에 달러-원 환율이 급등한 후 "유럽에서 나가는데도 한참 걸린다."며 환율은 진정되었다. 그런데 미국에서 트럼프가 당선되면서 트럼프발 달러강세를 유발했다. 달러-원 환율이 여차하면 1,300원대로 갈 것이라는 전망까지 나왔다.

외환시장에서 이런 돌발변수가 의미있는 이유는 '불확실성' 때문이다. 불확실성은 환율을 크게 움직이기도 하지만 꼼짝 못하게 묶어놓는 요인이 되기도 한다. 브렉시트나 도널드 트럼프 대통령 당선 같은 큰 이슈는 환율흐름을 크게 뒤흔드는 요인이다. 그만큼 불확실성이 크다. 변동성 장세에서 포지션을 가지고 가는 외환딜러들 입장에서는 불안할 수밖에 없다. 길을 알 수 없는 사막 한 가운데 서 있듯, 숲에서 방향을 잃듯 어림잡아 베팅해야 하는 상황을 만들기 때문이다.

이 2가지 사건 이후 글로벌 외환시장은 다시금 혼돈의 장세로 들어섰다. 금융시장이 호환마마보다 싫어한다는 불확실성이 도처에 자리를 잡았다.

One Point Lesson

금융시장의 신조어들

2016년에 일어난 두 사건은 투표라는 지극히 민주적인 방식으로 일어났다. 기존의 질서를 뒤엎는 결과가 단발성 이슈로 끝나지 않을 것이라는 점은 명백해졌다.

이에 금융시장에서는 신조어가 우후죽순처럼 생겨났다. 브렉시트의 1차 충격이 가셨지만 유로존에서 짐을 쌀 준비를 하는 곳은 영국만이 아니었다. 유로존에 가입된 각국이 정권교체를 앞두고 있고, 그 와중에 좌파정당들은 '유로존 탈퇴'라는 공약을 내걸기 시작했다. 특히 프랑스가 대선을 앞두고 유로존 탈퇴라는 카드를 꺼내들기 시작했다. '프렉시트(Frexit; 프랑스의 유럽연합 탈퇴)'가 수면 위로 떠올랐다. 여기에 그치지 않았다. '넥시트(Nexit; 네덜란드의 유럽연합 탈퇴)'와 '이탈렉시트(Italexit; 이탈리아의 유럽연합 탈퇴)' 등 각국의 유럽연합 탈퇴를 의미하는 단어가 줄을 이었다.

트럼프의 미국 대통령 당선이라는 이슈도 마찬가지였다. 대놓고 트럼프를 지지하기는 부담스럽지만 트럼프를 찍는 사람들을 '샤이 트럼프(Shy Trump)'라고 불렀다. 트럼프 대통령이 추구하는 정책으로 인한 물가상승을 의미하는 '트럼플레이션(Trumpflation)'도 주목을 받았다. 그리고 트럼프의 자국우선주의, 아메리칸 퍼스트 주장에 열광하는 현상을 '트럼피즘(Trumpism)'이라고 부르기도 했다. 트럼프 대통령 당선 이후 그의 정책에 베팅하는 시장참가자들은 이를 '트럼프 트레이딩' 또는 '트럼프포지션'이라고 불렀다.

트럼프 행정부의 딜레마, 그것이 알고 싶다

트럼프의 당선은 외환시장 최대의 돌발변수였다.
트럼프의 말 한마디에 시장은 심하게 요동쳤다.

"불법체류자 200만 명을 추방하겠다." "미국과 멕시코 사이에 장벽을 쌓을 것." "미국인 아닌 무슬림은 입국금지." "멕시코, 중국에 높은 관세 부과." "주한미군 철수, 방위분담금 내라."

도널드 트럼프 미국 대통령이 후보시절 제시한 공약이다. 그는 선거유세 때마다 충격적인 공약을 내놓으면서 전 세계의 이목을 집중시켰다. 그리고 미국 대통령이 되었다. 외환시장은 불안해졌다. 트럼프 대통령이 작정하면 저 모든 말을 현실로 만들 수 있다는 불안심리 때문이다. '아메리칸 퍼스트'를 외치는 대통령이니 미국경제가 좋아질 것이라는 전망과 금리인상이 점차 가팔라질 것으로 전망되면서 미국 달러는 고공행진을 펼쳤다.

트럼프트레이딩에 빠진 외환시장

서울외환시장이 긴장한 이유도 바로 도널드 트럼프였다. 그가 던진 재정정책과 무역 관련 공약들에는 한국 원화의 펀더멘털을 위협할 만한 내용이 포함되어 있었기 때문이다.

트럼프 미국 대통령은 '보호무역주의'를 전면에 내세웠다. 그리고 재정정책을 확대해서 경제를 살리겠다고 호언장담했다. 미국만 잘 먹고 잘 살거라고 공언한 셈이다. 트럼프가 지목한 국가, 즉 중국·한국·대만 등 대미 경상수지 흑자가 많은 나라는 불안에 휩싸였다. 미국이 한국에 대미 무역 흑자를 줄이라고 환율을 압박하고, 방위분담금을 내라고 하고, 주한미군을 철수시키겠다고 위협한다면 원화에는 경제적·지정학적 리스크를 부추기는 요인이 되어 달러-원 환율이 상승한다.

그렇다고 해서 트럼프의 공약이 오로지 달러강세를 선호하는 것은 아니다. 보호무역주의, 미국의 경제회복 등에 달러강세는 오히

▼ 트럼프 대통령의 7가지 무역정책

환태평양경제동반자협정(TPP) 폐기
미국을 위한 강력한 무역협상가 임명
무역협정 위반 감시
북미자유무역협정(NAFTA) 재협상 및 탈퇴
중국 환율조작국 지정, 무역제재
중국 불법 보조금 지급에 대한 미국 법원 및 WTO 제소
대통령 권한으로 중국의 불법행위에 대한 제재

• 자료: donaldjtrump.com

려 걸림돌이 될 수 있다. 달러가 약세인 편이 미국 내 제조업체들의 수출에 유리하다. 달러는 약세로, 다른 나라의 통화들은 강세로 만드는 것이 공약을 실행하기 위한 전제조건이 될 수도 있다.

그런데 다른 나라에 통화절상압력을 가하려면 기본적으로 달러가 약세여야 한다. 여기서 트럼프 행정부는 딜레마에 처했다. 글로벌 달러가 고공행진을 하고 있는 한 신흥국이나 주요국 통화가 강세로 가려고 해도 가기 어렵다. 결국 트럼프의 공약은 글로벌 달러 약세를 유도해야 하는 구조인 셈이다.

그래서 도널드 트럼프가 한마디했다. 트럼프 미국 대통령은 외신 인터뷰에서 "우리 통화(달러)가 너무 강해서 우리 기업들이 그들(중국)과 지금 경쟁을 못한다."며 "그것(달러강세)이 우리를 죽이고 있다."고 말했다. 달러강세로 인해 미국 수출제조업 여건이 나빠지고 있다는 걸 강조하는 말이다. 달러강세로 치닫던 외환시장 분위기는 트럼프의 달러강세에 대한 한마디에 돌변했다. 달러가 약세로 방향을 바꿨다.

도널드 트럼프의 한마디가 외환시장을 움직일 정도로 강력할까? 그렇다. 그는 미국 대통령이기 때문이다. 달러는 미국 통화다. 발권력이 미국에 있음을 의미한다. 그래서 미국이 금리를 어떻게 움직이는지, 각국 환율정책에 대해 어떻게 보는지가 중요하다. 도널드 트럼프의 한마디는 그가 미국 대통령으로 당선된 순간부터 너무나도 중요해졌다.

문제는 그 다음부터다. 달러가 약세로 돌아서고 나니 주요국 통화가 상대적으로 강세를 보일 형편에 처했다. 앞서 환율조작국 이슈에서 언급했듯 대부분의 나라는 자국통화의 절상을 꺼린다. 수출가격경쟁력에서도 불리하고, 유독 눈에 띄게 절상되는 통화는 투기세력도 붙을 수 있다.

트럼프는 달러약세를 강조하는 데 그치지 않고, 공약으로 내건 환율조작국 카드를 집었다. 처음에는 일본과 중국·독일 등이 자국 통화를 절하해서 미국 달러가 강세로 갔다는 논리로 접근했다. 그래서 미국의 수출업체들이 힘들었고, 그 상황이 계속되었다는 의미다.

트럼프의 발언에 이들 국가가 반박하고 나섰다. 오히려 금융위기 이후 미국이 양적완화를 지속하는 과정에서 달러약세가 이어져 통화가 절상되는 어려움을 겪었다는 논리다. 미국의 달러강세는 2016년부터 미국이 금리를 인상하는 과정에서 심화된 측면도 있었다. 그러자 트럼프는 다시 신흥국 쪽으로 타깃을 바꾸었다.

트럼프가 움직이는 달러방향

트럼프발(發) 달러약세에 대해 과거 플라자합의 이후 최대 환율피해국으로 꼽혔던 일본이 가장 먼저 움직였다. 아베 신조 일본 총리가 트럼프 대통령과 만나 우호적인 관계를 다지자 달러-엔 환율에 대한 지적이 누그러졌다. 환율조작국 이슈에서 일본이 먼저 발을 뺀 셈이다. 달러-엔 환율이 반등했다. 엔화약세였다.

엔화약세는 원화에 직접적인 타격을 주었다. 엔-원 재정환율이 하락했기 때문이다. 엔화약세에 원화가 상대적으로 강세를 보였다. 그동안 엔화강세, 원화약세에 베팅하던 외환딜러들이 한순간

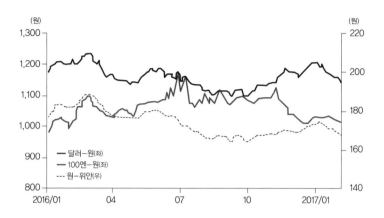

• 자료: 한국은행 경제통계시스템

달러-원 환율이 2017년 1월중 트럼프 미국 대통령의 달러약세 발언으로 하락했다.

에 엔화약세, 원화강세로 돌아서면서 달러-원 환율은 더욱 하락했다. 원화는 2017년 1월 한 달 만에 3.9% 절상되었다. 주요국 환율 중 엔화가 4.2% 절상되었던 것과 비교할 때 원화는 엔화 다음으로 강세였다. 이렇게 되니 아시아 신흥국 통화 중에서 원화절상폭이 점점 커졌다. 원화가 강세라는 걸 깨달은 다른 신흥국 투자자들이 '원화매수'에 나섰기 때문이다. 2017년 2월이 되면서 환율하락폭은 더욱 커졌다. 2017년 새해 첫날부터 1,200원대로 출발했던 달러-원 환율은 점점 하락세를 타더니 2017년 3월에는 1,110원대까지 떨어졌다.

달러-원 환율은 미국 상황에 따른 글로벌 달러흐름에 예민해지기 시작했다. 미국은 기본적으로 금리를 인상하겠다는 입장이고, 앞

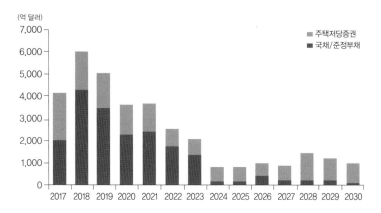

▼ 미 연방준비제도의 보유자산 만기 도래

(억 달러)

범례: 주택저당증권 / 국채/준정부채

• 자료: 국제금융센터

미 연방준비제도는 그동안 사들인 국채의 만기가 도래하면 매입규모를 줄이거나, 더이상 사지 않는 방법으로 양적완화 축소에 나설 수도 있다.

으로 미 연방준비제도는 대차대조표를 축소하겠다는 입장이다. 사들이는 채권도 점점 덜 사거나 만기 때 재투자를 하지 않는 쪽으로 가고 있다. 방향 자체가 양적완화 축소, 금리 정상화로 가고 있다.

게다가 트럼프 행정부는 재정정책을 확대해서 인프라투자도 늘리고, 미국경제를 더 좋게 만들겠다고 호언장담했다. 미국이 좋아지는 흐름에서 미국 통화인 달러는 기본적으로 강세 여건을 깔고 가는 상황이다.

달러약세를 이끌 변수도 있다. 트럼프 행정부가 계속 주변국과 무역마찰을 일으키거나 불확실성이 큰 이슈를 계속 던져서 미국경제에 의구심을 품게 하는 경우다. 부작용이 있다면 미국에도 100% 이로운 것은 아니라는 점이다. 최근에는 도널드 트럼프 미국 대통령이 후보시절 러시아와 내통했다는 '러시아 스캔들'이 터지면서 정책 추진에 제동이 걸린 상태다. 이 점이 또 달러 약세를 유발하고 있다.

미국 금리인상 기조가 외환시장의 예상에 못미칠 경우도 달러약세요인으로 거론된다. 미국 연방준비제도는 금리인상과 함께 보유자산축소에도 나설 방침을 밝혔다. 하지만 미국 경제지표 개선속도가 뒷받침되지 않아 이런 미 연방준비제도의 행보에 차질이 생긴다면 달러는 약세를 보일 수 있다.

트럼프 정부가 계속 만지작거리는 환율조작국 이슈 역시 달러방향을 가를 수 있다. 실제로 몇몇 나라를 환율조작국으로 지정했을 경우를 가정할 수도 있다. 하지만 대미 흑자국은 보통 수출의존도가 높은 나라들이 대부분이어서 수출이 줄면 펀더멘털 악화로 인한 자국통화약세도 가능하다. 환율조작국 이슈가 달러약세, 조작국 통화강세로만 연결되지는 않는 구도다.

환율과 관련해 트럼프 행정부가 처한 이런 딜레마는 전 세계 경제와 연결되어 있다. 무역도 활발한 요즘 같은 때에는 다 같이 망하는 길이라는 비판도 일고 있다.

달러의 방향키가 될 만한 다른 요인도 있다. 일본이나 유럽이 양적완화를 축소하겠다고 나서는 것이다. 이는 달러약세를 유발할 만한 요인이다. 양적완화 축소는 해당국 통화의 강세를 불러일으키므로 엔화나 유로화가 강세를 보일 여지가 있다. 유럽중앙은행은 이미 2017년 가을부터 양적완화축소 논의에 들어갈 방침이다. 일본도 언젠가는 과도하게 풀린 유동성을 거두어들이는 순간이 올 것이다. 그런 점에서 예상 시나리오에 넣어둘 만하다.

트럼프 행정부의 환율 기조를 둘러싼 조건을 살펴봤다. 주요국의 상황과 트럼프 행정부의 정책을 놓고 달러-원 환율이 어떻게 움직일지를 가늠해보는 것은 환율을 이해하는 데 도움이 될 것이다. 앞으로 트럼프발 달러흐름이 어떤 형태로 나타날지, 환율 압박으로 인한 환율조작국 이슈가 어떻게 전개될지 여부는 달러-원 환율은 물론, 달러-원 환율을 출렁이게 할 변수가 될 수 있다.

중국 위안화의 존재감은
생각보다 크다

글로벌 외환시장에서 가장 핫한 통화는 위안화일 것이다.
베일에 싸인 중국의 정책들이 드러날수록 위안화의 존재감은 커진다.

"중국에 45%의 수입관세를 매기겠다.""대통령으로 취임하면 중국을 환율조작국으로 지정하겠다." 도널드 트럼프 대통령이 후보시절 중국에 대해 쏟아냈던 폭탄선언은 일종의 선전포고가 되었다. 이로써 미국과 중국 간의 환율 대결구도가 불가피해졌다.

글로벌 외환시장에서는 미국 달러강세와 중국 위안화약세를 점쳤다. 미국의 보호무역주의가 심화되면서 달러강세가 나타나는 동시에 중국은 관세부과와 환율조작국의 부담을 지게 되었다. 중국은 미국 국채매도 가능성을 열어두는 동시에 강경대응 방침을 세웠다. 미국과 중국 간의 대결은 단시간에 끝나지 않을 싸움이 될 전망이다.

외환시장에서 위안화는 약세를 보였다. 중국 인민은행이 고시하는 달러-위안 환율은 6.9위안대로 오르면서 7위 안에 근접해졌다. 글로벌 달러강세까지 겹치면서 달러-위안 환율상승세가 가팔랐다. 하지만 중국 인민은행이 제동을 걸었다. 순순히 위안화약세를 인정하면 투기세력이 달라붙을 수 있어 쉽게 내주지 않겠다는 입장이다.

위안화를 보는 중국의 미묘한 스탠스

여기서 잠깐, '중국은 왜 위안화약세를 막으려 할까?' 하는 의문이 들지도 모르겠다. 위안화약세는 수출에는 도움이 되지만 자본유출이라는 부작용을 낳는다. 위안화자산에 투자했던 투자자들은 위안화가 약세를 보이면 투자에서 별로 이익을 보지 못할 수 있다. 어떤 상품에 투자했는데 그 상품의 가치가 환율 변화 때문에 떨어지는 것을 투자자 입장에서는 원하지 않을 것이다. 그래서 투자자들이 돈을 빼서 나갈 수 있다. 문제는 그냥 돈을 빼는데 그치지 않고, 심리적으로 악영향을 주는 경우다. 돈을 빼고 끝나는 것이 아니라 '위안화가 앞으로 더 약해질 것이니, 위안화자산에는 가급적 투자하지 말자.'는 심리적 공감대가 형성되면 중국은 자본유출 이후의 상황도 우려해야 한다. 주가는 물론 자산가격이 폭락할 수도 있다. 그런 상황을 막기 위해 중국은 외환보유액을 헐어가며 적극적으로 위안화약세를 막았다.

중국은 위안화약세 방어에 성공할 수 있을까? 조지 소로스를 비롯한 투기세력이 위안화약세에 베팅할 때 중국의 태도는 마치 '잠자는 사자의 콧털을 건드리다니.' 하는 식이었다. 하지만 이번에는 상대가 투기세력이 아니라 미국이다. 그렇다면 미국과 중국 간의 환율싸움은 어떤 국면으로 전개될까?

여기서 중국 외환시장의 구조를 한번 짚고 넘어가자. 중국의 환율은 아직 '관리변동환율제'로, '역내 위안화 환율(USD/CNY)'과 '역외 위안화 환율(USD/CNH)'로 구분되어 있다. 전자는 중국 본토에서 인민은행이 고시하는 환율이고, 후자는 홍콩외환시장에서 거래되는 위안화 환율이다. 역내 위안화 환율의 경우, 중국 인민은행이 고시하기 때문에 그 기준이 불분명하고, 관리가 가능하다. 중국이 고시환율을 통해 환율을 관리하더라도 글로벌 외환시장참가자들이 활발하게 오가는 역외 위안화 환율은 급등락할 수 있다. 아울러 중국의 고시환율이 글로벌 외환시장흐름을 과도하게 벗어난다면 기준으로서의 역할을 제대로 할 수 없게 된다.

중국을 만만하게 볼 수 없는 이유는 단순히 환율뿐 아니라 자국민의 외환거래 자체를 일사불란하게 제어할 수 있다는 점 때문이다. 중국은 사회주의적 시장경제체제로 내부통제에 강하다. 중국은 기업들의 위안화 환전을 독려하는 한편, 개인당 환전규모를 5천 달러로 제한하는 등 각종 정책을 쓴다. 아울러 관리변동환율제로 위안화 환율 등락폭을 제한하기 때문에 환율에 대한 정책적 관리의 폭이 크다.

최근 중국은 외국인투자자들이 채권시장에 자유롭게 투자할 수 있도록 채권통을 여는 등 금융시장 개방을 위한 노력을 하고 있다. 중국이 국가적 과제로 삼고 있는 '위안화 국제화'도 앞으로 주목할 만하다. 중국은 글로벌 무역결제통화 대열에 위안화를 올리기 위해 부단한 노력을 해왔다. 각국의 위안화 결제를 독려하는 한편, 원-위안 직거래 시장도 활발하게 추진했다. 그 결과 지난 2016년 10월에는 IMF의 특별인출권으로 편입되기도 했다. 이를 통해 편입비중이 달러(41.7%), 유로(30.9%)와 함께 위안화가 10.9%로 상위 3위를 차지했다.

중국이 위안화의 국제화를 계속 추진하기 위해서는 글로벌 외환시장에서 위안화가 자유롭게 거래되는 방향으로 가야 한다. 중간에 과도한 외환시장개입으로 환율을 관리하면 다시 위안화에 대한 신뢰도가 추락할 수밖에 없다. 바로 이 점이 중국 외환당국이 미국의 압박에서 자유로울 수 없는 이유다.

중국 외환시장의 독특한 입지

그럼에도 중국이 만만찮은 상대라는 것은 미국 국채 보유량에서도 드러난다. 중국은 1조 달러가 넘는 미국 국채를 보유하고 있다. 즉 미국에 대한 세계 최상위 채권국이다. 지난 2016년 12월에는 중국의 미국 국채보유량이 1조 1,200억 달러로 감소하면서 일본에 1위 자리를 내주었다. 중국의 미국 국채매도는 중국 외환보유액 감소를 불러온다. 달러자산을 파는 것이기 때문이다. 중국 외환보유액은 3조 달러가 넘지만 미국 국채매도가 지속되면 더 줄어들 수밖에 없다.

중국 위안화흐름은 서울외환시장에서도 유의해서 지켜볼 부분이다. 위안화가 단독으로 강세 행진을 펼칠 가능성은 현재로서는 크지 않다. 중국이 관리변동환율제를 유지하고 있고, 위안화가 지속적으로 강세로 가는 것을 용인하지 않을 것이기 때문이다. 특히 위안화흐름은 아시아 이머징 통화 전체에 대한 리스크요인이 될 수 있다. 위안화가 20% 이상 절상될 경우 아시아 통화들이 동반강세를 보일 가능성도 있다.

원화는 위안화와 밀접하게 연동되고 있어 위안화가 강세를 띠면 함께 강세로 향할 수 있다. 앞서 언급한대로 원화는 위안화와 프록시 통화로 엮여 있기 때문이다. 중국이 위안화 강세를 용인해야 하는 상황이 되면 한국도 재차 환율부담을 질 수 있다.

중국이 미국과 환율갈등을 벌이다 미국 국채를 본격적으로 매도할 경우 우려스러운 상황이 펼쳐질 수도 있다. 미국 국채매도가 중국에서 그치지 않고 다른 나라들로 번질 수 있기 때문이다. 미국 달러가 약세로 갈 가능성도 있다.

플라자합의 때처럼 미국이 중국을 겨냥하고 환율압박을 펼친다면 이머징 통화는 한바탕 난리를 겪을 수도 있다. 중국은 일본과 다른 상황이다. 일본처럼 자유롭게 변동하는 환율이 아닌 위안화의 특성 때문에 주변국 통화들이 프록시 헤지의 대상이 될 수 있다. 더 나아가 아시아 국가들 중 대미 무역 흑자가 많은 나라를 중심으로 환율변동성이 커질 가능성도 배제할 수 없다. 미국 달러강세로 자국통화약세를 방어해야 하는 나라들은 누구나 중국과 비슷한 입장이 될 수 있다. 여러 나라가 외환보유액을 줄여가며 환율방어에 쓰는 일은 결국 시장의 혼란을 가중시킬 수밖에 없다. 외환시장이 인위적인 환율조절경쟁 국면에서 벗어날 수 없는 셈이다.

그 많은 달러는
도대체 어디로 갈까?

미국이 그 많은 달러를 어떻게 흡수할지, 그 과정에서 충격이
얼마나 흡수될지에 모든 외환시장참가자의 이목이 쏠려 있다.

앞으로의 외환시장을 잘 이해하려면 글로벌 투자자금이 어떻게 움직이는지 그 경로를 파악해둘 필요가 있다. 이제는 달러-원 환율만 보아서는 전체적인 흐름을 볼 수 없다. 글로벌 외환시장의 큰흐름을 보아야 한다. 미국 달러가 강세인지, 상대적으로 유로화가뜨면서 달러가 약세인지를 보아야 한다. 아니면 갑자기 안전자산선호로 엔화가 강세를 보이는지, 중국 위안화 환율이 아슬아슬한싸움을 하고 있는지 큰 그림으로 보아야 한다. 가장 중요한 것은글로벌 외환시장에 풀려 있는 대규모 달러자금이 어느 대륙을 향하는지 여부다. 그 경로를 알아야 환율을 제대로 이해할 수 있다.

캐리트레이드를 움직이는 아주머니들

흔히 무리지어 이동하는 글로벌 자본을 '캐리트레이드(carry trade)'라고 부른다. 이는 저금리로 돈을 빌려 고금리 자산에 투자하는 자본을 의미한다. 이쯤 되면 외환시장의 유명한 부인들 이야기를 안할 수가 없다. 외환시장에서 유독 부인들의 자금이 많다. 이 부인들을 이해하는 것도 캐리트레이드를 이해하는 데 도움이 될 것이다.

제일 유명한 것은 엔 캐리트레이드 자금이다. 일본의 '와타나베 부인'이라는 아주머니 부대의 자금이다. 와타나베는 일본의 흔한 성 중의 하나다. 일본은 앞서 언급했듯 장기간 저금리를 유지해온 국가다. 은행에 돈을 넣어두어봤자 금리가 너무 낮다보니 일본 주부들은 해외투자에 눈을 뜨기 시작했다. 저금리의 엔화자금으로 달러를 사고, 남아프리카 공화국의 랜드화까지 대거 투자할 정도로 성장한 것이다. 이 때 고금리 해외통화에 적극 투자하던 아주머니들을 통칭해서 '와타나베 부인'이라고 불렀다. 이 아주머니들은 주로 'FX마진트레이딩'을 했는데 일정한 증거금을 선물회사 등에 내고 해외통화 선물거래를 하는 것이다. 이 금액이 지난 2007년에 200조 엔을 웃돌 정도로 커지면서 와타나베 부인들은 국제금융시장의 큰손으로 주목받았다.

다른 부인도 있다. 미국 성씨를 가진 '스미스 부인'이다. 성으로 예상했듯 달러 캐리트레이드를 움직이는 세력이다. 이들은 2008년 금융위기 이후 제로금리의 달러를 융통해 고금리 주식투자에 나섰다. '소피아 부인'도 있다. 이 부인은 유로 캐리트레이드 세력이다. 금리가 낮은 유로자금을 굴려서 글로벌 외환시장을 쥐락펴락한다.

최근에는 중국 부인들도 큰손이다. 중국하면 왕서방이 있듯 이 아주머니들을 '왕씨 부인'이라고 부른다. 이들은 위안화 캐리트레이드를 담당한다. 왕씨 부인은 손이 커서 들고나는 자금이 상당하다고 전해진다.

와타나베 부인은 일본 주부들에서 비롯되었지만 다른 부인들의 실제 성별은 추측할 길은 없다. 주목할 만한 점은 이들 캐리트레이드 자금의 움직임이 글로벌 외환시장을 들었다 놨다 한다는 것이다.

글로벌 뭉칫돈의 경로

이제 돈의 경로를 뒤따라 가보자. 글로벌 양적완화의 시대가 가고, 긴축의 시대가 왔다. 달러자금은 대이동을 겪고 있다. 선진국에서 신흥국으로 넘쳐났던 달러유동성은 다시 선진국을 향하고 있다.

미국을 선두로 유럽·일본 등이 어떤 식으로 긴축에 돌입할지를 놓고 투자자들은 촉각을 곤두세운다. 신흥국 곳곳으로 퍼져나간 글로벌 투자자금이 다시 자리를 찾을 시간이다.

양적완화가 만연했던 시절을 돌아보면 대세는 저금리였다. 금리 하락기에 사람들은 예금을 꺼린다. 통장에 넣어두어봤자 금리를 얼마 못 받기 때문이다. 갈 곳을 잃은 투자금이 몰린 곳은 '채권'이었다. 채권은 금리(채권수익률)가 낮아질수록 가격이 올라가는 자산이다. 저금리 시대에 제일 걸맞는 자산은 채권이었다.

그런데 이제 상황이 달라졌다. 저금리시대가 저물고 있다. 저금리, 심지어 마이너스금리를 내세우던 나라들조차 "금리는 내릴 만큼 내렸다."며 두 손 두 발 드는 시기가 되었다. 이제는 경제가 조금이라도 살아나거나 버틸 수 있다면 금리를 올릴 타이밍이라는 시각이 우세해졌다. 저금리시대가 끝났으니 사두기만 하면 가격이 오르던 채권의 시대도 어느 정도 마무리 국면에 접어들었다.

글로벌 투자자금은 다시 투자처를 찾아 떠났다. 제일 먼저 눈에 들어온 곳은 바로 미국이다. 전 세계에서 미국경제만 제일 괜찮았다. 미국 주식시장은 사상 최대의 호황을 맞아 돈이 밀물처럼 쏟아져 들어오기 시작했다. 다우존스 30 산업평균지수, S&P지수, 나스닥지수는 사상 최고치를 찍으며 고공행진을 펼쳤다.

금융시장에서는 이런 글로벌 자금의 대이동을 '그레이트 로테이션'이라고 불렀다. 그레이트 로테이션은 채권에 투자되었던 자금이 주식시장으로 대이동하는 것을 의미한다. 이는 2012년 뱅크오브아메리카(BoA; Bank of America)의 메릴린치(Merrill Lynch)가 보고서에서 쓰면서 유명해진 용어다. 금융위기 이후 리스크요인이 완화되면서 채권시장에서 주식시장으로 이동했던 현상을 설명한 것인데, 이번에는 저금리 기조가 마무리되면서 다시 비슷한 흐름이 나타나는 셈이다.

그 많은 달러는 어디로 갔을까?

신흥국에서 풀려 있던 자금은 어디로 갈까? 선진국도 여러 곳이 있다. 미국은 경제상황이 크게 호전되어서 벌써 정책금리를 올리고 있다. 투자자금이 한 곳에만 너무 몰리면 탈이 난다. 다른 선진국들의 상황도 살펴보자.

일본은 달러에 준하는 안전자산으로 꼽히면서 투자자금이 몰릴 수 있다. 하지만 일본은 고령화·저성장 등 만성피로에 시달리고 있다. 일본 금융시장으로 자금이 대거 들어갔다 나오면서 엔화의 변동성은 상당히 커졌다. 달러-엔 환율을 큰 그림으로 보면 지난 2011년에 75엔대였다가 2015년에는 125엔대로 껑충 뛰었다. 여기에 엔화약세가 수년에 걸쳐 진행되었다. 이는 아베노믹스로 경제성장을 내세우면서 엔화약세를 유도한 정책의 영향이 컸다. 그런데 2015년 이후 엔화흐름은 어떤가? 100엔대로 훌쩍 내렸다가 다시 오르고 있다. 환율변동성이 큰 만큼 안정적인 투자는 어렵다고 볼 수 있다.

일본이 마이너스금리에서 벗어나 긴축 기조로 돌아서면 엔화 변동성은 또 한번 커질 수 있다. 일본의 긴축에 따른 부작용이 불거지면 엔화약세, 반대로 일본의 마이너스금리 탈피에 따른 금리상승효과가 불거지면 엔화강세요인이 될 수 있다.

정처 없이 떠도는 자금이 갈만한 곳으로 유럽도 꼽을 수 있다. 유럽은 브렉시트 가결 이후 격변하고 있다. 그럼에도 유럽 내 경제 상황은 그리 나쁘지 않은 것으로 평가받고 있다. 브렉시트 여파의 불확실성이 걷히면서 유럽은 또 하나의 견조한 경제권으로 주목받고 있다. 그나마 미국 다음으로 양적완화 축소에 나설만한 곳으로 꼽힌다. 유로화강세가 다시 나타날 수 있고, 투자자금이 유럽으로 향할 가능성이 열려 있는 셈이다.

하지만 세계 어느 나라보다 똘똘 뭉쳐 하나의 경제권을 이루고 있는 유럽연합에 브렉시트는 충격적인 이슈였다. 영국의 이탈은 다른 나라의 탈퇴로 연결될 수 있는 사안이다. 지금은 브렉시트 여파는 큰 충격 없이 소강국면에 접어들었다. 프랑스·네덜란드·이탈리아 등 다른 나라들이 줄줄이 나간다면 최악의 경우에 유로존 붕괴의 시작점이 될 수 있다. 이는 유로화약세 재료다.

유럽연합은 기본적으로 탈퇴조항을 두고 있다. 리스본 50조 1항은 '모든 회원국은 자국 헌법 규정에 따라 유럽연합으로부터 탈퇴를 결심할 수 있다.'는 내용을 담고 있다. 유럽 국가들 내에서 발생하고 있는 난민수용 문제나 이민자 문제, 경제나 금융 리스크의 분담 등에 균열이 생기면서 유럽 리스크가 불거질 가능성도 배제할 수 없다.

'유로-달러 패러티'도 그래서 나오는 말이다. '패러티(Parity)'는 통화 대 통화가 1 대 1인 상황을 말한다. 2017년 1월 8일 유로-달러 환율은 유로당 1.0532달러 정도였다. 그런데 패러티가 되면 1유로가 1달러로 되는 것이다. 유로-달러 환율이 패러티를 보이면 지난 2002년 12월 6일이 이후 약 15년 만의 일이다. 유로화는 지난 1999년 1월 1일부터 출범했다. 이후 영국·덴마크 등이 유로화 가입을 거부하면서 유로화는 줄곧 약세를 면치 못했다. 특히 2000년부터 2002년 사이에는 0.8227달러(2000년 10월 26일)까지 장중 저점이 추락한 적도 있다. 당시는 이라크전쟁으로 중동위기가 불거지던 때였다. 이에 유로화가 약세를 보이고 있었음에도 선진국이 이렇다 할 공동대응에 나서지 않았다. 그러나 유로-달러 환율이 최저치를 경신한 후에는 선진 7개국이나 유럽중앙은행의 시장개입 가능성에 점차 강세를 보이기 시작했다. 그 이후 유로화는 줄곧

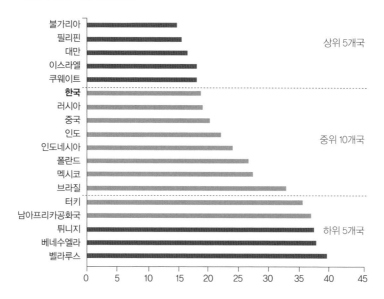

▼ 신흥국 경제 기초여건 순위

자료: 국제금융센터

1달러 이상의 환율을 유지했는데 만약 유로존 붕괴 시나리오가 현실화된다면 유로화 시스템도 망가질 수 있다. 하지만 최근에는 유럽 각국의 대선이 마무리되고 유로존 탈퇴 이슈가 누그러지면서 오히려 양적완화 축소 쪽으로 시선이 이동했다. 유럽중앙은행이 금리인상 가능성을 내비치면서 유로-달러 환율도 급등세를 탔다.

글로벌 투자자금이 중국으로 향할 가능성은 없을까? 중국은 성장률이 둔화되기는 했지만 아직도 6%대의 견조한 성장률을 기록하고 있다. 만약 중국경제가 호조를 보이거나 위안화강세가 유발된다면 매력적인 투자처가 될 수 있다. 특히 미국이 중국을 환율조작국으로 지정하면서 위안화절상을 용인하도록 한다면 글로벌 투자자금은 다시 중국을 향할 수 있다.

국제금융센터는 글로벌 자본이 어디로 움직일지를 꾸준히 분석하고 있다. 미국 대선과 금리인상으로 위험회피적인 흐름은 지속되겠지만 점차 트럼프 행정부의 경제정책이 구체화되면 새로운 투자처를 찾아갈 것으로 분석했다. 미국은 금리인상뿐 아니라 국채매입을 중단하고, 미 연방준비제도의 보유자산 축소에 돌입할 것으로 예상되고 있다. 글로벌 금융시장에 대거 풀려 있는 달러유동성을 미국이 조금씩 흡수하기 시작하면 또 다른 파도가 일어날 수 있다. 단기적으로는 새로운 캐리트레이드 수요가 제한적이지만, 중장기적으로는 캐리트레이드가 증가해 신흥국에 대한 투자가 증가할 가능성도 염두에 두었다. 국제금융센터는 앞으로 캐리트레이드의 추가 청산이나 투자처 조정이 이루어지면 금융시장 변동성이 확대될 것으로 예상했다. 또한 신흥국 간의 통화정책이나 자본유출입, 환율 등에서 차별화도 진전될 수 있다고 보았다.

원화 체력을 키우는 것이
무엇보다 중요하다

글로벌시장에서 한국의 입지는 공고해졌지만,
아직도 원화는 취약한 통화로 인식되고 있다.

글로벌 외환시장을 살펴봤으니 이제 다시 달러-원 환율로 돌아와
보자. 우리나라 환율이 어떻게 움직일지를 글로벌 외환시장과 엮
어서 살펴야 한다.

비관론과 낙관론이 공존하는 원화 평가

최근 달러-원 환율을 둘러싼 상황은 이렇다. 일단 해외 투자은행
들 중 우리나라 여건에 대한 비관적 시각을 가진 곳들은 2016년에
이어 2017년에도 달러-원 환율이 1,300원대로 튀어오를 것이라

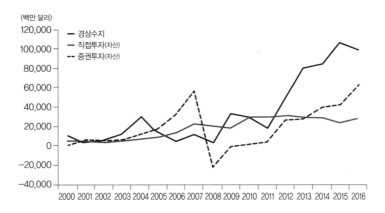

▼ 경상수지 흑자와 해외투자

(백만 달러)

- 경상수지
- 직접투자(자산)
-- 증권투자(자산)

• 자료: 한국은행 경제통계시스템

경상수지 흑자규모는 점차 감소할 것으로 예상되는 가운데 국내 기관투자자의 해외 직접투자,
증권투자 등은 점점 증가하고 있다. 이런 흐름은 서울외환시장의 수급구조에 변화를 가져올 수
있다.

고 전망했다. 환율 1,300원대는 글로벌 금융위기 당시 상승했던 레
벨이다.

이런 비관론이 자리를 잡은 것은 우리나라 원화를 둘러싼 펀더
멘털이 예전만큼 크게 개선되지 않고 있기 때문이다. 원화의 강점
은 경상수지 흑자다. 해외에서 한 해에 800억~900억 달러가 들어
오면서 기본적으로 국내 외환시장의 수급구조는 공급 우위다. 하
지만 외환시장의 이런 전통적인 수급구조가 달라지고 있다. 경상
수지 흑자가 점차 줄어들 것으로 전망되면서 연간 650억 달러까지
도 감소할 수 있기 때문이다. 이는 수출이 예전만 못할 수도 있고,
유가상승 등으로 수입이 증가한 데 따른 영향도 있다. 경상수지 흑
자폭이 감소하면 외환시장에서 달러공급요인이 줄어든다.

최근에는 국내 외환시장을 통해 해외로 나가는 돈도 많아졌다. 국내 보험사나 연기금 등이 장기 투자자산을 찾아 해외투자를 늘리고 있기 때문이다. 국민연금을 비롯한 연기금은 해외투자시 환헤지 비율을 줄이고 직접 외환시장에서 달러를 사서 나가는 경우가 많아졌다. 환차익을 기대할 수 있기 때문이다. 보험사도 점차 환헤지를 줄이는 방향으로 갈 전망이다. 이는 외환시장에서 달러수요로 나타날 수 있다. 과거에는 공급 우위의 수급구조로 인해 달러-원 환율하락을 방어하려면 외환당국이 나서야 했다. 하지만 최근에는 실수요에 의해 달러-원 환율이 자율적으로 받쳐지는 경우가 더 많아졌다.

북한 관련 지정학적 리스크도 중요하다. 북한의 대륙 간 탄도미사일(ICBM) 발사 가능성은 대북관계에 새로운 기점이 될 수 있다. 미국을 비롯한 중국·일본 등의 이해관계도 맞물리면서 북한 핵문제가 글로벌 이슈로 떠오를 수 있다. 북한 리스크가 불거지면 해외투자자들의 달러-원 1,300원 전망이 실제로 현실화될 가능성도 배제할 수 없다.

원화를 밉게 보는 이유로 일각에서는 한국의 과도한 가계부채를 꼽기도 한다. 이 역시 부동산가격이 급락하거나 가계부채 취약계층이 빚을 무더기로 못 갚는 사태가 발생하면 원화약세요인이 될 수 있다. 하지만 정부가 가계부채 관리에 적극적으로 나서면서 부실가능성은 현재로서는 크지 않다는 것이 중론이다.

그럼에도 원화가 강세를 보일 가능성은 열려 있다. 한국 경상수지 흑자는 아직도 견조하다. 그래서 유가 상승으로 해외수요가 살아나 수출이 호조를 보일 경우, 다시금 수출강대국의 입지를 다질 수 있다. 한국 외환보유액이나 단기외채비중과 비율도 주요국과 비교할 때 견조한 편이다. 미국이 통화절상을 압박하기도 전에 펀더멘털 때문에 원화가 강세를 보일 수도 있다.

미국의 보호무역주의 추진에 따른 통화절상압력으로 중국 위안화와 함께 원화가 강세를 보일 여지도 있다. 위안화와 원화가 비슷한 흐름을 보이면서 그만큼 민감하게 반응하기 때문이다.

중요한 사실은 원화가 외력에 의해서가 아니라 펀더멘털에 의해 강세를 보이는 것은 꽤 긍정적인 흐름이라는 점이다. 이는 원화의 체력이 강해지는 것을 의미한다.

원화, 안전통화로 거듭날까?

주목할 부분이 있다. 원화의 체력을 키우는 일은 단순히 원화강세를 의미하지는 않는다. 환율의 상승과 하락을 두고 어느 한 쪽이 옳고 그르다, 맞고 틀리다, 좋고 나쁘다로 보기는 어렵다. 외환시장의 포지션은 어느 한 쪽만 있지 않다. 환율상승과 환율하락 양쪽 모두 희비가 엇갈린다. 환율상승에 웃는 딜러가 있으면, 반대로 땅을 치는 사람도 있다. 어디까지나 제로섬게임이다.

원화의 체력을 키우는 일은 외부상황에 크게 휘둘리지 않으면서 적당한 변동성을 갖는 일이다. 변동성이 커지더라도 다시 보통 수준으로 돌아올 수 있는 자생력 내지 복원력도 중요하다. 결국 기본적으로 한국경제의 펀더멘털은 좋아야 할 것이다.

투자자의 성격도 중요하다. 원화를 선호하는 사람이 많되 그들의 자금이 과도한 핫머니에 그치는 것이 아니라 장기투자자금도 들어오는 상황이면 나쁘지 않다. 달러-원 환율로 환전하는 여행자든, 기러기아빠든, 기업이든, 누구든 안정적으로 돈을 바꿀 수 있다면 외환시장도 견조하다고 볼 수 있을 것이다. 더불어 한국에 투자하는 해외투자자들이 과도한 환율급등락에 불안해하지 않는다면 꽤 튼튼한 외환시장이라 할 수 있을 것이다.

한국이 순대외채권국으로 급부상하는 점도 주목할 만하다. 우리나라 기관투자자들이 점점 해외투자로 눈길을 돌리고 있다. 해외투자를 늘리는 것은 국내로 들어오는 경상수지 흑자 자금이 건강한 방식으로 빠져나가는 방식이다. 그리고 해외투자된 자금은 위기시에 한국으로 본국송환(repatriation) 되어 자금줄이 되는 선순환구조를 만든다. 일본 엔화가 안전자산으로 꼽히는 이유 중의 하나다. 한국은행이 발표한 '2016년 말 국제투자대조표(잠정)'에 따르면 우리나라 순대외채권(대외채권-대외채무)은 4,034억 달러로 2015년에 비해 789억 달러 증가했다. 대외채권만 보면 역대 최대 수준이다. 대외 금융자산이 부채보다 많다는 의미로, 즉 해외에 갚을 돈보다 받을 돈이 많다는 의미다. 이런 한국의 채권국 지위는 원화의 입지를 개선시킬 중요한 변화다.

달러-원 환율은 해마다 변화의 전기를 맞을 것이다. 도널드 트럼프 미국 대통령의 당선과 미국 금리인상 등으로 글로벌 외환시장이 새로운 국면을 맞았다. 이제는 미국 뿐 아니라 다른 나라도 긴축 기조로 접어들고 있다. 글로벌 외환시장이 또 한번 새로운 파도를 맞을 수 있다. 이런 변화가 우리 외환시장에 어떤 영향을 줄지 주목할 만하다.

우리나라 외환시장에 대한 외환당국의 인식도 달라질 수 있다. 과거처럼 수출 지원을 위해 외환시장에 개입하던 시대는 저물어가고 있다. 환율조작국 이슈가 불거졌을 때 한국정부가 막대한 경상수지 흑자에 대해 "수출감소와 고령화시대에 따른 소비감소로 인한 수입감소"라는 주장을 내세운 점은 이례적이다. 시대가 바뀌었다. 고령화시대라는 새로운 과제가 경상수지 흑자 개선이라는 해묵은 경제성장 중심의 정책기조를 넘어섰다. 이제 과거와 같은 수출가격경쟁력 논리로 무조건 원화절상 방어라는 개입 방식을 주장하기는 어려워졌다.

환율을 둘러싼 환경은 계속 변할 것이다. 환율은 항상 어떤 정치·경제적 사건이 미래의 통화가치에 어떤 영향을 줄지를 반영한다. 매일매일 변하는 달러-원 환율은 단순한 숫자에 그칠지 모른다. 그리고 그다지 큰 차이도 없다. 하지만 그날그날의 경제상황과 시장참가자의 심리가 고스란히 녹아 있는 숫자다.

제4차 산업혁명시대의 환율은 어떤 것이 쟁점이 될까? 수출과 수입품목이 변해갈 것이다. 무형의 자산들이 주목받는 시대가 될 수도 있다. 그때도 경상수지 흑자달성이 가능할까? 한국은 반도체나 자동차수출 등에서 탄탄한 입지를 다지고 있지만 또 다른 부문에서 수출입을 좌우할 변수가 생길 수도 있다. 고령화시대가 도래하면 우리나라가 10년 내에 0%대 경제성장률을 기록할 것이라는 한국은행의 전망도 흘려듣기 어려운 경고다. 물론 고령화로 0% 성장하는 때가 온다면 우리나라뿐 아니라 다른 나라 사정도 비슷할 테지만 자칫하면 원화강세로 고민하는 현재가 미래에는 옛날이야기로 남을 수도 있다.

미래의 글로벌 외환시장에서는 어떤 식의 환율전쟁이 일어날까? 중국 위안화가 기축통화로 거듭나면서 달러와 함께 막강한 영향력을 발휘하게 될까? 미국 달러의 헤게모니는 얼마나 지속될까? 우리나라 외환시장이 일본과 같은 경로를 갈 것이라는 의견도 있다. 우리나라 기관투자자의 해외투자가 점차 늘고 있는 만큼 향후 한국의 순대외채권국으로서의 지위도 더욱 견고해질 수 있다. 이처럼 여러 가지 그림이 물음표로 남아 있다.

아직 그려지지 않은 환율그래프는 미래의 경제·역사에 대한 새로운 이야기를 담고 있을 것이다. 달러-원 환율을 좀더 이해하고 싶다면 매일 이야기를 담아 해석해보길 바란다. 미래의 환율을 해석하고 이해하는 것이 한층 즐거워질 것이다. 글로벌 외환시장의 큰 흐름에도 한걸음 더 가까이 다가갈 수 있을 것이다.

One Point Lesson

외환시장에 떠오른 '외화예금' 파워

외환시장에서 외화예금이 새로운 변수로 주목받고 있다. 기업은 물론 개인 투자자들도 외화예금에 대한 관심도가 높아졌다. 한국은행이 집계한 거주자 외화예금은 2017년 3월 말에는 705억 4천만 달러로 사상 최대수준을 기록했다. 기업 외화예금은 2013년에는 430억 달러였으나 2016년에는 486억 달러로 증가했다.

특히 눈에 띄는 것은 과거에는 환전 용도 등으로 쓰던 개인 외화예금이 급격히 늘었다는 점이다. 개인 외화예금은 2013년에는 54억 3천만 달러에 그쳤는데 2016년에는 102억 3천만 달러로 급증했다. 2배 가까이 늘었다.

외화예금 중 독보적으로 늘어난 것은 달러예금이다. 달러예금은 2013년 359억 달러 수준에서 2016년에는 496억 6천만 달러에 달했다. 2017년 한때는 600억 달러를 웃돌았다. 달러예금은 달러-원 환율에 민감하게 반응한다. 특히 달러-원 환율이 어느 정도 오른 후에는 기업과 개인 모두 달러를 팔면서 달러예금이 줄어든다. 반대로 환율이 하락해서 저점 부근이 되면 '쌀 때 사자'는 생각에 외화예금이 늘어난다.

이런 흐름은 미국이 금리인상에 나서면서 글로벌 달러가 강세를 보이기 시작할 때부터 두드러지게 나타났다. 개인투자자들 사이에서 달러투자가 각광을 받기 시작했다. 자산가들은 달러예금에 그치지 않고 해외 채권·증시 등에 직접 투자하기 시작하면서 외환시장에서도 이들의 달러매수물량이 모이기 시작했다. 이는 새로운 달러수요로 등장하고 있다.

외환시장에서는 향후에도 이런 개인투자자들의 외화예금과 해외투자 열풍이 지속된다면 해외투자가 활발했던 일본과 비슷한 금융시장 수급구조가 나타날 것으로 봤다. 1차적으로는 외화예금이 환율변동성을 완화시키는 역할을 할 수 있다. 환율이 오르내릴 때마다 고점 매도, 저점 매수로 대응하기 때문이다. 2차적으로는 일본의 와타나베 부인 사례처럼 개인들의 해외투자가 활성화되는 경우도 생겨날 수 있다. 이에 최근 외환시장에서는 급격히 늘어나는 거주자외화예금에 시선이 집중되고 있다.

『7일 만에 끝내는 환율지식』
저자와의 인터뷰

Q. 『7일 만에 끝내는 환율지식』을 소개해주시고, 이 책을 통해 독자들에게 전하고 싶은 메시지가 무엇인지 말씀해주세요.

A. 사실 제목을 『7일 만에 끝내는 환율지식』이라고 했지만, 7일 만에 환율지식을 끝낼 수 없음을 먼저 말씀드립니다. 환율은 그렇게 간단한 분야가 아니기 때문입니다. 외환시장은 국내외 이슈와 자본유출입, 심리적 요인 등이 복합적으로 영향을 주고받는 곳입니다. 하지만 이 책을 통해 '환율'이라는 숫자가 얼마나 무궁무진한 이야기들을 담고 있는지 보여주고 싶었습니다. 특히 외환시장에 참여하는 사람들이 어떤 것에 관심을 갖는지, 환율을 통해서 보는 경제는 어떤지 등을 담으려고 노력했습니다. 독자

들이 이 책을 읽고 환율·외환시장에 대해 좀더 흥미를 느끼게 되었으면 좋겠습니다.

Q. 환율은 어렵다고 많은 사람들이 이야기합니다. 환율이란 무엇인지 자세한 설명 부탁드립니다.

A. 환율은 '각 나라 돈의 값'이라고 생각하면 됩니다. '달러 한 장에 얼마구나.' '100엔짜리 엔화는 우리 돈으로 얼마구나.' 이렇게 생각하면 좀더 쉽게 이해할 수 있습니다. 이 돈의 값이 제각각이어서 글로벌 외환시장에서는 주로 달러나 유로를 기준으로 해 비교합니다. '달러-엔' '달러-원' '유로-달러 환율' 이런 식입니다. 그 가격은 매일 시시각각 바뀝니다. 해당 통화를 사고 싶어하는 사람이 많아지면 가치가 올라가고, 팔고 싶어하는 사람이 많아지면 가치가 내려갑니다.

Q. 달러-원과 원-달러는 어떻게 다른가요? 자세한 설명 부탁드립니다.

A. 환율은 앞에 오는 통화를 기준으로 합니다. 따라서 글로벌 외환시장에서는 앞서 언급했듯 달러를 기준으로 하기에 달러-원 환율이라고 부릅니다. 원-달러라고 하면 원화를 달러로 환산한 것이기에 소숫점 단위로 내려갑니다. 하지만 우리나라 외환시장에서 부를 때는 편의상 '원-달러'라고 부릅니다. 한국은행·기획재정부 등 외환당국도 공식적으로 '원-달러 환율'이라고 합니다. 이는 우리나라 통화에 대한 환율이기 때문입니다.

Q. 환율이 오르면 나쁜 건가요, 좋은 건가요? 자세한 설명 부탁드립니다.

A. 외환시장에서는 환율상승과 환율하락에 따른 호불호가 엇갈립니다. 환율이 오르면 오르는 대로, 내리면 내리는 대로 손해를 보는 사람과 이익을 보는 사람이 갈리기 때문입니다. 위아래 50% 확률의 '제로섬게임'이라고 볼 수 있습니다. 기업들도 마찬가지입니다. 달러-원 환율이 오르면 수출기업들은 해외에 나가서 물건을 팔아 번 달러로 좀더 많은 원화를 받을 수 있습니다. 반대로 환율이 내리면 수입업체들은 해외에서 수입하는 원유나 원자재 등을 좀더 싸게 들여올 수 있습니다. 그렇기에 환율수준을 놓고 좋다, 나쁘다라고 평가할 수 없습니다.

Q. 환율은 언제 오르고 언제 내리는지에 대한 자세한 설명 부탁드립니다.

A. 달러-원 환율이 오른다는 것은 달러값이 오른다는 뜻입니다. 우리나라 통화인 원화가 약세, 미국 통화인 달러가 강세인 경우를 말합니다. 우선 미국이 금리를 인상하거나, 미국 경제지표가 좋으면 달러가 강세를 보이죠. 그리고 한국 경제지표가 좋지 않거나 북한 관련 지정학적 리스크, 금융위기나 리스크요인으로 투자심리가 불안할 때 원화약세, 달러강세가 나타납니다. 투자자들에게 원화보다 달러가 더 안전하게 여겨지기 때문입니다. 반대로 환율이 내리는 경우는 우리나라 경제지표가 좋아서 원화를 선호하는 경우, 글로벌 투자심리가 개선되어서 달러보다 원화를 가져도 좋겠다고 생각하는 경우 등을 들 수 있습니다.

Q. 외환시장이란 무엇인지 자세한 설명 부탁드립니다.

A. 외환시장이란 '세계 각국의 통화를 거래하는 시장'입니다. 가격은 환율로 표기됩니다. 이 통화들은 현물환으로 거래되거나, 미래에 가격이 어떻게 변할지를 예상해 선물환이나 파생상품 등으로 다양하게 거래됩니다. 뿐만 아니라 시장참가자들은 각국의 환율을 엮어 새로운 상품을 만들기도 하고, 환율 차이를 이용해 차익거래를 하기도 합니다. 또한 세계 각국의 외환시장은 서로 맞물리면서 돌아가기에 24시간 열려 있는 시장이기도 합니다.

Q. 가끔 정부의 외환보유액에 대한 뉴스를 보게 됩니다. 외환보유액이 많으면 무조건 좋은 것인가요?

A. 외환보유액은 금융위기 등으로 외화가 부족할 경우를 대비해 쌓아놓는 자금입니다. 우리나라는 외환위기를 겪은 경험 때문에 외환보유액이 많을수록 좋다는 인식이 있습니다. 하지만 외환보유액을 늘리기 위해 외화를 살 때는 비용이 발생하고, 이 비용은 국민의 세금으로 충당해야 합니다. 또한 한국은행이 외화를 사면서 통화안정채권 등을 발행해서 원화를 조달했는데 운용수익이 그에 못 미친다면 손실이 발생할 수도 있습니다. 그 외에도 외환보유액을 쌓아둠으로써 다른 데 쓸 수 없는 기회비용과 운용에 따른 비용부담이 있습니다. 외환보유액을 늘리는 일은 이익과 비용 등을 적절하게 고려해야 합니다. 참고로 우리나라 외환보유액의 규모는 세계 10위권 안에 듭니다.

Q. 환율조작국이란 용어가 있습니다. 환율조작국이란 무엇인가요?

A. 환율조작이라고 하면 자극적으로 들리지만 모든 국가들이 자국
통화의 환율을 방치하지는 않습니다. 심지어 기축통화국인 미국
도 마찬가지입니다. 환율이 경제 전반에 미치는 영향이 크기 때
문입니다. 미국은 환율흐름을 과도하게 관리하는 나라들을 '관
찰대상국' 내지 '환율조작국'으로 분류하고 있습니다. 환율조작
국의 지정 요건으로는 대미 흑자가 200억 달러를 넘을 경우, 경
상수지 흑자가 GDP 대비 3%를 초과할 경우, 일방향의 시장개
입으로 GDP 대비 달러순매수 비중이 2%를 넘을 경우 등을 들
수 있습니다.

Q. 빅맥지수·라떼지수·신라면지수란 용어가 있습니다. 어떤 의미인지 설명
부탁드립니다.

A. 한 물건의 가격은 하나라는 '일물일가 원칙'이라는 것이 있습니
다. 그런데 환율이 적용되면 같은 물건이라도 가격은 달라집니
다. 한 예로 한국과 뉴욕의 스타벅스 라떼가격은 다릅니다. 이처
럼 세계 각국에서 팔리는 제품가격을 비교해서 지수화하면 각
나라의 환율이나 물가수준을 손쉽게 알 수 있습니다. 제품가격
의 차이를 고려해 어느 나라 통화가 고평가 되어 있는지, 구매력
은 얼마나 좋은지 등을 확인할 수 있습니다. 이 과정에서 특히
맥도날드 매장의 빅맥버거나 신라면 등이 지수화되면서 주목을
받았습니다.

Q. 환율에 관심을 가지고 있는 독자들에게 한 말씀 부탁드립니다.

A. 이 책은 이론서가 아닙니다. 외환 관련 업종에 종사하지 않는 한, 일반 사람들이 환율을 어려운 이론 중심으로 과도하게 공부할 필요는 없다고 생각합니다. 우리는 환율을 일상생활 속에서도 무수히 접하고 있습니다. 따라서 가급적 쉽게 쓰기 위해 노력했지만 그게 더 어려운 일이었습니다. 다만 독자들이 이 책을 읽고 '환율은 재미있구나.' '환율에 대한 뉴스는 이런 의미구나.'라고 이해할 수 있다면 책을 쓴 보람이 있을 것 같습니다.

독자 여러분의
소중한 원고를 기다립니다

★ 메이트북스는 독자 여러분의 소중한 원고를 기다리고 있습니다. 집필을 끝냈거나 혹은 집필중인 원고가 있으신 분은 khg0109@hanmail.net으로 원고의 간단한 기획의도와 개요, 연락처 등과 함께 보내주시면 최대한 빨리 검토한 후에 연락드리겠습니다. 머뭇거리지 마시고 언제라도 메이트북스의 문을 두드리시면 반갑게 맞이하겠습니다.